KB070237

미국을 움직이는 네 가지 힘

김봉중 지음

미국을 움직이는

"미국은 하루아침에 만들어지지 않았다"
복잡한 국제 정세를 이해하기 위한 진짜 미국 읽기!

네 가지 힘

· DEMOCRACY

· MULTICULTURALISM

· FRONTIER

· REGIONALISM

위즈덤하우스

들어가는 말

사람은 거울을 보지 않고 살 수 없다. 그런 의미에서 우리에게 미국은 최적의 거울이다. 우리는 부지불식 중에 그 거울을 사용하고 있다. 우리는 어떤 국가적 사안에 논란이 발생하면 자신의 주장을 피력하면서 "미국도 그렇다" 혹은 "미국은 그렇지 않다"라는 말을 하곤 한다. 여기에 미국 외에 다른 나라가 거론되는 것을 보기란 매우 힘들다. 그만큼 미국은 정치·경제·문화 등 상당한 부분에서 우리를 보는 기준이 되어버린 셈이다.

또한 우리의 세계화는 '미국화'라고 해도 틀린 말은 아니다. 정치와 경제뿐 아니라 우리의 생각과 문화에서 미국은 우리의 일상 속에 깊숙이 들어와 있다. 어느 대학생의 하루 일과를 추적해보자. 그는 아침에 도넛과 커피, 그리고 점심에 햄버거나 피자를 먹는다. 점심 후에는 커피를 마시며 친구들과 수다를 떤다. 수다에 등장하는 소재는 미드(미국 드라마), 할리우드 영화, 메이저리그 야구 등이다.

나는 대학에서 우리 젊은이들을 볼 때 어떨 때는 그들이 내가 14년 동안 살면서 보았던 미국 젊은이들보다 더 개인적이고 자유분방하다는 생각이 들 때가 있다. 이성관계를 포함한 인간관계에서도 그렇다. 10여 년 전에 우리나라에서도 인기리에 방영되었던 세 명의 뉴요커 여성들의 성과 일상을 다룬 〈섹스 앤 더 시티Sex and the City〉는 더 이상 충격적인 미국 문화로 받아들여지지 않는다. 드라마 속 주인공들의 삶은 점차 우리의 문화가 되고 있기 때문이다.

18년 전, 나는 《미국은 과연 특별한 나라인가》를 세상에 내놓았다. 이 책을 저술하게 된 가장 큰 이유는 당시 어수선한 우리나라의 현실 때문이다. '해방 이후 최대의 고비'라고 하는 경제 위기로 사회는 온통 어수선했다. 단순한 경제적 위기만은 아니었다. 우리는 세계화의 급물살에 대책 없이 내던져졌고, 지역주의는 엄연한 현실이었고, 다문화사회는 준비나 기반 없이 우리 사회에 뿌리내리고 있었으며, 민주주의 방향과 노선을 놓고 국론은 심각하게 분열되었다. 나는 독자들이 우리의 현실을 직시하면서 미국이라는 거울을 통해 우리의 모습을 비춰보길 원했다.

10년이면 강산도 변한다고 했는데, 그 강산이 거의 두 번이나 바뀌었을 시간이 흘렀지만 우리는 크게 변하지 않았다. 여전히 민주주의는 흔들리고 있고, 지역주의는 변함이 없으며, 다문화주의는 척박한 토양에서 허덕이고 있고, 급변하는 세계화 속에서 우리의 미래가 불투명하다.

이제 다시 그 거울을 내놓는다. 이번에는 더욱 절박한 마음으로 개정해 이 책을 내놓는다. 세계질서의 주도권을 놓고 미국과 중국의 기싸움이 만만치 않다. 일본의 보수우경화도 심상치 않다. 이들 모두 우리나라와 한반도의 정세와 무관하지 않다. 통일이 생각보다 훨씬 앞당겨질 수도 있다. 통일을 생각하면 여전히 가슴이 뛰지만, 동시에 불안하다. 통일 이후의 우리나라의 미래를 생각하면, 우리는 더욱 절박하게 우리의 미래를 비춰 볼 어떤 거울이 필요할 수밖에 없다.

그런데 우리를 비춰 볼 거울이 수시로 변형된다면 그것이 거울로서 유용할까? 미국이 어떨 때는 오목거울이다가 다른 때는 볼록거울이면서 수시로 일그러져 있다면 어떻게 미국이 우리를 비춰 볼 믿을 수 있는 거울이 될 수 있겠는가.

지금도 미국은 큰 변화가 없다. 지리적으로 미국의 국경선은 더 이상 확대되지 않았지만, 새로운 프런티어를 개척하려는 열망은 여전하다. 양당정치의 절묘한 시소게임은 엎치락뒤치락하면서 '견제와 균형'을 붙들고 있다. 선거 때만 되면 지역 정서가 부활하지만 그것이 지역 감정으로 격화되지는 않는다. 다문화주의는 가시밭길이지만 절망보다는 희망의 소리가 높다.

프런티어, 민주주의, 지역 정서, 다문화주의, 이 네 가지 요소는 미국의 정체성과 현주소를 추적하는 데 여전히 유용한 코드라고 확신한다. 이 책이 변하지 않는 미국의 정체성을 통해 여전히 변함없는 우리의 현실을 반추해보는 계기가 되었으면 하는 것이 나의 가장 큰 바람이다.

오래전 63빌딩 커피숍에서 어느 출판사 대표를 만났다. 그분이 내게 미국에 관한 책을 쓰도록 권유했다. 그는 그 이유를 이렇게 말했다. "아무리 생각해도, 우리를 들여다 볼 수 있는 최적의 나라로 미국만 한 나라는 없다." 사실 그 말이 지금까지 내가 미국사와 미국 관련

책들을 저술하게 만들었다. 그분이 바로 위즈덤하우스 연준혁 대표다. 다시 한 번 감사드린다. 또한 편집을 담당한 위즈덤하우스의 신민희 과장에게 감사하다. 책 제목에서부터 세세한 편집에 이르기까지 최선을 다해 책을 만들어내는 전문성과 성실성이 나를 감복하게 했다.

마지막으로 항상 나의 최고의 독자인 아내에게 감사하다. 우리를 슬프게 하는 정치·사회·문화적 사안이 발생할 때마다 "더 많은 사람들이 당신의 책을 읽어야 하는데……"라고 혼잣말을 하는 아내는 내가 펜을 놓지 못하는 이유다.

2019년 2월

김봉중

차례

제
1
장

서부에서 시작된
개척의 힘
: 프런티어

· FRONTIER

★ **프런티어 정신,
국경을 확장하다**

　어느 나라든 그 나라의 독특함에 대해서 이야기할 때 빠질 수 없는 부분이 지형적·지리적 요소다. 왜냐하면 외형적 요소는 국민성을 포함한 그 나라의 특성과 밀접하게 관련되어 있기 때문이다. 미국의 경우에도 예외가 아니다. 미국의 광활한 프런티어frontier, 그것은 미국을 가장 미국답게 만들었던 근거를 제공했기 때문이다. 세계 역사에서 미국의 프런티어만큼 한 지역이 그 나라를 대표적으로 표상하는 곳이 또 있었을까?

　먼저, 프런티어의 개념부터 정리해보자. 프런티어의 사전적 의미는 보통 '국경' 혹은 '국경지대'다. 또는 '변경'으로도 정의할 수 있다. '국경'이든 '변경'이든 어느 나라의 프런티어를 이야기할 때 굳이 원어 그대로 '프런티어'라고 번역하는 것은 어딘지 어색하다. 그러나 미국의 경우는 프런티어를 그대로 사용하는 것이 그다지 어색하지 않다. 오히려 훨씬 자연스럽다. 왜 그럴까? 미국의 '국경' 혹은 '변경'은 다른 나라의 그것과 뭔가 다르다는 이미지가 우리의 생각을 지배하고 있기 때문일 것이다.

사실 그렇다. 국경이나 변경을 이야기할 때 유럽과 미국은 분명한 차이가 있다. 우리가 미국을 떠올릴 때 무엇보다도 먼저 떠오르는 것은 광활한 서부다. 그리고 서부라는 의미를 더욱 포괄하는 단어가 프런티어다. '서부'라는 용어는 단순히 어느 지역을 가리키는 말에 불과하다. 반면 프런티어는 그러한 지역적·외형적인 의미 그 이상을 함축하고 있다. 거기에는 미국의 정신이 담겨 있고, 미국 역사의 독특함이 그대로 반영된다.

보통 국경이란 개념은 정체적·방어적이다. 각 민족들은 그들이 국경이라고 주장하는 곳에다 테두리를 긋고 그곳을 지키기 위해서 몸부림쳤다. 그래서 정체적이면서도 스산한 분위기가 감도는 것이 국경이다. 국경은 날카로운 주권의 가장자리이며 온갖 희생을 무릅쓰고 지켜야 했던 최후의 방어선이다. 물론 힘 있는 나라와 그렇지 못한 나라가 갖는 국경의 의미에는 약간의 차이가 있다. 힘이 강한 나라에게 국경이란 다른 경계로 진출하는 관문關門이었지만 힘이 약한 나라의 경우 그것은 지켜야 하는 보루堡壘의 역할을 했다. 문이든 보루이든 국경 분쟁의 도화선이 국경이었고, 그것을 마무리하는 의정서나 조약의 주요한 의제가 국경이었다.

하지만 미국에게 국경이란 정체적인 것이 아닌 지극히 유동적인 것이었다. 지금의 미국으로 정착되기까지 국경이라는 정체가 모호했다.

그 존속기간도 지극히 짧았다. 왜냐하면 국경은 항상 확장되었기 때문이다. 무엇보다도 국민들의 의식 속에서 경계선이란 존재하지 못했다. 국경은 곧 굳어진 벽이 아니라 항상 탄력적·지리적으로 움직이는 것이었으며, 그러다가 국경 존재 자체도 사라져버리는 그런 것이었다. 여기에서 관문이니 보루니 하는 것은 별 의미가 없었다. 물론 보루보다는 다른 경계로 진출하는 문으로서의 역할이 더욱 강했지만 관문이라기보다는 그냥 삶의 한 부분이요, 거쳐 가는 지역이었을 뿐, 결코 국가의 한계를 나타내는 것으로는 사용되지 않았다. 이런 점에서 미국 프런티어에 대한 월터 웹Walter Webb의 지적을 인용해볼 만하다.

> 미국인들은 프런티어를 그들 영역 안에 놓여 있는 것이지 나라의 끝 모서리에 있는 것으로 생각하지 않는다. 그것은 거기서 정지하라는 경계선이 아니라 새로운 곳으로 나아가는 관문이었다.[1]

유럽의 국경은 국가 간의 이해관계가 얽혀 있는 곳이다. 그래서 유럽의 국경에는 분쟁의 역사로 점철된 어둡고 음습한 역사적 상흔이 새겨져 있다. 미국 역시, 이러한 분쟁에서 전혀 예외가 아니었다. 아메리카 원주민, 그 비운의 인디언들과의 끝없는 갈등과 살육이 기다리고 있었고, 북으로는 프랑스령 식민지, 남으로는 스페인령 식민지와의 힘겨루기가 눈앞에 있었다. 스페인에서 독립한 멕시코인과도 대결해야 했으며, 서로 다른 이상과 이해관계로 진출했던 개척민 사이의 아귀다툼이 가로막고 있었다. 그렇지만 유럽과는 달리 미국에서는 서부 개척사가 상처투성이인 역사적 상흔으로 남아 있지 않았다. 시대에 따라 다르기는 했지만 대체로 외국 세력과의 다툼도 피할 수 있어서 주권에 대한 문제도 나타나지 않았다. 서부로의 이동도 군사적인 것보다는 민간인 위주의 개척이었다.

아메리카로 이주했던 자들은 원주민들을 외국 세력으로 생각하지 않았다. 원주민들이 정착하고 있던 땅을 원주민의 소유라고 여기지도 않았다. 이런 상황에서 국가 대 국가의 대결이나 민족 대 민족의 투쟁이란 있을 수 없었다. 물론 이것은 지극히 일방적인 관점이다. 원주민들을 국가나 민족으로 취급하지 않았던 유럽인들의 일방적인 관점이란 뜻이다. 프런티어란 그저 야심 있는 유럽인들이 사람 아닌 사람이 살고 있던 그 '공짜 땅'에 진출하고 개척하면 되는 그런 것이었다.

이 점에서 아메리카는 독특한 곳이 아니었다. 유럽인들은 지리상의 발견과 함께 아메리카뿐 아니라 그동안 지도상에 나타나지 않았던 여러 미지의 땅에 진출했다. 보어인들은 남아프리카로, 영국인들은 오스트레일리아로, 그밖의 수많은 민족은 새로운 곳을 향해서 진출했다. 그중에 하나가 아메리카였다. 또한 그 아메리카에 매력을 느끼고 진출했던 여러 민족들이 있었고, 대표적인 세력이 지금의 미국 동부를 개척했던 영국인, 북부의 프랑스인, 남부의 스페인 개척자들이 있었다. 이들은 모두 개인적인 야망과 함께 국가의 명예, 종교적 염원 등이 뒤섞인 상태로 아메리카 진출을 꾀했다.

그러나 미국인들은 프런티어 진출과 서부 확장에 큰 의미를 두었다. 그들은 이러한 진출을 단순한 정복의 차원을 넘어서 자유를 확장하기 위한 일련의 과정으로 보았던 것이다. 그래서 미국인들은 프런티어를 개방, 자유, 기회의 의미가 함축된 것으로 받아들였다. 그들이 미국을 이러한 개방, 자유, 기회의 땅이란 개념으로 보았기 때문에 프런티어가 갖는 의미는 남달랐다. 그래서 서부로의 팽창 과정을 단순한 지역의 의미를 넘어 미국이라는 나라의 국가적·민족적·문화적 정체성을 수립해가는 대장정의 역사로 보았던 것이다.

어느 나라든 그 나라만의 독특한 창조 신화가 있게 마련이다. 그리고 신화는 그 나라의 운명과 민족의 특징을 반영하면서 역사와 함께 민족의 의식 속에 깊이 뿌리를 내린다. 하지만 미국에는 창조 신화가 없다. 미국의 등장이 비교적 근대의 일이기 때문이다. 미국에서는 창조 신화라기보다는 역사 과정에서 신화가 만들어지고 있다고 봐야 하겠다. 신화 만들기의 주 무대는 서부였다. 신화는 "서부 역사의 가장 핵심적인 부분이다." 그렇기에 미국의 프런티어와 서부의 팽창은 미국의 신화를 형성해가는 과정이자 미국의 아이덴티티를 창조해가는 과정이기도 했다.[2]

이 장에서는 미국의 프런티어와 서부에 대해 이야기할 것이다. 즉, 미국을 가장 미국답게 만들었던 정신적 의미의 프런티어와 지형적 의미의 서부에 대한 이야기가 될 것이다. 미국 역사 자체가 서부 개척의 역사라고 해도 과언이 아니기 때문에 이 주제를 한정된 지면에 소개하는 일은 쉽지 않다. 그럼에도 미국이라는 나라의 정체성과 그 독특함을 이해하기 위해서는 이 주제를 먼저 다뤄야 할 것이다. 서부가 미국 신화에 절대적인 영향을 미쳤다면 서부의 과거와 현재를 다시 살펴봄으로써 그 신화의 타당성과 역사적 의의를 찾아야 할 것이다.

★ 민간인이 앞장선 서부 개척의 길

먼저 크리스토퍼 콜럼버스Christopher Columbus의 신대류 발견부터 보자. 콜럼버스의 신대륙 발견은 세계 역사의 흐름에 크나큰 파장을 가져왔다. 1492년 신대륙의 발견은 단숨에 세계 역사의 지평을 바꾸어 놓은 인류 역사의 획기적인 전환점이 되었다.

중세 말기 십자군 전쟁과 몽골 침입을 계기로 동서 문화의 교류가 활발해지면서 유럽인들의 동방에 대한 관심이 늘어났다. 마르코 폴로Marco Polo의 《동방견문록Divisament dou Monde》은 유럽인들의 지적 호기심을 자극하기에 충분했다. 오랜 중세 문화에 식상해 있던 유럽인들은 동방의 신비에 매료되었다. 특히 유럽의 귀족과 부유한 시민들은 동방의 사치품들에 대단한 관심을 보이기 시작했다. 아라비아 상인들은 견직물, 향료, 후추, 보석, 귀금속 등을 끊임없이 지중해에 전달했다. 이런 상황에서 오스만투르크족의 서침西侵은 아라비아 상인

아메리카에 상륙한 콜럼버스
1492년 콜럼버스는 신대륙을 발견하고, 세계 역사의 지평을 바꾸어 놓았다. 이는 인류 역사의 획기적인 전환점이 되었으며, 세계화의 발판을 마련했다.

들의 상업 활동을 중단시켰고 동시에 동방 상품의 가격을 크게 상승시켰다. 이미 동방 상품에 매료되어 있던 유럽인들의 수요는 더욱더 커져만 갔기에 이들은 동방과 무역이 가능한 신항로를 개척해야만 했다. 이것이 콜럼버스의 신대륙 발견 배경이다.

이미 동방의 향료와 후추에 맛들인 유럽인들은 이제 아메리카에서 들어오는 커피를 마시며 담배의 야릇한 연기를 즐기게 되었다. 서인도제도에서 유입된 설탕은 유럽인의 커피와 차를 달콤하게 해주었다. 거기에다 신대륙의 옥수수와 감자 등으로 유럽의 식탁은 풍성해졌는데 이 덕분에 무엇보다도 수세기 동안 일반 서민들의 생명을 위협했던 기근에서 점차 벗어날 수 있었다. 아메리카에서 건너온 새로운 이 구황작물로 유럽인들은 영양 상태도 좋아졌다. 영양 상태가 좋아짐에 따라 유럽인을 괴롭혔던 흑사병과 같은 파괴적인 질병이 서서히 사라지게 되었다. 결국 인구의 급격한 증가를 가져왔고, 이러한 증가는 잠재된 인간의 능력을 자극해 새로운 발명을 하게 했으며 새로운 시장 체제를 형성하게 했다. 중세 길드 생산에서 자본주의적 공장 제도에 이르는 공장제 수공업(매뉴팩처) 제도가 등장했다.

이렇듯 아메리카 대륙의 발견은 세계를 실제적으로 '세계화'하는 결정적인 교두보 역할을 했다. 지중해 중심의 유럽 문명이 대양 중심으로 뻗어나오면서 이제 세계는 진정한 의미의 거대한 지구촌으로 급속하게 재편되고 있었다. 유럽인들은 아직 발견되지 않는 지역을 먼저 차지하기 위해서 혈안이 되었고, 그 안에 감추어진 보물을 찾기 위한 치열한 게임에 들어갔다. 이미 정복된 지역은 유럽의 연장선으로서 서로간의 세력 다툼의 각축장으로 변해갔다. 중세의 내부 갈등이나 아귀다툼에서 벗어나 이제 좀더 큰 제국을 건설하는 것이 국가의 이상이 되었다. 수세기 동안 그들 삶의 전부라 할 수 있던 봉건제도는 떠오르는 태양에 노출되어 사라지는 이슬에 불과했고 봉건제도 안에 묶여 있던 인간 정신은 집단 탈옥을 감행하기 시작했다.

그렇다면 도도하게 흐르는 역사의 전환기에 뒤늦게 새로 출발하면서, 그 자체로는 별다른 독특함을 내포하고 있지 않은 미국이 그들의 프런티어 개척을 스페인이나 다른 지역의 프런티어와 차이를 두고 그들 나름대로의 독특함을 찾으려고 하는 이유는 무엇일까?

거기에는 그럴 만한 이유가 있었다. 분명 영국이 개척한 지금의 아메리카는 스페인이나 프랑스 등 다른 유럽 국가들이 개척했던 프런티어와는 차이가 있었다. 가장 중요한 점은 영국의 식민지는 정착을 위한 식민지였다는 점이다. 스페인이나 프랑스는 정부 차원에서 아메리카에 진출했다. 프랑스인들 역시 정착을 위해 북아메리카로 진출했지만, 그들의 이주 규모는 영국인들에 비해 소수였으며, 주로 지금의 몬트리올과 퀘벡을 지나는 세인트로렌스강을 중심으로 정착했다. 소수의 모피 무역업자들이 오대호 근처까지 진출하기도 했지만 그것은 사업을 위한 이동이었지 정착을 위한 이동이 아니었다. 네덜란드인들도 허드슨강 유역에 모피 무역소를 세웠지만 무역을 위한 것이었지 정착하기 위함은 아니었다. 스페인은 노골적으로 금·은과 같은 보화를 캐내어 국가의 부를 키워나가기 위해 신대륙으로 진출했다. 1518년 에르난도 코르테스Hernando Cortes는 600명 정도의 군사를 이끌고 아스텍을 정복하기 위해 원정을 떠났다. 군인과 정부 관료가 개척의 주요 선봉으로 나섰다. 물론 종교적인 열망을 무시할 수는 없다. 유럽은 당시 종교개혁과 함께 종교적 영향력의 팽창이 국력과 직결되는 시기였다. 반종교개혁Counter-Reformation의 일환으로 가톨릭 국가들은 그들의 선교 활동에 박차를 가했다. 그러나 종교란 그 당시 어차피 국가의 정치적 의미와 같은 선상에 있었기에 국가적 차원의 식민지 개척이라고 해도 무리한 정의는 아니다.

그러나 영국의 경우는 달랐다. 국가가 아닌 민간인 차원의 개척이었다. 영국의 아메리카 진출은 자국의 영토 확장이라는 대외적인 과시용이기보다 영국 국내 상황의 연장선에서 이루어졌다. 대체로 민간인들이 개척의 중심에 있었다. 그리고 민간인들은 영국의 국익을 극대화하기 위한 대리인보다는 그들의 경제적·종교적·정치적 자유를 위한 돌파구로써 아메리카로 이주했다. 가장 대표적인 곳이 청교도의 집결지였던 뉴잉글랜드였다. 펜실베이니아 역시 퀘이커Quakers교도들이 영국의 탄압을 견디지 못하고 피난해 온 곳이었다. 메릴랜드 또한 비슷한 이유에서 가톨릭 교도들이 피난해 왔다. 영국 정부 입장에서는 골치 아픈 국내 문제를 해결하기 위해 아메리카 식민지를 이용했는데, 이주자들 역시 탄압을 피해서 그들만의 새로운 커뮤니티community를 정착시키기 위해 식민지가 필요했던 것이다.

물론 초기 영국의 식민지 개척을 주도했던 것은 현대 주식회사와 비슷한 합자회사joint-stock company였다. 1600년에 영국의 동인도회사가 설립되면서 이러한 합자회사 형태의 식민지 개척이 자리를 잡아갔다. 아메리카 역시 이러한 투자의 주요한 대상이었다. 버지니아 회사the Virginia Company, 매사추세츠만 회사the Massachusetts Bay Company, 허드슨만 회사the Hudson's Bay Company 등이 대표적인 회사였다. 초기에는 성공할 가능성을 믿고 여러 개인들이 투자한 자금으로 개척을 시도했기에 정부의 도움은 필요하지 않았다. 정부로서는 반대할 이유가 전혀 없었다. 정부의 예산이나 군사력 없이 사기업이 식민지를 영국령으로 선포하고 회사에게 개척허가장charter만 발행하면 되었기 때문이다. 식민지가 성공적으로 정착되면 정부로서는 더할 나위 없는 행운이었던 것이다. 정부의 별다른 노력 없이 민간인의 노력으로 영국은 식민지를 손쉽게 얻고 그곳을 이용해서 막대한 경제적 부를 창출할 수 있었다.

영국의 아메리카 식민지를 합자회사가 개척했는지 아니면 국내의 정치적·종교적 이유로 모국을 떠난 일종의 피난민들이 개척했는지 하는 문제는 그다지 중요하지 않다. 중요한 것은 스페인과는 달리 정부의 도움이나 간섭 없이 민간인들이 정착했다는 사실이다. 회사가 개척을 시작하더라도 어차피 그 지역으로 이주해서 개척을 한 사람들은 민간인들이었기 때문이다.

　민간인들이 초기 영국의 아메리카 식민지에 정착했다는 것, 이 점이 향후 미국의 역사에, 그리고 우리가 다루는 서부의 의미를 이해하는 데 중요한 부분이다. 미국의 역사가 서부로의 끊임없는 개척과 팽창의 역사라고 한다면 초기 개척 단계에서 미국의 개인주의, 자유주의, 자본주의를 엿볼 수 있다. 새로운 개척지가 경제적 효율성이 있는지, 과연 정착이 성공할 수 있는지에 대한 신념도 없이, 그것도 정부 차원의 후원도 미비한 상태에서 각 개인들이 출자해 아메리카로 진출했던 것은 향후 미국의 자본주의와 개인주의의 일면을 엿볼 수 있게 한다. 모국의 정치적·종교적 억압을 벗어나서 그들만의 유토피아를 건설하기 위해 아메리카를 택했던 사람들에게 아메리카는 무한한 자유가 보장된 신천지였다. 또한 경제적 이유이든 종교적 이유이든 신변에 대한 정부 차원의 확실한 보장이 없는 상황에서 아메리카 행을 결심하는 일, 그것은 인간 개개인의 놀라운 결단력과 의지력이 요구되는 일이었다.

　북아메리카 식민지에 진출했던 사람들이 정부의 간섭이나 적극적인 후원 없이 독자적으로 이주했다는 점은 앞으로 미국을 개척할 사람들이 자신의 운명은 스스로 책임지고 개척해야 하는 것으로 마음속에 담아두도록 했다. 인디언을 의식해서 민간인들이 서부 깊숙한 데까지 진출하는 것을 막으려 했던 정부 권력과 위험을 무릅쓰고 서부로 진출하려던 개척민과의 갈등은 식민지시대의 주요 쟁점이었다. 초기 식민지 정착 시기에는 중앙 권력과 민간 개척민들 사이에서 견제가 계속되었고, 가장 심했던 곳이 바로 동부 해안 지대에서 벗어난 내륙 지역, 즉 그 당시 서부 지역이었다.

★ 민주주의의 싹을 틔운
베이컨의 난

이러한 문제를 가장 웅변적으로 보여주는 사건이 바로 베이컨의 난Bacon's Rebellion이었다. 베이컨의 난은 1676년, 너새니얼 베이컨Nathaniel Bacon이 이끄는 버지니아 내륙 지역의 프런티어인 약 600명이 버지니아 식민지 정부에 항거해서 일어난 군사 반란이다. 반란은 베이컨 일당들이 자기들의 목적을 위해서 멋대로 인디언 부족과 전쟁을 벌이자 인디언들과의 분쟁을 우려한 당시의 총독 윌리엄 버클리 경Sir William Berkeley이 군대를 보내서 준동하는 베이컨 세력을 진정시키려고 하면서 일어났다. 그러나 당국의 이러한 조치는 오히려 그들을 분노하게 했으며 결국 베이컨 일당과 버지니아 정규군 사이에 전투가 벌어졌다.

정규군을 제압한 베이컨 세력은 버지니아 수도인 제임스타운까지 입성하게 되었다. 버지니아 식민지는 최대 위기에 직면했다. 우여곡절 끝에 겨우 정착한 뒤 담배 재배가 성공하면서 버지니아 식민지에 활기가 돌던 바로 그 시점에 발생한 베이컨의 난은 식민지 전체를 발칵 뒤집은 위기가 아닐 수 없었다. 그러나 정부로서는 다행스럽게도 베이컨이 도중에 이질에 걸려 갑자기 죽어버리면서 반란군의 기세가 꺾여 버렸다.

베이컨의 난은 향후 미국 서부 개척의 단면을 보여주고 있다. 베이컨의 난이 발생했던 직접적인 원인은 인디언 문제였다. 아메리카에서 유럽인들은 인디언과의 대결을 피할 수 없었다. 모피 무역과 선교 활동에 전념했던 프랑스인들은 비교적 인디언들과 평온한 관계를 유지했다. 반면에 스페인은 가장 잔인한 정복자의 모습을 보여주었다. 영국의 경우에는 지역 간의 차이가 있었으나 대체로 초기에는 우호적이었다. 수적으로 열세였던 백인들이 인디언들을 무모하게 공격할 수 없는 상황이었고, 인디언들 역시 유럽인들을 공격할 뚜렷한 이유가 없었다.

그러나 시간이 지나면서 양자의 관계는 대결 양상으로 바뀌어 갔다. 그 이유는 이렇다. 영국인들은 정착하기 위해 서부로 이주했고, 그들은 토지가 필요했다. 인디언들의 생활 터전이요, 그들 우주관의 중요한 심장부인 그 토지를 원했던 것이다. 새로운 삶의 터전을 차지하려는 침입자와 그것을 지키려는, 그들 삶과 우주관의 전부였던 토지를 지키려는 원주민들과의 대결은 피할 수 없는 숙명이었다. 피비린내 나는 유혈 전쟁은 곳곳에서 터졌다. 총과 화약을 앞세운 신무기를 인디언이 대항하기에는 역부족이었다. 더군다나 유럽인들이 가져온

베이컨의 난
1676년 일어난 이 사건은 식민지의 안정을 원하는 정부와 서부 진출을 시도하려는 개척민 사이의 대결 상황을 극명하게 보여주고 있다.

가장 무서운 살상제였던 전염병은 인디언들을 무력화시켰다.

결국 인디언은 손을 들고 백인들이 내세운 조약에 서명할 수밖에 없었다. 조약의 내용은 주로 영토의 경계선을 정하는 것이었다. 쌍방은 경계선을 존중해서 더 이상의 분쟁을 막자는 것이었다. 그러나 분계선은 한시적이었다. 식민지의 성공은 더 많은 유럽인들을 불러들였고 이들은 새로운 땅을 찾아야 했다. 결국 이전의 분계선을 넘어 인디언 땅을 넘보게 되었고 인디언들은 그것을 저지하려고 했다. 그리고 프런티어인들과 인디언들과의 혈투가 뒤따랐다.

식민지의 안정을 원하는 정부와 서부로의 진출을 시도하려는 개척민 사이의 대결 상황을 극명하게 보여주는 사건이 베이컨의 난이었다. 미국에서 프런티어라는 용어는 정체적인 것이 아니라 끊임없이 움직이는 동적인 것이라고 앞서 밝힌 바 있다. 베이컨의 난은 이러한 프런티어의 동적인 현상이 실제의 땅 주인이었던 인디언들이라는 벽에 부딪혀서, 또한 비교적 안정을 꾀하려는 통치자와 동부 세력들의 견제에 부딪혀서 발생할 수밖에 없었던 첨예한 현실을 보여주는 사건이었다.

베이컨의 난에 참여했던 자들은 엘리트 계층이 아니었다. 이들은 동부의 비교적 안정된 사회에 적응하지 못하고 새로운 기회를 찾아서 위험천만한 서부 프런티어로 이주했던 자들이었다. 베이컨의 추종자들 상당수가 이전에 계약 하인으로 동부에서 반노예와 같은 생활을 했던 점이 이러한 사실을 잘 보여준다. 계약 하인들은 아메리카 이주 비용을 조달할 수 없는 자들이나 복역 중이던 죄수들로서 일정 기간 계약 하인으로 일한다는 조건으로 아메리카에 이주한 사람들이었다. 그들에게는 계약 기간이 끝나면 자유인으로 생활 근거를 잡을 수 있다는 희망이 있었다. 그러나 계약이 끝났어도 동부에서 새로운 출발을 하기란 버거웠다. 그래서 상당수가 프런티어로 진출했던 것이다. 그런데 동부의 지배 세력이 인디언과 맺은 조약에 따라 분계선이 그어졌고 그들의 서부 진출은 벽에 부딪힌 것이다.

서부로 진출하려는 프런티어인들의 야망은 동부 식민지 엘리트들뿐 아니라 영국 정부의 골칫거리였다. 북아메리카 식민지 정착 초기에는 영국 정부가 프런티어 진출을 격려했다. 그러나 영국 정부 입장에서 보면 식민지가 정착되면서 계속되는 프런티어 개척은 부담이다. 인디언들과의 마찰에 대한 군사적 지원에 한계가 있었기 때문이다.

특히 1763년 프랑스와 인디언과의 전쟁French and Indian War이 끝나면서 이러한 프런티어 문제를 놓고 영국 정부는 골머리를 앓았다.

결국 1763년 국왕포고령the Royal Proclamation of 1763이 발표되면서 주민들은 애팔래치아 산맥의 서쪽으로 이주할 수 없게 되었다. 그러나 서부 주민들이 그것을 수용할 리가 없었다. 포고령이 발표되기 전에 이미 그 선을 넘어선 자들도 있었다. 서부의 새 땅을 찾아 정착하기 위해서 경계선 부근까지 접근했던 이주자들이 영국의 금지령이 두려워서 서부로의 진출을 포기할 리 만무했던 것이다.

프랑스와 인디언과의 전쟁에서 승리를 거둔 1763년은 미국 독립혁명의 시발점이 되는 시기였다. 그동안 느슨한 식민지 정책을 폈던 영국 정부는 전쟁 기간에 고갈된 재정을 메우는 것의 일환으로 아메리카 식민지를 압박하기 시작했다. 명목으로는 영국의 식민지였지만 실제적으로는 거의 자치국 수준으로 그들만의 민주주의 제도를 정착시켰던 식민지인들이 불만을 거세게 드러냈다. 보스턴을 중심으로 영국의 강압적인 식민지 정책에 항거하기 시작했고, 같은 맥락에서 서부 프런티어인들도 항거를 일으켰다. 동부인들은 대체로 세금과 같은 영국의 경제정책에 불만이었고 서부인들은 1763년 국왕포고령과 같은 민간인들의 서진 금지 정책이 불만이었다.

미국의 독립운동은 동부 상공인들과 서부 농민들이 영국의 식민지 정책에 대한 불만을 동시에 터뜨리며 일어났기 때문에 그 세력이 강할 수밖에 없었다. 서부 프런티어인들의 항거가 과연 독립혁명으로 치닫는 데, 그리고 독립전쟁에서 승리로 이끄는 데 얼마만큼의 공헌을 했는가는 또 다른 문제다. 다만 여기서 이야기할 수 있는 부분은 그 당시 프런티어인들이 자유니 평등이니 하는 계몽주의적 사고에 근거해서 영국에 투쟁했다기보다는 그들이 추구하고자 했던 야망, 즉 서부로의 끊임없는 개척 욕망에 영국 정부가 하나의 장애물로 나타났기 때문에 영국에 투쟁했고 결국 독립운동을 지지하게 되었다는 것이다. 물론 이 문제는 동부인들에게도 적용될 수 있다. 독립전쟁의 근본적인 이유가 계몽주의에 입각한 이념과 경제적 이유, 그 둘 중에 어떤 쪽이 더 중요한가에 대해서는 논란이 그치지 않고 있다. 그러나 서부가 동부보다는 비이념적인 이유가 훨씬 강했으리라고 추정할 수 있다.

　1763년 포고령이 서부 개척민들에게 가져온 압박은 실로 컸다. 그렇기에 포고령에 대항하는 프런티어인들의 반발도 컸던 것이다. 가장 대표적인 사례가 펜실베이니아의 서부에서 발생했던 이른바 '팩스턴 보이들Paxton Boys의 난동'이었다. 이들은 팩스턴이라는 펜실베이니아의 서부 프런티어에 거주했던 농부 개척자들로서 대부분 장로교도들이었다. 프런티어인들이 갖는 동부 지배층에 대한 공통적인 불만이 깔려 있는 데다가 퀘이커 교도가 주축이었던 펜실베이니아에 장로교인 이들이 거주했다는 것이 '팩스턴 보이들의 난동'의 화근이었다.

　1763년 겨울 팩스턴 보이들은 퀘이커 교도의 사주를 받은 인근 인디언들이 그들 사회를 염탐한다는 소문에 흥분해서 인디언들을 공격했다. 인디언들은 식민지 정부에 보호를 요청했고 이내 랭커스터Lancaster 감옥에 은신했다. 분노한 팩스턴 보이들은 감옥을 습격해서 은신해 있던 열네 명의 인디언들을 몰살했다. 놀란 주변 인디언들이 펜실베이니아의 수도 필라델피아에 피신하자 팩스턴 보이들은 거기까지 무장 진출해서 인디언을 보호하려는 식민지 군대와 유혈 접전을 벌이려고 했다. 다행히 벤저민 프랭클린Benjamin Franklin의 중재로 충돌은 피할 수 있었다. 이에 프런티어인들은 식민지 정부에게서 좀 더 강화된 군사적 보호를 받을 것을 약속받았고, 팩스턴 보이들은 고향으로 되돌아갔다.

표면적으로 팩스턴 보이들의 난동은 프런티어 주민과 인디언과의 마찰을 보여주는 사건이었다. 그러나 그 이면에는 식민지 지배층과 프런티어인과의 뿌리 깊은 불신과 갈등이 있었던 것이다. 프런티어인들은 그들이 식민지 의회에서 홀대를 받는다고 생각했고 그래서 더 많은 참정권을 요구했다. 그중에 하나가 재산의 정도와 상관없이 보통선거권을 달라는 주장이었다. 독립혁명 당시 필라델피아 헌법이 보통선거권과 단원제 의회single-house congress를 포함해서 식민지 국가들 가운데 가장 급진적인 헌법을 만들었던 것은 이러한 서부 지역민의 주장이 상당 부분 반영된 결과다.

팩스턴 보이들의 난동이 발생한 지 얼마 지나지 않아서 남부 사우스캐롤라이나의 내륙 지역에서도 유사한 소요가 있었다. 이른바 '조정자들Regulators'이 일으킨 무장 소요가 바로 그것이었다. 중앙 행정력이 직접적이고 강력하게 행사될 수 없었던 프런티어 지역에는 무질서와 혼란이 만연했다. 캐롤라이나 북부 변경 지역은 가장 대표적인 무법천지였다. 이러한 무질서를 보다 못한 프런티어인들은 자신들의

팩스턴 보이들의 필라델피아 무장 진출
퀘이커 교도의 사주를 받은 인근 인디언들이 그들의 사회를 염탐한다는 소문에 흥분한 프런티어인
들은 1763년 포고령에 반발하며 인디언들을 공격했다.

손으로 사회의 질서를 바로잡기 위해서 무장했다. 범죄자나 기타 그
들이 생각할 때 사회 질서를 어지럽히는 자를 속출해서 징계하고 심
지어 임의로 처형까지 했다. 의도야 어떻든 간에 조정자들은 프런티
어를 더욱 무법천지로 만들었다. 범법자들의 난동에다 그걸 저지한
다는 조정자들의 행동은 무자비했고, 사회는 온통 난리통이었다. 어
느 역사가의 말을 빌려 그 당시 상황을 살펴보자.

　상대를 불태우고 고문했던 범법자들의 잔인성이나 정직하고 존
　경받아야 마땅했던 조정자들이 자행했던 서글픈 행동은 피차 마
　찬가지였다. 조정자들은 범법자들을 미치광이들처럼 매질을 해
　서 그 몸을 갈가리 찢어놓았다. 옆에서 연주하는 바이올린 소리

를 들으면서 말이다.[3]

이는 훗날 서부 개척사에서 자주 나타나는 일종의 자경단원과 유사한 형태의 집단행동이었다. 그러나 조정자들의 성격은 약간 달랐다. 프런티어의 질서를 자체적으로 바로잡는다는 목적은 유사했지만 조정자들의 집단행동은 중앙 정부에 대한 일종의 반란이었다. 프런티어에 대한 식민지 정부의 무관심을 환기시키며 적극적으로 그들에 대한 신체적·정치적·경제적 보호를 요구했던 것이다. 식민지 의회에 조정자들의 대표자가 더욱 늘어나기를 원했고 다른 지역 주민들과 동등하게 대우받기를 원했다. 그래서 그들의 요구가 관철될 때까지 세금 납부를 거부하고 나섰다. 그러나 식민지 정부에 대한 무력 항쟁은 자제했다. 1769년, 식민지 의회는 이들의 주장을 상당 부분 수용했다. 프런티어 지역에 여섯 개의 새로운 순회 법원을 열어서 질서 회복의 의지를 보였고 세금 체계도 수정했다. 서서히 조정자들의 움직임도 수그러들었다.

이들보다 훨씬 과격한 것은 노스캐롤라이나의 조정자들이었다. 이들의 문제는 사우스캐롤라이나와 정반대였다. 치안 부재라든가 정부의 무관심이 아니라 정부 관료들의 부패와 월권이 문제였다. 거기에다 정부 관료들이 세금을 징수하는 과정에서 강압적인 태도를 보이자 대부분 농부였던 이들은 1768년 무장투쟁에 들어갔다. 결국 1771년 주지사가 직접 1,200명의 민병대를 이끌고 반란을 진압했다. 그 결과 한 명을 전장에서 즉결 처형했고, 여섯 명을 모반죄로 교수형시켰다.

팩스턴 보이들, 캐롤라이나의 조정관들 등이 들고 일어났던 이유는 지역에 따라 약간씩 차이가 있다. 그러나 이러한 집단행동이 보여주는 상징적인 의의는 실로 크다. 미국 역사의 맥박이라고 할 수 있는 프런티어의 숨 가쁜 현실을 그대로 드러낸 사건들인 것이다. 새로운 땅을 향한, 새로운 기회를 향한 거침없는 야망, 그것을 묶어두려는 식민지 정부의 견제, 그 과정에서 미국 민주주의의 독특한 싹이 돋고 있었다.

그때까지 아메리카 식민지에서 정치제도는 유럽의 모방이나 이식에 불과했다. 그것을 제정하고 움직이는 자들은 주로 동부의 엘리트들이었다. 유럽과 같은 전통적인 귀족층은 형성되지 않았지만 그래도 식민지 초기에 성공했던 자들이 사회의 주도권을 쥐고 있었다. 서부로 이동했던 자들은 동부에서 성공하지 못했던 자들이었고 대체로 소규모 농부들이었다. 이들에게 새로운 땅을 얻는다는 것은 생명을 지키는 것과 같았다. 그러나 땅이 생명만큼 중요했던 사람들이 그들을 기다리고 있었다. 바로 인디언들이었다. 유럽 이주자들의 힘에 밀려 계속 서부로 후퇴할 수밖에 없었던 불운한 인디언들이었지만 그렇다고 무작정 밀려날 수만은 없는 일이었다. 뺏으려는 자들과 뺏기지 않으려는 자들 간의 끊임없는 대결, 그것이 서부 개척사였다.

인디언들을 몰아냈지만 중앙 정부의 행정력이 채 미치지 못했기에 프런티어인들은 그 사회 내의 무질서와 혼란이라는 또 다른 장애물을 건너야 했다. 거기에다 식민지 정부의 무관심과 무능, 혹은 관료들의 폭정은 그들을 불안하게 만들었다. 결국 자신들의 안녕과 질서는 스스로 지켜야 한다고 결단을 내린 뒤 때론 과격한 무장투쟁을 불사했던 것이었다. 인디언들을 살육하고 지극히 주관적인 자기들만의 이해타산을 위해 집단행동을 불사한 것이다. 그러나 그들에게는 이것이 바로 자유와 평등, 그리고 '인민에 의한, 인민을 위한' 진정한 민주주의를 정착시키기 위한 항거라고 생각했다. 또한 여기에는 개인주의와 공동체 의식이라는 언뜻 보면 조화될 수 없는 것이 서로 묶여지는 서부의 독특함이 드러났다. 위험을 무릅쓰고 프런티어에 진출했던, 다분히 개별적인 행동, 그러나 그들의 이익을 위해서 함께 공동체의 연대감을 형성할 수밖에 없었던 서부의 독특한 형태가 이루어지게 된 것이다.

이렇듯 식민지시대의 프런티어는 향후 서부 개척사의 성격을 재단하는 주요한 단면을 제공해주었다. 그리고 미국이 미국답게 형성되는 새로운 축이 되었다. 미국의 독립과 함께 서부 지역도 미국 영토의 일부로서 국가의 운명과 함께하기 시작했다. 1787년, 그러니까 미국의 헌법이 제정되었던 해에 북서부영지법the Northwest Ordinance이 의회에서 제정된 것은 그런 의미에서 상징적이었다.

★ 서부 개척에 평화를 가져온 북서부영지법

북서부영지법은 오하이오의 북부 지역 전체를 묶어서 북서 지역으로 구분하고 3~5개의 준주territory로 나누었으며 각 준주에서 인구 6만 명이 되면 주로 승격할 자격을 주었다. 그래서 연방헌법에 의거해서 똑같은 보호를 받고 권리를 누리는 미합중국의 정식 영토가 될 수 있었다. 결국 북서부영지법의 제정으로 지금의 오하이오, 인디애나, 일리노이, 미시간, 위스콘신주가 탄생했다.

미국의 헌법은 독립된 미국 공화국의 시작을 알리는 선언문이며 향후 미국 문명의 방향을 제시하는 기준점이다. 그 헌법을 제정하는 과정에서 북서 지역, 그러니까 아직까지 대부분의 미국인들에게는 요원한 환상의 땅이었던 그 프런티어가 중대한 영향력을 행사했던 것이다. 그곳으로 진출했던 프런티어인들은 헌법제정과 함께 강한 연방정부를 수립해서 국가로서의 체제를 갖추지 못할 바에야 그들을 지켜주지 못하는 미국 정부보다는 그 지역을 사실상 지배하고 있던 스페인에 복속하기를 바라기도 했다. 그래서 제임스 윌킨슨James Wilkinson 장군은 켄터키 영토를 스페인령으로 가입시키려는 음모까지 꾸몄다. 이러한 서북 지역을 비롯한 프런티어의 어수선한 분위기와 그곳으로 진출했던 미국인들의 흔들림을 고려해서 미국 헌법이 제정된 것은 프런티어가 미국 문명의 시작부터 얼마나 큰 변수로 작용하는지를 잘 보여주는 것이다.[4]

북서부영지법의 제정은 미국 서부 개척사에서 실로 이정표적인 일이었다. 이제 미국 서부는 혼돈과 무질서로 뒤범벅된 골칫거리가 아니라 당당히 미국 영토의 일부분으로 주의 자치권뿐 아니라 연방정부의 정치 균형에도 주요한 지렛대 역할을 하기 시작했다. 자칫 동부 큰 주들의 영향권에 들어가서 식민지 상태로 남아 있을 이유가 없었고 인디언들의 위협을 고민할 필요도 없었다. 연방헌법에 따라 인구 비례에 의해서 선출하는 하원에서는 서부 주들이 세력은 약했지만 인구 비례와 관계없이 동등한 수를 선출하는 상원이 있었기에 서부 주들은 그들의 권익을 당당히 요구하고 지킬 수 있게 된 것이다. 또한 북서부영지법의 적용으로 서부 영토가 확고한 미국 영토로 인정되면서 인디언들의 위협도 현저하게 줄어들었다. 물론 1790년 전후에 오하이오의 서부 변경 지대를 중심으로 인디언들의 극렬한 저항이 있기는 했지만 이제 인디언들은 대규모 연방 정규군으로 저항에 대처하는 백인들의 압박을 견딜 수 없게 되었다. 이제 서부는 연방 정규군이 인디언을 몰아냄으로써 안정되어가고 있었다.

분명히 북서부영지법과 함께 서부 지역은 어느 정도의 평정을 찾기 시작했다. 북서부 지역을 미국 영토의 일부분으로 확인하며 그 지역 주민들의 주권을 지키려는 연방정부의 의지가 표방되었기 때문이다. 서부 거주민들이나 연방정부는 서부 지역에서 더 이상 인디언과의 불필요한 마찰을 일으킬 필요가 없었다. 북서부영지법에서도 이 점은 강조되었다. 이 법 제14조 3항의 일부분을 참고해보자.

언제나 인디언에 대한 최상의 신뢰감을 가져야 한다. 그들의 동의 없이 그들의 토지와 재산을 취해서는 안 된다. 연합 회의가 승인한 정당하고 합법적인 전쟁에 의하지 아니하고는 그들의 재산, 권리, 자유를 침해하거나 교란해서는 안 되며, 그들에게 부당한 행위가 가해지는 것을 막고, 그들과 평화와 우의를 유지하기 위하여 정의와 인간에게 바탕을 둔 법률이 제정되어야 한다.[5]

그러나 이것은 어디까지나 미국 서부가 미시시피강을 경계로 그 동쪽에 안주했을 경우에나 가능한 것이었다. 당시 대부분의 미국인들은 미시시피라는 천연의 경계가 미국이 진출해야 할 마지막 서부로 생각하고 있었다. 그러나 그런 생각도 일순간, 그들은 새로운 땅에 대한 정열과 두근거림으로 기대에 부풀어 있었다.

1803년 새로운 미국을 만드는, 미국의 새로운 지형도를 그리게 한 결정적인 사건이 발생했다. 제3대 대통령 토머스 제퍼슨Thomas Jefferson은 당시 미국 영토의 두 배가 넘는 거대한 루이지애나 영토를 프랑스에서 매입하는 데 성공했다. 그러나 미국은 영토를 매입하는 데 성공했다기보다는 프랑스가 처분하고자 했을 때 운명으로 받아들이며 루이지애나를 인수했다고 보는 것이 더 정확한 표현일 것이다. 본질적으로 같은 이야기가 될지 모르지만 그 어감에서는 차이가 있다. 제퍼슨 행정부가 외교적 노력을 통해서 루이지애나 영토를 얻었다기보다는 프랑스가 국내 문제와 그 밖의 복잡한 국제 정세를 고려해서 미국에 팔기를 원했고, 이를 마다할 이유가 없던 미국이 이 영토를 매입했다는 뜻이다.

미국 역사에서 루이지애나 매입만큼 미국의 국운에 결정적인 영향을 미친 행운이 또 있었을까? 루이지애나 매입은 실로 제퍼슨이 대통령으로서 남긴 가장 위대한 유산이었다.[6] 미국의 역사가 서부 팽창의 역사라고 보았을 때 이것은 역대 대통령이 남긴 유산 가운데 가장 괄목할 만한 성과라고 할 수 있다. 물론 나폴레옹 정권하의 프랑스 상황 등을 고려할 때 루이지애나 매입은 행운이었지만, 이것은 서부를 보는 대통령의 시각이 전제되지 않았다면 획득할 수 없는 행운이었다. 제퍼슨은 "미국인들이 안정된 행복을 추구하기 위해서는 출구가 필요하며, 그 출구는 광활한 서부라고 보았다." 그는 서부는 일종의 "미국의 젊음의 샘"으로서 미국의 미래와 생동감을 담보하는 보고라고 믿었던 것이다.[7]

사실 미합중국이 독립국으로 자리를 잡으면서 대부분의 미국인들은 미시시피강이 미국 영토의 서쪽 경계선임을 의심하지 않았다. 누가 보아도 미시시피강의 거대한 강줄기는 미국의 천연 경계선이었다.

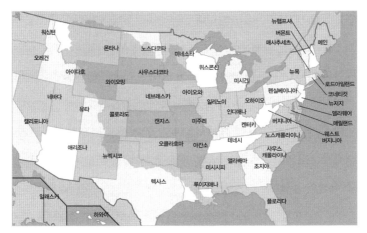

루이지애나 매입 후 미국 지도
토머스 제퍼슨은 미국 영토의 두 배가 넘는 거대한 루이지애나 영토를 프랑스에서 매입하는 데 성공했다. 이를 계기로 서쪽 경계는 점차 확장되었다.

강의 동쪽만 해도 아직 개척하고 정착해야 할 미지의 땅이 충분히 남아 있었다. 다만 미시시피강이 미국의 국경임을 유럽 국가들로부터 확증받을 필요가 있었다. 서부인들의 통상과 안전을 위해서 적어도 강 하구에 위치한 뉴올리언스를 확보할 필요는 있었다. 뉴올리언스는 서부인들에게 동부의 뉴욕이나 보스턴과 같은 곳이었다. 미시시피강을 통해서 운반된 화물을 뉴올리언스에 하적하고 그곳을 통해서 서인도 제도와 미국의 동부, 그리고 유럽으로 화물선이 출항해야 하기 때문이었다.

프랑스는 1800년 스페인과 조약을 맺어 뉴올리언스를 포함한 루이지애나 영토를 인수하기로 했다. 그러나 프랑스는 아직 공식적으로 뉴올리언스를 인수하지 않았고, 남아 있던 스페인 관리들은 미국 상인들에게 텃세를 부리고 있었다. 미처 미국 연방정부의 힘이 그곳까지 미치지 못했기 때문에 서부인들이 연방정부에 갖는 불만은 이만저만이 아니었다. 거듭 이야기하지만 서부로 진출했던 자들은 개인의 야망이 강했지 새로운 국가에 대한 확신이라든지 애국심은 없었다. 만약 연방정부가 서부에 대해서 어떠한 조치를 취하지 않는다면 미시시피강 유역의 서부는 미국의 통합을 흔드는 사각지대로 남아 있을 확률이 높았다.

그래서 제퍼슨은 뉴올리언스를 매입하기 위해 프랑스와 접촉을 시도했던 것이다. 그는 파리 주재 미국 대사 로버트 리빙스턴Robert Livingstone에게 지시해서 뉴올리언스 구입 가능성을 프랑스 측에 타진토록 했다. 리빙스턴은 프랑스 측과 접촉하는 과정에서 뜻밖의 희소식을 들었다. 뉴올리언스는 물론이고 루이지애나 전체 영토를 구입하는 것이 가능하다는 사실을 알아낸 것이다. 상황이 급진전하자 제퍼슨은 제임스 먼로James Monroe를 파리에 급파해서 리빙스턴을 도와 좀더 적극적으로 교섭하도록 했다. 다시 확인해보니 프랑스 측이 루이지애나 영토 전체를 미국에 양도하려는 의사는 사실이었다. 나폴레옹이 직접 양도 제의를 해왔던 것이다. 믿을 수 없는 제의였다. 프랑스가 그렇게 쉽게 루이지애나 영토를 포기하리라고는 전혀 예상치 못했다. 아직 제퍼슨에게서 정확한 지시가 온 것은 아니지만 미국 대표자들은 매입을 추진했다. 나폴레옹의 마음이 변하기 전에 신속하게 처리하기 위해서였다. 가격 협상을 놓고 약간의 잡음은 있었지만 결국 1803년 4월 30일, 양측은 계약서에 서명했다. 조약의 내용도 미국에게 버거운 것이 아니었다. 미국은 루이지애나 인수 조건으로 프랑스에 6,000만 프랑(약 1,125만 달러)을 지불한다, 뉴올리언스에서 프랑스인에게 통상의 특권을 허용한다, 루이지애나 주민들을 미국에 편입시켜서 다른 미국인과 동등한 대우를 한다는 정도의 조건이었다. 구입한 루이지애나의 경계는 정확하게 표기되지 않았다. 프랑스와 스페인이 이전에 권리를 주장해왔던 지역이라고만 명시했다.

> 프랑스 공화국 제1집정관(나폴레옹)은 미국에 강한 우정의 증거로
> 서 프랑스 공화국의 이름으로 영원히 그리고 완전히 독자적으로
> 가톨릭 군주 폐하와 맺은 상기의 조약(이전 프랑스와 스페인과의 조약)
> 에 따라서 프랑스가 획득한 것과 완전히 똑같이 해당 영토를 그
> 모든 권리 및 부속물과 더불어 미국에 양여한다.[8]

그러나 경계선이 불투명한 것은 미국에게 유리하게 작용했다. 미시시피강 서부에 주둔해 있던 다른 유럽 세력들이 없었으므로 미국은 인디언들과의 문제만 남았다. 프랑스 측도 경계선에 대해서 어떻게 명확하게 제시할 수 없었기에 미국 대표들에게 그 문제는 미국이 '알아서 할 일'이라는 여운을 주었을 뿐이다.[9]

그렇다면 나폴레옹은 왜 그렇게 쉽게 미국에 땅을 팔아버렸을까? 중요한 점은 미국 측이 집요하게 요구했다거나 루이지애나를 인수하는 대가로 거창한 답례를 프랑스에 한 것은 아니라는 사실이다.

매매가 이루어진 데는 미국 측보다 프랑스 측의 상황에 더 큰 이유

가 있었다. 그 상황이란 이렇게 요약할 수 있다. 나폴레옹의 주요 관심사는 유럽 대륙이었다. 루이지애나를 중심으로 아메리카에서 프랑스 식민지를 부활하고자 하는 야망이 없지는 않았으나 나폴레옹의 우선적인 관심은 유럽을 지배하는 것이며, 그러기 위해서는 영국과의 전쟁에서 결코 물러설 수 없었다. 영국과의 전쟁을 위해서는 재정이 충분해야 했다. 미국과의 관계도 중요했다. 영국과의 전쟁이 장기화될 경우 미국이 어느 편으로 기울어지느냐가 전쟁의 결과에 결정적인 역할을 할 것임을 나폴레옹은 간파하고 있었다. 그렇다면 루이지애나를 팔아서 재정을 확충하고 미국의 환심을 산다는 것이 손해보는 결정이 아니라고 판단한 것 같다.

이렇게 해서 루이지애나라는 거대한 영토를 미국이 소유하게 되었다. 독립한 지 얼마 되지 않아서 미국 역사상 최고의 선물이 그냥 굴러 들어온 것이다. 어쩌면 미국 역사에서 가장 큰 행운의 순간이었는지 모른다. 만약 프랑스가 루이지애나를 팔지 않았다고 가정해보자. 그리고 그 루이지애나를 중심으로 미시시피강 서쪽에 강대한 프랑스 제국을 건설했다면, 강의 동쪽에 자리 잡은 미국은 북쪽과 서쪽의 캐나다, 남쪽의 스페인에 둘러싸여서 상당히 위축되었을 것이다. 미국이 아메리카의 주도국으로 성장하기보다는 유럽 강국의 세력 사이에서 존재하는 국가가 되었을 가능성이 컸다.

루이지애나가 미국의 영토로 편입되면서 미국은 지금의 미국으로 성장하는 결정적인 발판을 마련한 셈이다. 루이지애나 영토는 이내 북으로는 지금의 몬태나·다코타·미네소타·위스콘신을 포함해서 중부로는 와이오밍·네브라스카·아이오와·캔자스·미주리, 남쪽으로는 오클라호마를 포함한 미국의 심장부로 자리 잡게 된 것이다. 물론 결과론이기는 하지만 이 거대한 루이지애나 영토가 미국의 소유가 되면서 캘리포니아·오리건 등과 같은 기타 서부 영토와 텍사스와 뉴멕시코 영토에 미국이 어떤 식으로든 진출해서 합병하게 되었다.

　결과적으로 지금의 미국이 있게 한 일등 공신은 분명 프랑스였다. 그러나 여기서 간과할 수 없는 하나가 있으니 바로 제퍼슨 대통령의 역할이었다. 제퍼슨도 프랑스가 그렇게 쉽게 루이지애나를 양도할 줄은 몰랐다. 미시시피강 서부의 안전과 무역을 위해서 뉴올리언스를 확보하려는 의도가 의외의 결과를 가져온 것이었다. 그러나 제퍼슨이 이러한 예기치 않은 행운을 놓치지 않고 적극적으로 서부 팽창에 힘을 기울였기 때문에 루이지애나를 중심으로 한 미국의 팽창이 가능했던 것이다.

　루이지애나 획득에 반대가 없었던 것은 아니었다. 특히 뉴잉글랜드를 중심으로 한 연방파의 반대는 극렬했다. 서부 팽창이란 결국 북동부에 근거를 둔 연방파의 위축을 뜻하기 때문이었다. 루이지애나 매입의 헌법상 문제도 제기되었다. 연방헌법은 대통령이 새로운 영토를 획득할 수 있는 권한을 부여하는 조항이 없었다. 제퍼슨은 대통령이 되기 전 헌법을 확대 해석해서는 안 되며 헌법에 있는 문안 그대로 해석해야 한다고 믿었으며 이것이 위협된다고 판단될 경우에는 당시 정권을 잡고 있던 연방파를 맹렬히 비판했다.

　그럼에도 제퍼슨은 이러한 기회를 놓칠 수 없었다. 그는 미국의 운명이란 적극적인 서부 개척에 있다고 보았다. 그것이 자유liberty에 근거한 성숙한 민주주의를 위해서 필요한 조건이라고 믿고 있었다. 동부 도시를 중심으로 상업과 물질주의에 젖어 있는 시민들이 서부의 땅으로 이주해서 정직한 노동의 땀을 흘릴 때 미국은 "인민people의, 인민people에 의한, 인민people을 위한" 민주주의로 도약하리라고 믿었다. 이것이 제퍼슨 민주주의 원칙의 중심축이었다. 이제 루이지애나 영토의 매입으로 그의 이상이 현실화될 수 있는 최적의 계기가 마련되었는데 제퍼슨이 그것을 포기할 리 없었다.

루이지애나가 영토 매입 이전에 제퍼슨은 태평양 연안까지의 서부 탐사를 계획하고 있었다. 1803년 1월, 그는 탐사를 위한 예산 책정을 의회에 요구했고 의회의 승낙을 받아냈다. 제퍼슨은 그의 개인 비서였던 버지니아 출신 메리웨더 루이스Meriwether Lewis를 탐사단 대장으로 임명했다. 루이스는 그를 도와줄 동료로 윌리엄 클라크William Clark를 선택했다. 루이지애나가 공식적으로 미국 영토가 된 후 1803년 겨울 루이스-클라크 팀은 48명의 대원과 함께 험준한 서부 탐사 여정에 들어갔다. 이들 탐사가 계속되고 있을 때 제퍼슨은 또 다른 탐사단을 가동시켰다. 이번에는 미시시피강을 따라 남쪽으로 탐사하는 것이었다. 제블런 파이크Zebulon Pike 단장의 인솔 아래 탐사단은 미시시피강 상류, 아칸소 강 유역, 콜로라도, 산타페 지역 등 주로 루이지애나 영토의 남부 하단을 탐험했다.

태평양으로 향하는 수평 탐사를 했던 루이스-클라크나 미시시피강을 따라 수직 탐사를 했던 파이크는 둘 다 미국인의 즉각적인 반

1954년에 발행된 루이스-클라크 탐험 우표
이들의 보고서는 훗날 미국 서부 개척의 열기가 뜨거워졌을 때 개척자들에게 더할 나위 없이 유익한 안내자 역할을 했다.

응을 얻어내지는 못했다. 그들의 보고서는 척박한 불모지라는 서부의 이미지를 다시 확인시켜주었을 뿐이었다. 그러나 이 보고서는 훗날 미국 서부 개척의 열기가 다시 뜨거워졌을 때 개척자들에게 더할 나위 없이 유익한 안내자의 역할을 하게 되었다. 그리고 이 탐사의 열매는 금세 맺혔는데, 오리건 행로Oregon Trail와 산타페 행로Santa Fe Trail가 그것이다. 오리건 행로는 루이스-클라크 탐사로를 기반으로 미시시피강에서 태평양으로 잇는 수평 통로를, 산타페 행로는 미시시피강에서 남부 멕시코 지역을 잇는 수직 통로를 제공했다.

사실 루이스-클라크 탐사가 북아메리카 대륙 횡단에서 처음 있었던 일은 아니었다. 영국의 매켄지 경Sir Alexand Mackenzie이 1793년에 최초로 몬트리올에서 오대호를 거쳐 태평양 연안까지 탐사했고, 그 탐사기를 책으로 출판했다. 그는 끊임없이 영국 정부가 그 지역 탐사를 주도하고, 북아메리카 서부를 선점해야 한다고 요청했다. 그래야만 훗날 서부를 놓고 벌인 미국과의 숙명적인 대결에서 우위를 점거하고, 태평양 연안에서 러시아의 진출을 사전에 제지할 수 있다고 보았던 것이다.[10] 하지만 매켄지의 외침은 영국에서 공허한 메아리만 울렸고, 미국에서도 마찬가지였다. 매켄지의 탐험 판타지는 서부에 대한 호기심을 갖고 있었던 극소수의 동부인들에게 회자될 뿐이었다. 다만 그 극소수의 사람들 중에 토머스 제퍼슨이 있었다. 그것이 북아메리카 서부의 운명을 갈랐던 것이다.

제퍼슨에게 국가의 운명이란 만드는 것이었다. "미국인의 지리적 세계관이 미시시피강에 머물러 있을 때, 누구도 미시시피강 서쪽까지 미국의 운명이 닿으리라 상상하지 못하고 있을 때, 서부로 팽창하면 동부 해안 중심의 미국 문명이 위축된다는 이유로 기존 지배층이 루이지애나 매입에 회의를 느끼고 있을 때, 제퍼슨은 미국의 미래는 대륙 팽창에 있다고 믿었고, 그 기회가 찾아오자 과감하게 그 운명을 받아들인 것이다."[11]

탐사와 행로가 닦아졌다고 해서 서부 지역이 금방 미국의 영토나 혹은 연방의 영향권에 들어갔다고는 할 수 없다. 실제로 그 지역으로 이동하고 정착하는 시민 없이는 말이다. 과연 얼마나 많은 사람들이 얼마나 빠른 속도로 그곳으로 이주하느냐 하는 문제가 남아 있었다. 주민의 실제적인 정착 없이 어느 나라도 그 지역에서 영향력을 행사할 수 없는 것이다. 여기에 미국의 무서운 팽창력이 유럽 국가들과 극명한 차이를 보였다. 보통 유럽 국가들이 아메리카에 정착하는 형태는 주민들보다는 군인이나 국가에서 후원하는 선교사들을 위주로 한 것이었다. 정착이라기보다는 일종의 파견이었다. 그러나 미국의 경우는 달랐다. 실제적인 민간인의 이동과 정착이 주요한 형태였다.

정부의 특별한 후원이나 보호가 보장되지 않는 상태에서 미지의 땅으로 이동해서 땅을 경작하고 정착하는 미국인들의 그 집착과 생명력 앞에서 버티고 설 세력은 그렇게 많지 않았다. 텍사스와 오리건에서 이것이 여실히 증명되었다.

★ 텍사스와 오리건 정착, 미국 영토를 확정짓다

스페인 영토였던 멕시코는 1821년 스페인에서 독립했다. 그러나 이미 그 지역에는 야망에 찬 미국인들이 정착하고 있었다. 코네티컷 출신의 모세 오스틴Moses Austin은 루이지애나 영토 남단에서 사업을 꾸려 나갔다. 그는 세인트루이스에서 은행을 설립할 정도로 한때 성공한 프런티어인이었다. 그러나 1818~19년 공황으로 파산하고 말았다. 이것은 프런티어에서 쉽게 볼 수 있는 삶의 한 형태였다. 모세 오스틴은 새로운 곳에서 또 다른 도전을 해야 했고, 그가 선택한 곳이 바로 텍사스였다. 광활한 텍사스는 소 목축업과 면화 농장에 적격이었기 때문이다.

모세 오스틴은 1821년 폐렴으로 갑자기 세상을 떠났고 그의 아들 스테판 오스틴Stephen Austin이 가업을 이어받았다. 동부의 유수한 사립학교와 가정교사에게 그리스어·히브리어·서양 고전·사교댄스 등을 배우고 이에 흠뻑 취해 있던 스테판 오스틴이 아버지의 땀과 애정이 배어 있는, 그러나 그의 학문적 소양과는 전혀 관계없는 텍사스로 온 것이다. 그는 빠르게 적응해갔다. 아버지가 고매한 고전 학문이나 귀족적 품성을 키우는 일보다는 영어를 정확하게 구사하고 글로 표현하는 것과 같은 실용적인 능력을 강조했던 이유를 그제야 깨달았다. 거친 땅, 텍사스에서의 횡재를 꿈꾸며 사방에서 몰려온 투박한 프런티어인들. 그들의 지도자가 되기 위해선 동부에서 가져온 지식과 경험은 무용지물이었다. 스테판 오스틴은 평생을 독신으로 살았다. 그는 텍사스와 결혼했고 그 땅과의 인연은 그를 성공으로 이끌었으며 수많은 미국인을 텍사스로 끌어들였다.

텍사스로 이주하는 미국인들의 수가 점차 많아지자 멕시코 정부는 긴장하게 되었다. 스페인에서 독립한 직후, 멕시코는 북쪽 변경 지대였던 그 불모지 텍사스를 개발하기 위해서 미국인들의 이주를 장려했다. 그러나 무서운 속도로 불어나는 미국인들은 멕시코를 위협했다. 멕시코인들을 깔보고 멕시코인들의 지배를 받지 않으려는 이들 미국인들을 다스리지 않고는 누구도 진정한 멕시코의 지도자라고 할 수 없었다. 당시의 멕시코 대통령 산타아나Santa Anna 역시 마찬가지였다. 엄연히 멕시코 영토였지만 마치 자기들의 영토인 양 거들먹거리는 미국인들과 이들을 길들여야 하는 멕시코 정부, 그 불편한 공존은 정리가 되어야 했고, 결국 한 판 전쟁이 불가피했다. 이것이 1835년에 시작한 텍사스 독립전쟁이었다.

1836년 2월 샌안토니오 교외의 자그마한 알라모Alamo 교회에 포위

되어 있던 182명의 미국인들은 항복을 거부하고 멕시코 군과 처절한 전투를 벌였으나 결국 182명 모두 몰살당했다. 텍사스로의 미국 개척은 알라모라는 비운의 묘지에서 막을 내리는 듯했다. 그러나 사태는 역전되었다. 이 소식을 전해들은 미국인들은 텍사스로 이주한 지 얼마 되지 않은 샘 휴스턴Sam Houston을 중심으로 다시 뭉쳤고 "알라모를 상기하자!"라는 구호를 외치며 멕시코 군에 대한 역공을 감행했다. 예상치 않았던 텍사스인들의 공격에 멕시코 군은 혼비백산했다. 4월 21일 텍사스인들은 산타아나를 사로잡았고 멕시코 군은 항복했다. 그리고 텍사스가 독립국임을 공포했다.

텍사스 공화국, 미국과 멕시코의 접경에 느닷없이 세워진 이 공화국이 미국의 운명에 또 하나의 주요한 이정표가 되었다. 미국 연방의 입장에서는 이 역시 굴러 들어온 행운이었다. 연방정부가 텍사스 공화국 탄생에 공헌한 것은 아무것도 없었다. 야심찬 프런티어인들이 자기 발로 멕시코 땅 텍사스에 이주해서 멕시코에게서 빼앗은 것이다. 거의 대부분이 미국인들이었기에 그들이 미국 연방에 합병되기를 원했다. 언제 멕시코의 보복이 있을지 모르는 일이었기에 그들은 즉시 미국의 영토로 편입되기를 원한 것이다.

그러나 문제는 그리 간단치 않았다. 미국은 당시 노예문제를 놓고 남부와 북부가 첨예한 대결을 하고 있었기 때문이다. 미국의 최남단에 속해 있는 텍사스가 연방에 합병되면 남부 노예주로 편입될 것은 뻔한 일이었다. 그 거대한 영토가 노예주로 편입된다면 그동안 팽팽한 균형을 이루고 있던 정치적 균형은 한순간에 깨질 것이 틀림없었다.

샘 휴스턴에게 항복하는 산타아나
샘 휴스턴을 중심으로 뭉친 미국인들은 당시 멕시코 대통령 산타아나를 사로잡으면서 멕시코 군과 벌인 전투에서 승리한 뒤, 텍사스가 독립국임을 공포했다.

그것이 두려운 미국은 텍사스 합병을 유보했고 텍사스는 그 후 10년 동안 독립국으로 남아 있었다.

하지만 이것은 어디까지나 일시적인 현상이었다. 텍사스를 합병함으로써 파생될 우려가 대륙 팽창을 국가의 운명으로 생각하는 미국인들의 의욕을 막지는 못했다. 1846년 미국인은 대륙 팽창이 그들의 '명백한 운명Manifest Destiny'이라고 외치기 시작했고, 그 시대적 분위기를 틈타 결국 미국은 텍사스를 합병했다.

텍사스가 공식적으로 미국의 영토가 되면서 멕시코는 다시금 긴장했다. 미국의 팽창 야욕이 어디까지 갈지 모르는 일이었기 때문이다. 결국 미국은 미세한 국경 문제를 트집잡아 멕시코와 전쟁을 치렀다. 1846~48년까지 전쟁은 계속되었지만 미국의 일방적인 승리로 끝났고, 미국은 북아메리카 남서부 영토를 차지하게 되었다. 캘리포니아와 뉴멕시코 영토, 그러니까 캘리포니아와 텍사스 사이에 걸쳐 있는 땅 전체로 지금의 네바다·유타·콜로라도·애리조나·뉴멕시코를 획득한 것이었다. 멕시코는 영토의 절반 이상을 빼앗겼고, 미국은 멕시코와 국경을 이루는 지금의 거대한 남서부 땅을 차지하게 되었다.

이제 남은 곳은 오리건 영토뿐이었다. 오리건은 대부분의 미국인들에게 미지의 땅이었다. 텍사스하고는 사정이 판이하게 달랐다. 오리건으로 가는 길은 당시 미국인들의 상상력을 뛰어넘고 있었다. 그 길은 광활한 대평원을 지나야 했다. 그리고 매서운 바람과 척박한 땅, 아직 백인들을 모르는 인디언들이 기다리는 땅이었다. 그곳으로 한 번 진출했다가 포기하고 돌아오기에도 너무나 먼 길이었고, 대평원을 무사히 가로지른다 해도 태평양으로 가는 마지막 장애물인 로키 산맥이 버티고 있었다. 누가 이런 험준한 여정을 감수하고라도 오리건으로 가고자 하겠는가? 아직 그곳에는 미국인들을 매혹할 어떤 특산물도 없었다. 있다고 하더라도 미국의 동부로 이송하기에는 결코 수지가 맞지 않을 것이다. 특별한 누군가가 특별한 이유로 그곳에 가야 했다.

그 특별한 사람은 바로 선교사들이었다. 세속적인 타산이 맞지 않아서 모두 다 바라만 보고 있을 때, 사실 모든 사람들이 오리건이라는 땅에 관심도 두지 않고 있을 때 선교사들은 종교적인 야망에 불타 오리건 개척에 나선 것이었다. 이것은 미국의 서부 개척사에 나타난 특이한 현상이었다. 스페인이나 프랑스와는 달리 미국의 개척은 주로 선교사나 정부 관료보다 민간인이 주도했다. 민간인이 개척했다는 말은 지극히 세속적·물질적 야망이 우선적인 이유였다는 것이다. 오리건에서 그 흐름이 깨진 것이다. 이제 종교적 야망이 우선시된 것이다.

1836년 뉴욕 출신의 젊은 의사 마르쿠스 휘트먼Marcus Whitman과 미국 선교 협회를 통해서 오리건 선교에 헌신하기로 결심한 나르시사 프렌티스Narcissa Prentiss는 결혼하자마자 오리건으로 향했다. 헨리 스폴딩Henry Spalding 목사 부부도 함께 동반했다. 힘겨웠지만 이들은 오리건에 도착했고 곧바로 인근 인디언들을 교화시키기 시작했다. 인디언들과의 관계는 원활했지만 선교는 그다지 성공적이지 못했다. 10년 동안 고작 20명 정도만 개종시켰다. 그러나 이들은 실패했다고 생각하지 않았고 더욱 열정을 가지고 그들의 선교 사업에 매진했다.

그들의 선교 보고서는 아직 오리건에 대한 막연한 신비감밖에 없던 동부인들을 매료시켰으며 이내 오리건은 젖과 꿀이 흐르는 풍요의 땅으로 인식되었다. 그리하여 1843년 오리건으로 향하는 대 이주가 시작되었고, 1846년 초까지 1만 명의 미국인들이 이주했다. 선교사들은 그들이 꿈꾸었던 근본적인 목적, 즉 인디언들을 개화, 개종시키지는 못했지만 한 가지 성공한 것은 있었다. 바로 미국의 팽창에서 가장 중요한 민간인들의 정착을 유도했다는 점이다. 단순한 탐험이라든지 방문이 아닌 정착을 위해서 몰려오는 미국인들 때문에 당시 미국과 함께 공동으로 오리건 지역을 관리하던 영국은 물러날 수밖에 없었다. 1846년 6월 오리건 조약Oregon Treaty에 의해서 위도 49도를 경계선으로 오리건 땅이 양분되었다. 그래서 캐나다와 미국의 현재 국경선이 성립된 것이다.

이제 선교사적 사명보다는 새로운 땅에서 그들의 물질적 야망을 충족하기 위한 민간인들이 하나둘씩 오리건에 정착했고 이들은 인디언들에게 치명적인 질병을 가져다주었다. 백인과 인디언의 만남이 항상 그랬듯이 이곳 태평양 연안의 서부에서도 그 쓰라린 역사가 재현되었다. 홍역은 순식간에 카이유족the Cayuse 부락을 황폐화시키고 말았다. 결국 카이유족의 분노는 존경하던 휘트먼 부부에게로 향하게 되었다. 1847년 11월 28일, 차가운 아침공기를 뚫고 휘트먼 부부의 교회를 습격한 몇몇 카이유족들은 휘트먼 부부를 무참히 살해했다.

'미개한 사회'에 사는 '이교도의 암흑'에 불빛을 가져다주려고 헌신했던 휘트먼 부부의 인생은 비극적으로 끝나고 말았다. 그들의 목적이 순수하든 어떻든 간에 그들이 그토록 애정을 쏟았던 인디언들은 다른 백인들, 물질적 야망을 추구했던 백인들이 가져다준 질병으로 낙엽처럼 쓰러졌고 휘트먼 부부도 카이유족의 도끼자루에 의해서 절명하고 말았다. 역사학자 패트리샤 리메릭Patricia Limerick의 말대로 휘트먼은 "악인도 아니었지만 그렇다고 무고한 희생자도 아니었다."[12] 그들은 인디언들에게 살해되어야 할 그런 악인은 분명 아니었다. 그렇다고 아무 죄가 없었다고는 말하기 힘들다. 인디언들의 입장에서는 그들 부족의 비참한 운명의 씨앗이 휘트먼 부부였기 때문이다. 백인과 인디언, 그들 사이의 숙명의 문화적 충돌에서 휘트먼 부부는 의도야 어떻든 간에 참절한 비극을 품고 있는 '편협한 침입자'였던 것이다.

텍사스와 오리건 정착은 무엇보다도 미국 서부 팽창사의 단면을 제시해주고 있다. 미국의 서부 팽창이 항상 그랬듯이 여기에서도 개개의 민간인들이 주도했다. 경제적 이익이 보이는 곳은 어디든지 도전해야 직성이 풀리는 그 거침없는 야망과 생명력은 텍사스에서 극명하게 나타났다. '정직한 노동'의 산물에 대한 애착, 그리고 그것을 지키기 위해서 법이 존재하고, 그것을 집행하기 위해서 '정부'가 구성되었을 뿐이라는 믿음, '만인이 소유권의 주체이며, 동시에 정치권력의 주체가 될 수 있다'는 신념, 정치 권력은 자연 상태에서 각 개인의 명백한 동의를 통해 자신의 자연권을 양도함으로써 형성되는 신탁적 권력이기 때문에 권력의 정당성의 근원은 오직 인민에게서만 찾을 수 있다는 확신, 그 로크적 철학이 텍사스인들의 생활에서 현실화되고 있었다. 물론 과연 몇 명의 텍사스인들이 그런 멋있는 민주주의 철학론에 대해서 들어본 적이 있었는지는 의문이다. 그러나 그들에게 소유권이란, 자기들이 온갖 위험을 무릅쓰고 얻어낸 것으로서, 그것을 지키는 것은 생명을 지키는 것과 다름없었다. 그것 앞에서 멕시코의 법이나 권력이란 아무 의미가 없었다. 단지 제거되어야 할 숙명의 장애물로만 여겨졌을 뿐이다.

여기서 미국인들의 인종에 대한 편견을 간과할 수 없겠다. 텍사스와 텍사스 문제를 통해서 벌였던 멕시코와의 전쟁에서 팽창주의 못지않게 미국의 인종주의를 엿볼 수 있다. 그 좋은 예가 미국이 멕시코와 전쟁을 벌였던 같은 해(1846) 미국은 오리건의 국경 문제를 놓고 영국과 평화스러운 해결을 보았다는 점이다. 만약 텍사스가 멕시코 영토가 아니라 영국이나 프랑스, 혹은 스페인 영토였다면 문제는 다를 수 있다.

　이것을 인종주의 문제로만 보는 것도 무리가 있다. 야심에 찬 미국 개개인들의 거침없는 소유욕, 더 나아가 미국의 끝없는 팽창주의가 우선적으로 고려되어야 한다. 오리건 영토를 놓고 미국 연방은 전쟁불사론까지 내세웠다. 그 시대의 '명백한 운명'론에 맹목적인 집착을 보였던 미국인들은 오리건 영토 전부를 차지하길 원했다. 영국과 전쟁을 해서라도 말이다. 그러나 미국 본토에서 너무 멀리 떨어진 오리건에서 영국과 전쟁을 치르는 일은 현실적으로 불가능했다. 하지만 텍사스는 사정이 달랐다. 떨어진 거리로나 그곳에 거주하는 미국인들, 그곳에 대한 전반적인 미국인들의 관심을 고려해볼 때 충분히 해볼 수 있는, 해야만 하는 전쟁으로 단정했던 것이다.

　언뜻 보면 극소수의 선교사들이 오리건 정착을 주도했다. 이 점은 미국 서부 팽창사에서 이례적인 경우다. 그동안 서부 개척은 정부나 선교사들이 아닌 민간인들이 주도했기 때문이다. 그러나 오리건이 민간인 주도의 개척 전통에서 그렇게까지 이탈되었다고 볼 수 없다. 이들 선교사를 발판으로 금세 민간인들이 정착을 시작했기 때문이다. 선교사 기간은 일시적이었고 결국 민간인들이 오리건의 실질적인 정착자들이었다. 당시 오리건으로 이주한다는 것은 무모한 모험이 아닐 수 없었다. 연방정부의 행정력은 거의 미치지 못했다. 그들이 알아서 법을 만들고 질서를 확립해야만 했다. 이것이 오리건에 거주하던 영국인들과 미국인들의 주요한 차이점이었다.

당시 허드슨만 회사는 영국 의회의 절대적인 권한을 위임받아서 영국 시민을 직접 통치하고 있었다. 범법자는 어떤 식으로든 색출되어서 본국으로 송환되든가 인근 정착지에서 법대로 재판을 받아야 했다. 반면 오리건에 거주하던 미국인들은 연방정부로부터 그러한 보장을 받지 못했다. 그들 자신이 법을 만들어서 오리건의 안녕과 질서를 다져나가야 했다. 사실 1846년 영국과의 조약에 의해서 오리건이라는 영토가 구분되었지만 미국 연방정부는 오리건을 실제적으로 통치하지 못하고 있었다. 1849년이 되어서야 연방정부는 군대를 파견했고 우편 업무를 개시했다. 이렇듯 오리건 역시 텍사스에서처럼 그들의 운명은 자신이 책임진다는 미국 서부 정신의 굵직한 뿌리를 내렸다.

　　멕시코와의 전쟁, 오리건의 정착으로 미국은 태평양 해안까지 팽창했다. 지금의 미국 영토를 확정하는 지도긋기를 마무리 한 셈이다. 그러나 민간인들의 실제적인 이주와 정착, 그것도 대규모 집단 이주 없이 미국이란 영토는 알곡이 빼곡히 들어 있지 않은 헐거운 자루에 불과했다. 따라서 대다수의 미국인들에게 여전히 미지의 땅인 극서부로의 이동을 자극하는 강한 흡입력이 필요했다. 종교적 열망 때문일까? 식민지 시대 몇몇 지역에서나 나타났던 그 열망은 이제 미국인들에게 아련한 기억으로 사라진 지 오래였다. 그렇다면 땅에 대한 맹목적인 소유욕인가? 그것도 아니었다. 아직도 서부는 개척되지 않은 광활한 땅이 남아 있었던 것이다. 지금까지의 서부 개척을 유도했던 그 모든 것을 초월한 어떤 찬란한 번뜩임, 아직도 일확천금의 야망에 들떠 있는 수많은 잠재 이주민을 매혹시킬 그 무엇이 필요했다.

금, 그 황금색의 빛나는 보석이 미국인을 기다리고 있었다. 1848년 캘리포니아에서 번쩍이는 금이 발견된 것이다. 캘리포니아 금광 발견은 미국의 서부 팽창사에 또 다른 획을 그을 뿐 아니라 미국사 전체의 조형도를 다시 그리게 하는 역사적 순간이었다.

★ 아메리칸 드림,
황금을 찾아 서부로

1848년 1월 24일, 제임스 마셜James Marshall은 새크라멘토 북동부에 제재소를 건설하던 중 우연히 아메리칸강American River에서 반짝이는 사금을 발견했다. 이 소식은 순식간에 미국 전역으로 퍼져 나갔다. 처음에는 대다수의 미국인들이 이 사실을 두고 서부에서 날아온 또 하나의 신화로 취급했다. 그러나 그해 12월 초 제임스 폴크James Polk 대통령이 사금 발견을 정식으로 공표하면서 캘리포니아는 순식간에 새로운 아메리칸 드림American Dream의 대명사로 부각되었다. 1849년 초부터 수백, 수천 명의 미국인들이 캘리포니아로 몰려가기 시작했다. 농부는 농토를 버리고, 상인은 가게 문을 닫고, 심지어 군인들은 군대를 떠났다. 목적지는 캘리포니아였고 목적은 단 하나, 금을 캐서 일확천금을 얻은 후 금의환향하는 것이었다. 캘리포니아에서 기껏해야 1년, 길어야 2년만 고생하면 평생을 안락하게 살 수 있다는 환상이 그들을 사로잡았다. 금광이 발견된 지 채 2년이 되지 않아서 9만 명이 캘리포니아에 도착했으며, 1854년 캘리포니아 인구는 30만 명으로 껑충 뛰었다.

캘리포니아로 가는 여정은 그리 쉽지 않았다. 그 길은 세 가지로 열려 있었다. 미국 동부 항에서 출발해 남아메리카 남단을 돌아서 가는 항로, 중간에 파나마 지협에 내려서 그곳을 통과해 다시 캘리포니아로 가는 선박을 이용하는 길, 마지막으로 육로를 이용하는 길이었다. 어느 편을 택하거나 험난한 길이었다. 오랜 기다림과 질병과 싸워야 했고, 무엇보다도 물 부족은 가장 큰 고통이었다. 특히 네바다의 작열하는 태양과 사막을 견뎌내야 하는 육로 통행자들에게 물은 일시적이나마 금보다도 귀했다. 물 한 모금을 마시기 위해 100달러나 지불해야 하는 경우도 발생했다. 자칫 길을 잘못 들어서면 사막에서 사장될 위기에 처하기도 했다. 탈수증으로 환각 상태에 있는 이주자들이 지친 몸을 이끌고 계속 움직였던 이유는 그들 앞에 오아시스와 같은 환영이 있었기 때문이 아니라 찬란하게 빛나는 금을 쫓는 환영이 사라지지 않았기 때문이다. 그 단 하나의 희망은 말라가는 입술에 촉촉하게 물기를 적셔주었고, 지친 다리에 근력을 주었다.

금에 대한 환영, 그것은 헐거웠고 너덜너덜한 미국이라는 자루를 팽팽하게 채우도록 했다. 아메리카 역사를 돌이켜 볼 때 참으로 놀라운 일이 아닐 수 없었다. 애초에 스페인 정복자들은 금과 은에 눈이 어두워서 아메리카에 진출했다. 영국인들 역시 그러한 보석을 바랐지만 동부 해안의 그 어디에도 금과 은은 없었다. 대신 광활한 땅만이 그들을 기다리고 있었다. 금이 아닌 땅을 차지하고 정착하기 위해서 지금의 미국으로 정착하기 시작했다. 금의 광휘는 오래가지 못했다. 중남미에서 스페인은 위축되었고 결국 1821년 멕시코는 스페인에서 독립했다. 영국으로부터 독립한 미국은 새로운 토지를 더 많이 차지하기 위해서 끊임없이 서부로 이동했다. 그러다 1848년, 팽창의 마지막 단계에서 그야말로 느닷없이 금이 발견된 것이다. 순서가 바뀌어 동부에서 먼저 금이 발견되었다면 미국의 미래는 어떠했을까?

어떻든 간에 금의 발견과 함께 캘리포니아는 미국의 새로운 희망으로 떠올랐다. 캘리포니아는 미국의 문명을 이끄는 새로운 첨단leading edge으로, 미국 문명의 단면cutting edge으로 급부상한 것이다. 또한 서부 팽창사의 가장 극적인 상징이었다. 횡재를 꿈꾸고 캘리포니아로 간 사람들은 미국 물질주의·한탕주의·개인주의·모험주의 등 그 모두를 대표했다. 시에라네바다산맥의 협곡 강줄기에서 텐트를 치고 삽으로 모래더미를 퍼내서 사금 조각을 찾고 있는 자들은 고독하지만 희망에 들떠 있는 새로운 미국 개척자의 대명사가 된 것이다. 캘리포니아는 미국의 새로운 뉴욕이었다.

그곳은 실로 순식간에 미국의 다인종문화 집결지가 되었다. 미국의 중동부 이주자뿐 아니라 독일·아일랜드·이탈리아·프랑스·영국·스페인, 거기다가 하와이·중국·멕시코에서 몰려온 한탕주의자들로 분주했다. 이들은 서로 섞일 필요가 없었다. 그들이 가져온 문화를 버릴 필요도 없었다. 중국인 이민자들의 경우가 가장 극명한 예가 되겠지만 이들 대부분은 캘리포니아를 최종 정착지로 생각하지 않았다.

한 1~2년 정도의 노력으로 횡재를 거머쥐고 다시 고향으로 돌아가서 행복하게 생활할 것을 꿈꾸는 사람들이었기 때문이다. 조국에 대한 애국심, 혹은 미국인들의 경우, 미국 팽창사에 한몫을 했다는 자부심 따위는 찾아볼 수 없었다. 행운과 기회가 있는 캘리포니아, 그리고 그곳에서 자신들의 꿈을 지켜나가는 것, 오직 그것만이 그들의 유일한 정신이라면 정신이었고 이념이라면 이념이었다.

문제는 너무나 많은 사람들이 캘리포니아에 몰렸다는 것이다. 금을 찾는 경쟁은 가속화되었는데 금은 그들이 생각한 것만큼 많지 않았다. 한때 북적거리며 분주하던 광산촌이 하루아침에 유령촌으로 변하는 경우가 비일비재했다. 사람의 흔적은 볼 수 없고 늑대와 날짐승만 서성거릴 뿐이었다. 그러나 금이 없다고 고향으로 돌아가는 사람은 없었다. 그 어딘가에 그들을 기다리는 행운이 있다는 것을 의심하지 않았다.

행운을 찾았다고 생각하는 사람이나 그것을 기다리는 사람이나 어딘가에 정착해야만 했다. 정착자의 수가 늘어나면서 금은보석은 없었지만 그 많은 사람들을 상대로 해서 행운을 잡을 수는 있었다. 식료품 가게·음식점·세탁소·주막·전당포·매춘굴이 들어섰고, 곳곳에서 타운town이 형성되었다. 인종·종교·문화·언어가 서로 다른 이들이 사람답게 살기 위해서는 하나의 자치 정부가 들어서야 했다. 여기에 미국 프런티어에서 필연적으로 나타나는 서부의 민주주의가 만들어져야 했다. 아직 연방정부의 행정력이 미치지 못했기 때문에 질서와 효용 속에서 공생해야 하는 자치 기구가 필요했던 것이다.

주민 모임이 열렸고 대표자가 선출되었고 규약이 세워졌다. 재산을 등재하는 등기소, 분쟁을 조정하는 재판소가 세워졌고, 치안을 유지하는 보안관이 선출되었으며, 시 행정을 총괄하는 시장이 선출되었다. 절차나 방법이 타운의 성격에 따라 달랐으나, 여러 번의 시행착오 끝에 어느 정도로 비슷한 형태가 되었다. 하나의 성공적인 정치 형태의 전형이 나타나면 이것을 바탕으로 유사한 타운이 생겨났다. 여기에 미국의 민주주의가, 서부 개척사가 가져다 준 독특한 민주주의가 자생한 것이다.

또한 캘리포니아는 새로운 미국의 어두운 면도 적나라하게 드러나는 곳이었다. 그중에서도 가장 뚜렷하게 나타나는 것이 인종주의였다. 미국의 인종주의와 그에 따른 사회적 갈등이 결코 새로운 것은 아니었다. 앵글로색슨-프로테스탄트 미국인들이 가톨릭 이민자들에게 갖는 편견과 견제는 여전했다. 흑인들에 대한 인종 차별은 두말할 필요가 없었다. 캘리포니아에서는 새로운 형태의 인종 갈등이, 다문화 사회가 겪을 수밖에 없는, 필연의 인종문제가 가장 첨예하게 드러났다. 그리고 인종문제의 가장 큰 피해자는 중국인 이민자였다.

탄압 받던 중국인들, 서부 개발의 주역이 되다

　　캘리포니아를 중심으로 태평양 연안의 서부가 급속도로 발전하면서 노동력이 필요하게 되자 중국인들도 여기에 합류했다. 무엇보다도 미국 중동부와 태평양을 잇는 철도 건설이 남북전쟁 이후 활발해지면서 중국인들은 서부 개발의 주요한 노동 자원으로 등장했다. 기업가들은 중국 노동자를 가장 선호했다. 중국인들은 값싼 임금에도 성실히 일했기 때문이다. 이것이 문제였다. 임금 인상을 요구하며 노동조합을 결성하고 노동 쟁의를 하는 것이 하나의 일상이었던 유럽계 이민자들은 저임금으로 무슨 일이든 가리지 않는 중국인들이 눈엣가시였다. 경기가 좋을 때, 그러니까 일감이 충분히 있을 때는 중국인에 대한 반감이 가시화되지 않았으나 경기가 좋지 않을 때, 예를 들면 1870년대 경기 침체 시기에는 이러한 반감이 표면화되면서 중국인 노동자들은 갖가지 억압과 탄압을 받았다.

여기서 미국 인종 갈등의 새로운 양상이 나타난 것이다. 보통 미국의 인종 갈등은 백인과 흑인, 그리고 앵글로색슨-프로테스탄트를 중심으로 한 백인들과 주로 가톨릭계 이민자들의 갈등이었다. 그러나 캘리포니아에서는 그동안 동부에서 탄압과 편견에 시달렸던 가톨릭계 유럽 이민자들과 중국인 이민자와의 갈등이 나타난 것이다. 다시 말해, 소수민족 사이의 갈등인 것이다.

중국인 배척운동에 주동적인 역할을 했던 자들이 아일랜드 이민자였다는 점은 시사하는 바가 크다. 제4장에서 자세히 다루겠지만 아일랜드는 감자 흉작으로 장기간 기근에 시달리며 황폐해졌는데 특히 1847년은 최악이었다. 그래서 수많은 아일랜드인이 미국으로 이민을 왔다. 이들은 기존 앵글로색슨-프로테스탄트 미국인들에게 집중적인 견제와 탄압을 받았다. 그러던 차에 캘리포니아의 골드러시라는 유행에 휩쓸려서 아일랜드인은 캘리포니아로 집단 이주를 했다. 1860년에 아일랜드인들은 전체 캘리포니아 인구의 15퍼센트나 되었다. 1851년 태평천국의 난으로 수많은 중국인이 미국으로 건너오면서 중국인들은 아일랜드인들의 표적이 되었다. 노동조합 등을 통해서 정치력을 키우고 있던 아일랜드인들은 그들의 노동운동에 가장 큰 걸림돌이 중국인이라고 생각하고 중국인 배척운동에 앞장선 것이다.

앞서 경제적인 이유가 중국인 배척운동의 하나였다고 지적했다. 경기가 좋지 않았을 때 이런 인종 차별적 운동이 가장 극렬하게 나타났던 점을 고려해볼 때 경제적 이유가 반중국인 운동의 하나인 것은 분명하다. 그러나 중국인에 대한, 아니 동양인에 대한 인종적 편견은 이

미 백인들의 의식 속에 깊이 내재되어 있었다. 그것은 언제든지 사회적 분위기만 성숙되면 폭발적으로 전면에 드러날 채비를 하고 있었다. 중국에서 활동했던 미국인 선교사들과 상인들을 통해서 중국인이란 아편, 도박, 매춘, 비위생적인 생활을 하고 있는 미개인으로 각인되어 있었다. 미국의 서부에서 중국인들을 직접 접하게 되면서 이러한 편견은 이내 의심할 여지없는 사실로 받아들여졌다. 그들 고유의 머리 모양, 독특한 의상, 거기다가 씨족적·지역적 기반에 근거한 폐쇄적인 중국인들만의 집단 촌락Chinatown은 중국인 배척의 구실이 되었다.¹³⁾

캘리포니아뿐 아니라 다른 서부 지역에서도 중국인들의 수가 점차 늘어나자 중국인 배척 운동은 순식간에 서부로 확대되었다. 애리조나, 워싱턴, 콜로라도 등지에서 반중국인 폭동이 빈번하게 일어났다. 서부란 아직 모든 면에서 정착이 완성된 곳이 아니었기 때문에 경기에 따른 파동이나 도덕적 이슈는 사회 전체에 민감한 반응을 불러일으켰다. 거기다가 서로 다른 인종이 얽혀 있고 공중 위생 상태가 불량해서 새로운 질병이 나타나기 십상이었다. 그럴 때마다 사람들은 누군가에게 책임을 전가하려고 했다. 사회의 결집에 희생양이 필요했기 때문이다. 중국인들은 손쉬운 목표물이었다. 이상한 질병이 발병할 때마다 그것은 더러운 중국인들이 멀리 동양에서 가져온 전염병이라고 했다. '황색 공포yellow fever'는 순식간에 무서운 속도로 미국 전체를 덮쳤다. 동부 지역 역시 예외는 아니었다. 중국인들이 거의 없는 지역에서도 언젠가는 형체도 없는, 그러나 그들의 뇌리에서 뚜렷이 각인된 무서운 황색병이 나타날 것이라고 야단법석이었다. 특히 신문은 황색 공포를 확산시키는 결정적인 매개체였다.

결국 황색 공포는 미국 의회를 흔들기 시작했다. 그 결과 1882년 미국 역사상 최초의 이민 제한법인 중국인이민금지법Chinese Exclusion Act이 탄생되었다. 중국인 이민은 공식적으로 10년간 금지되었다. 그러나 반중국인 감정은 수그러들지 않았고 10년 후 법은 또다시 개정되어서 중국인 이민은 영원히 금지되고 말았다.

외국인에 대한 이민 금지 혹은 제한운동이 미국 역사에서 새로운 것만은 아니다. 미국의 역사는 이민의 역사이므로 먼저 온 이민자와 나중에 온 이민자 간의 갈등은 항상 있었다. 그중에서도 앞서 지적한 것처럼 프로테스탄트계 유럽인과 가톨릭계 유럽인과의 갈등은 미국 역사의 굵직한 줄기를 형성하고 있었다. 미국 사회를 주도하고 있던 프로테스탄계 미국인들은 가톨릭계 이민자들을 규제하려는 운동을 수없이 벌였고 법안을 의회에 상정시켰다. 그러나 미국을 세상에서 고통받는 사람들의 안식처로 만들려는 이상을 버리지 않고 있던 의원들의 반발로, 때로는 대통령의 거부권 행사로 번번이 법안은 통과되지 못했다. 그러나 중국인의 경우에는 달랐다. 얼굴 색깔은 그 어느 종교나 전통보다도 진하게 미국인들의 의식을 덧칠했고, 그 결과 중국인이민금지법이 통과된 것이다.

중국인들이 인종주의의 대표적 희생양이 되었던 가장 근본적인 이유는 무엇일까? 많은 학자들이 이 문제에 대한 해답을 찾고자 한다. 그것을 인종주의보다는 사회적 분위기와 경제적 이유에서 찾기도 한다. 중국인들이 미국에 도착한 초기에 미국인들은 그들에게 우호적으로 대했고 특별한 인종 차별도 없었지만 사회적 분위기에 편승해서 혹은 어떤 정치적 이익을 위해서 음모를 꾸몄다는 것이다.[14] 반면 중국인에 대한 편견은 중국인이 미국 땅에 발을 디디기도 전에 이미 미국인들 전반에 퍼져 있던 현상이고, 이러한 인종 편견이 그 근본적인 이유라고 주장하기도 한다.[15]

사회적 분위기, 경제적 이유, 중국인의 독특한 생활양식, 인종 편견 등 이 모든 것이 복합적으로 나타나지 않았다면 중국인이민금지법이 쉽게 통과되지 않았을 것이다. 서부 지역과 동부 지역 간의 차이가 있는 것도 사실이다. 그리고 서부 주 안에서도 많은 차이가 있었다. 그 당시 사회 현상이나 경제적 배경 등에 대한 통계 자료를 통해서 반중국인 운동의 굴곡을 설명하고 증명할 수 있을 것이다. 그에 비해 사람의 의식 깊은 곳에 내재되어 있는 인종에 대한 편견을 증명하기란 쉬운 일이 아니다. 그럼에도 인종 편견은 반중국인 운동의 가장 중추적인 핵심이었다는 데 반론을 제기하기는 힘들다. 뿌리 깊이 박혀 있는 중국인에 대한 편견이 없었다면 아무리 사회적 분위기나 경제적 배경이 있었다 할지라도 그렇게 신속히 미국 최초의 이민 금지법인 중국인이민금지법이 통과될 리 없었기 때문이다. 정치적 이유에서든 다른 사회적 이유에서든 이민 금지 및 규제운동은 미국에서 새로운 것이 아니었지만, 유독 중국인들이 최초로 이러한 희생이 되었다는 것은 피부 색깔에 따른 인종 편견이 무엇보다도 우선적인 이유였기 때문이다.

당시 캘리포니아법을 보면 중국인은 인디언, 흑인과 마찬가지로 법정에서 백인들에 불리한 증언을 할 수 없었다. 수만 년 전 인디언들은 아시아에서 이주해 온 사람들이었기에 인디언은 곧 중국인이었고 중국인은 인디언과 같다고 단정했다. 그래서 중국인들은 법정에 설 권리가 없다는 것이다.[16] 이것만 보아도 얼굴 색깔에 따른 인종 편견이 종교나 다른 원인에 따른 편견보다 우선이었다는 것을 알 수 있다.

서부 개척사에서 중국인이 차지하는 비중은 결코 과소평가할 수 없다. 골드러시에 따른 태평양 연안의 정착과 서부 주에서의 광산업의 폭발적인 성공은 미국 산업화에 절대적인 촉매 역할을 했고, 미국을 횡단하는 철도 건설은 미국 전체를 하나의 시장으로 연결했다. 철도는 19세기 말 미국 산업혁명의 상징이었다. 이 철도 건설에도 중국인이 막대한 공헌을 했다. 1869년 남태평양 철도가 완성되었는데 이 철도 건설에 약 1만 명의 중국인들이 동원되었다. 전체 노동력의 10분의 9를 차지하는 인원이었다. 중국인은 미국의 산업혁명 과정에서 중추적인 역할을 한 셈이다.

그렇다면 19세기 말 중국인 문제를 미국 팽창의 여정에서 남겨진 인종 차별이라는 어두운 면으로만 볼 것이 아니라 좀더 긍정적으로 미국의 성장에 막대한 공헌을 한 면을 재조명해야 할 필요가 있다.

★ 카우보이는
만들어진 영웅이었다

　　지금까지 서부 개척사에는 크게 두 종류의 사람들이
있었다. 하나는 일확천금의 횡재를 노리며 전국에서 모여든 무리였
다. 이들은 집과 고향을 떠나 텐트와 삽, 금을 캐는 데 필요한 연장만
가지고 외로이 자연과 싸우던 사람들로 대부분 백인들이었다. 미국
개척사의 선구자로서 이들은 개인주의·자유분방함·모험주의·정의
감 등 갖가지 화려한 미사여구로 채색되어 미국을 미국답게 만들었
던, 좀더 나아가면 미국의 민주주의에 가장 역동적인 주체로서 묘사
되었다. 다른 하나는 중국인과 같은 유색인종이었다. 그들은 고독한,
그러나 의지에 찬 백인 미국인의 이미지와는 정반대로 돈에 눈이 어
두워서 미국으로 건너온 지저분하고 미개한 야만인이라는 이미지를
달고 다녔다. 둘 다 새로운 기회를 통해서 생애 최고의 전환점을 만들
고자 했으나 이 두 집단에 대한 평가와 이미지는 너무나 상반된 것이

었다.

사실 금을 캐는 미국인, 그 고독한 백인들에 대한 이미지는 과장된 부분이 많다. 서부 개척에서 어떤 의미를 찾고 거기에서 신화적인 이미지를 찾고자 하는 후대 사람들의 각색이 그러한 이미지를 만든 것이다. 홀로 계곡을 쫓아다니며 금을 캐기 위해 외로이 자연과 씨름했던 사람들은 분명 많았다. 그러나 이것은 어디까지나 골드러시 초기에 있었던 짧은 에피소드에 불과했다. 금광이 발견되고 그것의 수익성이 개진되면서 돈 많은 투자자들과 기업이 그들 개개인의 자리를 차지해버렸다. 개개인, 그리고 나중에 몰려온 수많은 이민자 무리들은 이 기업들의 고용 노동자에 불과했다. 그들은 적은 임금에 항상 불만이었고 고용주들은 노동자들을 늘 감시했다. 자유분방하게 자기 나름대로의 삶을 영위해 간 미국 개인주의의 극치를 맛본 자들이란 이미지는 현실과 맞지 않는다.

여기에서 고독한 금 캐는 방랑자들은 서부의 카우보이와 유사하다. 그 이미지와 현실의 뚜렷한 간극을 보여준다는 점에서 그렇다. 남서부 소 목축업이 성황을 이루면서 카우보이들은 미국 서부의 또 다른 이미지를 강력하게 채색했다. 자유분방하고 모험적이며 정의감에 불타는 초원의 기사, 그래서 미국 개인주의 형성에, 더 나아가 미국의 정신에 절대적인 신화로서 자리잡고 있는 카우보이들도 따지고 보면 상당 부분 역사적 현실과 거리가 멀다. 카우보이들 대부분은 대기업이나 부유한 투자자들에게 고용된 일개 임금 노동자일 뿐이었다. 직업의 성격상 문명의 이기에 멀리 떨어져 있었고 생계를 유지하기 위

야성과 자유의 상징이었던 카우보이
19세기 말부터 등장한 카우보이들은 문학과 영화를 통해 자유분방하고 화려한
개인주의적 미국인의 상징으로 그려졌으나 사실은 달랐다.

해서 외로운 생활을 감내할 수밖에 없었다. 카우보이 한 명당 250마리의 소를 책임져야 하는 힘든 일이었다. 그들이 자유분방하고 화려한 개인주의적 미국인의 상징으로 그려졌지만 사실은 황야의 막노농꾼이나 다름없었다. 소떼를 몰고 시장에 내놓기까지 오랜 소몰이 기간 동안 카우보이들은 새우잠을 잘 수밖에 없었고 먹는 것도 단순하고 변변하지 못했으며 지긋지긋한 고독을 견뎌내야 했다. 소떼가 팔리고 나면 상당수의 카우보이들은 받은 임금으로 읍내에서 술과 도박에 탕진하기 일쑤였다. 이들은 대부분 문맹인이었고 독신이었다. 여기서 독신이란 것도 그 '고독한 초원의 기사'의 이미지 만들기에 필요한 요소일지는 몰라도 실제로는 꼭 그렇게 매혹적인 것만은 아니었다. 그들이 직업 성격상 독신으로 생활할 수밖에 없었겠지만, 사실 그들은 성적으로 괴팍한 사람들로 여자들이 외면했던 일종의 비정상인이었다고 할 수 있다.[17] 보통 사람들에게 카우보이란 결코 좋은 직업일 수가 없었다. 그렇게 때문에 대다수의 카우보이들은 10~20대 젊은이였으며 상당수의 카우보이들은 멕시칸과 흑인들이었다. 적은 임금을 주고 카우보이를 고용해서 '목축왕국Cattle Kingdom'을 유지해야 했던 대기업가들과 무엇이라도 해서 생계를 유지하려 했던 이들 소수민족들의 절박한 상황이 맞아 떨어졌기 때문이었다.

멕시칸 혹은 흑인 카우보이는 뭔가 어색하지 않은가. 그러나 분명한 역사적 사실이다. 백인 카우보이 이미지가 너무나 진하게 채색되어서 이들 소수민족 카우보이는 보이지 않았던 것이다. 아니 미국의 신화 만들기에서 불필요한 요소였기에 그들을 인위적으로 제거했던 것이다. 19세기 말 미국의 소설과 문학에서 자유분방한 정의의 기사인 백인 카우보이는 미국인의 의식에 서서히 자리를 잡더니 영화가 보편화되자 미국 서부 개척의 진정한 개척자로, 그래서 가장 미국적인 야성과 자유를 구가하는 상징으로 미국인들의 의식에 깊게 각인되었던 것이다. 리바이 스트라우스Levi Strauss가 1850년 광부들을 위해 만들었던 '청바지Blue Jeans'는 카우보이들의 바지로 거듭났고, 따가운 햇살을 차단하기 위해 썼던 다양한 모자들은 카우보이 모자로 불리게 되었다. 미국 서부를 대표하는 미국적 이미지로 탄생하기 시작한 것이다.

만약 서부 개척자 가운데 이미지가 아닌 실제적 존재로서 미국의 가치와 미국의 민주주의에 더 큰 공헌을 했던 집단이 있다면 농부였다. 농부들 역시 금 캐는 떠돌이나 카우보이처럼 외로움을 견뎌야 했다. 물론 대부분 농부들은 가족 단위로 서부로 이주했기 때문에 농부들이 느낀 외로움이란 카우보이의 외로움과는 차이가 있었다. 그러나 척박한 땅, 세찬 바람과 모진 추위, 물의 절대적 부족, 카우보이의 괴롭힘, 철도 기업가들의 횡포 등과 같은 악조건 속에서도 땅을 경작하고 정착했던 농부들, 그리고 학교와 교회를 세우고, 타운을 형성해서 자치적 민주주의를 닦아갔던 농부들의 삶이야말로 서부 개척사에서 중요한 부분이다. 금 캐는 떠돌이나 카우보이는 일시적이었으나 농부들은 영속적이었다. 일확천금에 휩쓸리지 않고 꾸준히 삶을 개척했던 농부들은 카우보이들의 그 화려함에 가려져 있었지만 한 세대의 황혼과 다음 세대의 여명을 연결하던 그 끈질긴 삶은 미국 민주주의와 미국적인 것을 일구어 가는 진정한 미국의 맥박이었다.

그렇다면 왜 미국인들은 금을 캐는 떠돌이나 카우보이 이미지에 그렇게 집착했을까? 사람이 무엇인가에 집착한다는 것은 불안하기 때문이다. 바로 이 불안감이 미국인들에게 서부의 영웅을 만들고 그 영웅에게서 삶의 지표를 그리게 했으며 정서적 안정을 취하게 했다. 19세기 말은 미국 산업혁명이 본궤도에 올랐고 그에 따라 산업화의 여러 가지 부작용들이 도출되고 있었다. 급속한 도시화, 물질 만능주의, 이민 인구의 급격한 증가와 그에 따른 문화적 충돌 등 때문에 미국인들은 불안해했다. 사람들은 전원적이고 목가적인, 자신만의 개성과 자유를 만끽할 수 있는 과거를 그리워하게 되었다. 여기에 금 캐는 떠돌이나 카우보이들이 등장했고 미국인들은 이들을 통해서 대리

만족을 얻을 수 있었다. 그리고 시간이 지나면서 문학이나 영화를 통해 '황야의 자유인'들은 미국인의 영웅으로 끊임없이 재등장했고 미국인들의 의식 속에 미국의 가치를 대변하는 원기 왕성한 영웅으로 거듭날 수 있었던 것이다.

★ 미국을 해석하는 새로운 시각, 프런티어 이론

이쯤해서 미국 서부사, 아니 미국사 전체 해석에 새로운 획을 그었던 역사학자를 소개하겠다. 그는 바로 프레드릭 터너 Frederick Turner 교수다. 그는 1893년 시카고에서 있었던 미국 역사학대회에서 〈미국 역사에서 프런티어의 의미The Significance of the Frontier in American History〉를 발표했는데, 기존의 미국사 해석의 지축을 한껏 흔들면서 새로운 지표를 제시한 논문이었다. 그의 유명한 '프런티어 이론Frontier Thesis'을 요약하면 다음과 같다.

미국 서부의 역사는 미국 역사의 중심축이다. 미국인들은 서부에 펼쳐 있는 광활한 개방지free land로 끊임없이 향했고 그 개방지에서 미국 민주주의가 형성되었다. 그동안 미국 역사는 유럽적인 인자因子가 미국 토양에 그대로 이식되었을 뿐이었다. 그러나 서부 개척을 통해서 미국 고유의 문화가 서서히 정착되었다. 여기서 문화란 제도, 정치, 경제 그 모든 것을 포함한 사회의 총체적인 것을 아우르며 또한 국민성까지 포함한다. 서부 개척자들이 새로운 환경과 자연에 적응하면서 자생적으로 개인주의, 낙천주의, 애국심 등을 포함한 미국 고유의 국민성을 만들어냈다. 서부의 무한한 개방지는 미국의 안전판 Safety Valve이었다. 서부는 동부인의 불만을 해소할 수 있는 여건을 제공했고 미국의 도시 인구뿐 아니라 새로운 이민자들이 미국에서 정착할 수 있는 최소한의 기회를 부여했으며, 그에 따라 경제적 평등, 사회적 유동성을 꾀할 수 있도록 했다. 이렇듯 서부는 단순한 지역으로서의 의미를 넘어서 미국 사회와 민주주의의 성장 전반에 절대적인 영향을 미쳤던 미국 역사의 중심축이었다. 그러나 1890년을 기점으로 프런티어가 종결되었다. 그해 국세조사국에서 프런티어는 종결되었다고 선언을 했다. 평방 마일당 두 명이 되지 못한 지역을 통례적으로 프런티어라고 규정했는데 이제 그러한 기준에 못 미치는 지역이 없으므로 미국에서의 프런티어는 종결된 것이다. 프런티어의 종결과 함께 미국 역사 발전 단계의 서막이 끝난 것이다. 서부는 이제 새로운 성격으로 변화하기 시작했고, 새롭게 형성된 서부는 꿈과 이상의 낙원이었던 과거 프런티어 서부의 이미지를 더 이상 지속시킬 수 없었다.

더욱 간명하게 정리하자면 이렇다. 미국의 프런티어는 미국적 민주주의와 미국인의 특질을 형성시키는 데 절대적인 영향을 미쳤다. 그러나 1890년을 기점으로 전통적인 서부는 마지막 역에 도달했다.

실로 터너의 프런티어 이론은 미국 역사를 재조명하는 기폭제였

프레드릭 터너
미국사 해석에 새로운 획을 그은 그는 서부 개척을 통해 미국 고유의 문화가 서서히 정착되었고, 경제적 평등과 사회적 유동성을 꾀할 수 있었다는 '프런티어 이론'을 주장했다.

다. 미국의 민주주의를 유럽 제도의 연장선에서 보려 했던 전통 역사학에 못마땅했던 학자들에게 터너는 새로운 희망을 던져준 미국 역사학 최고의 스타였다. 사실 터너의 새로운 이론은 적어도 20세기 중반까지 거의 절대적인 호응을 얻었다. 그의 프런티어 이론은 '서부사의 성서'라고 할 만하다.

그러나 1960년대를 기점으로 수정주의 학파가 대두되면서 터너의 이론은 비판대에 서게 되었다. 비판의 요지는 이렇다. 터너의 이론은 백인 지향적인 역사로서 여성, 흑인 및 기타 소수민족을 배제한 절름발이 역사 서술이다. 터너는 역사 서술의 대상 지역을 그의 고향인 위스콘신을 중심으로 한 구서부(지금의 중서부)에 국한시키고 19세기 동안 가장 역동적인 개척이 일어났던 남서부와 서부 해안 지대를 포함하지 않았다. 그는 서부 역사를 1890년을 기점으로 종결시켰다. 역사를 농촌 집약적인 사회와 도시 집약적인 사회로 구분하면서 역사의 연속성을 무시했다. 터너는 미국 서부 개척자들이 환경과 자연을 개발하여 적응했다기보다는 환경과 자연을 착취했던 점을 간과했다.

초기에 이루어진 터너의 프론티어 이론 비판자들은 미국의 민주주의는 서부에서 유래된 것이 아니라 유럽에서 그 전통을 찾아야 하고, 서부에서 보여지고 있는 민주적인 개혁 또한 독창적인 것이 아니라 동부에서 이식되어온 것이라고 주장했다. 터너가 언급한 개방지의 개념 역시 초기 인디언들을 정복해서 유럽인들이 손안에 넣은 것에 불과하다는 것이 이들의 견해였다. 이를 토대로 한 수정주의자들의 공통된 견해는 검증되지 않은 프론티어 이론이 정당성을 얻기 위해서는 분석적인 검토가 필요하다는 것이었다. 특히 터너가 역사 발전 단계에서 필요한 복합적인 요소들을 무시한 점은 가장 큰 오점이 되었다. 왜냐하면 국가 발전이란 어느 한 지역이나 그 지역이 주는 영향보다는 여러 가지 복합적인 요인들이 총체적으로 상호 작용을 해서 생기는 것이기 때문이다.

이 같은 터너에 대한 반론은 좀더 발전된 형태로 계속해서 제기되었다.[18] 그것은 신新서부사가들이 주장한 역사의 연속성 측면에 초점이 맞추어졌다. 무엇보다 이들은 터너가 배제했던 프론티어와 서부와의 연속성을 중점으로 하여 프론티어 이론에서 소외된 인디언들이나 흑인들, 여성들을 비롯하여 지형적인 면, 환경적인 면에서 형성된 서부 특유의 자각 의식 등을 강조했다.[19] 종합해서 말하자면, 신서부사가들은 서부가 변화된 정세에 따라 이전과는 다른 형태를 띠면서 드러난 도시화와 함께, 다양한 민족 집단, 여성과 소수 공동체 집단 환경에 이르기까지 새로운 프론티어적인 요소들을 발견했고, 이들의 다양성에 주목함으로써 복합적인 서부를 구체화했던 것이다. 이렇듯 터너의 프론티어 이론에 대한 지속적인 평가가 이루어진 것은 그만큼 서부의 성격이 계속 변화하고 있었으며, 터너의 이론이 서부사의 성격을 규정하는 것뿐 아니라 미국 역사 전체에 대한 조감도를 형성하는 데 누구도 부인할 수 없는 논쟁의 축을 제공하기 때문이다.

터너의 프런티어 이론이 주로 19세기 서부를 중심으로 한 것이기에 터너의 이론을 현 시대에 불필요하다거나 의미가 없다고 단정하기에는 문제가 있다. 터너 자신도 그의 이론이 앞으로 전개될 미국의 역사에 따라 재조명되어야 한다고 시사한 바 있다. 그는 1890년 논문에서 "각 시대는 그 시대의 가장 필요한 사정에 따라 과거 역사에 대한 새로운 조명을 해야 한다"라고 했다.[20] 터너가 1890년을 기점으로 미국 서부사의 제1단계가 마감되었다고 한 것은 미국 서부 개척사와 미국사 전체를 이해하는 것의 종결이 아니라 그 이전과 이후의 개척사가 어떠한 연관성을 갖는지 여운을 남겨 두었다고 해석할 수 있다. 그런 점에서 터너는 미국 문명 전체를 새로운 각도에서 이해하도록 하는 논쟁의 시작점을 제공했다.

터너 이론의 적합성을 현대의 기준으로 따져 보는 것도 의미가 있지만 더 중요한 것은 그의 이론을 가지고 현대 서부의 관점에서 좀 더 폭넓게 프런티어에 재조명해보는 일일 것이다. 그래서 완성되지 않는 터너의 프런티어 이론을 끊임없이 수정·보완함으로써 미국의 문명사를 좀더 총체적이고 심층적으로 분석하는 일은 중요한 과제다.

지금의 서부는 분명 터너의 서부와 상당히 다르다. 그리고 그 서부를 바라보는 학자들의 시각 역시 터너 시대보다 훨씬 다양해졌다. 최근 미국의 가장 주요한 담론 중의 하나인 다문화주의multiculturalism의 영향으로 미국사 전반에 대한 역사 해석도 다양하다. 그렇기에 논란도 많다. 이 문제는 제4장에서 집중적으로 다루겠지만 소수민족의 성장에 따라 그들에 대한 재조명운동이 확산되고 있다. 이는 바람직한 현상이 아닐 수 없다. 그동안 백인 우선주의 역사 시각에서 미국 문명 형성에 암울하고 수동적인 그림자 같던 그들의 역할을 재조명할 필요가 있기 때문이다. 게다가 각 지역사에 대한 관심도 높아지고 있는데 이것 역시 바람직한 현상이다. 그동안 미국사의 중심축은 여전히 동부였기 때문이다.

그러나 우리가 터너의 이론에서 무슨 의미를 찾는다면 이러한 움직임에 대한 일말의 우려가 없는 것은 아니다. 터너는 서부를 하나의 총체적인 개념으로 정리해서 지역주의regionalism가 전체 미국 문화를 형성하는 데 어떠한 영향을 미쳤는가를 이해하고자 했다. 즉 일개 지역이나 부분을 미국 전체, 좀더 나아가 세계 역사에 어떠한 관계를 맺고 공헌했는가를 알고자 했던 것이다. 만약 다문화주의자들이 어떤 특정 민족의 역사와 특정 지역의 역사, 그 자체에 대한 자부심과 의미를 부여해서 미국 문화 전반에 대한 흐름에서 뛰쳐나와 그 독창성, 개별성만 강조한다면 이것은 터너의 의도를 근본적으로 왜곡하는 것이 된다.

  터너의 이론은 오늘날에도 여전히 미국 문명을 이해하는 주요한 담론의 축을 제공하고 있다. 미국 서부가 어떤 식으로든지 변화하고 움직인다면 터너의 프런티어 이론 역시 과거의 고착된 이론이 아니라 살아 움직이는 서부의 상징으로 남을 것이다.

★ 여전히 움직이고 있는 새로운 서부의 프런티어

이제 마지막으로 20세기 미국 서부에 대해서 간략하게 살펴보자. 터너가 1890년을 분기점으로 잡은 것은 정확한 판단이었다. 어느 역사학자의 지적처럼 1890년대는 "과거 개척 시기와의 단절과 동시에 그 과거와 새로운 서부를 연결하는 연속성의 교량" 역할을 했다.[21] 19세기와 20세기의 서부는 상당한 차이가 있다. 19세기 말까지는 분명 미국의 변경, 즉 프런티어의 색채가 강했다. 미국 문명의 중심축은 동부와 중서부에 있었다. 서부가 많은 미국인들을 매혹시켰지만 아직 미국 문명의 중심에 단단히 끼워 맞춰지기에는 시기상조였다.

이 글에서는 미국의 팽창을 미국 문명의 거부할 수 없는 맥박으로 서술하기 위해서 서부를 강조했지 서부가 미국 문명을 주도했다고 할 수는 없다. 아직 정치·경제·문화 그 모든 면에서 미국 사회의 무게는 서쪽보다는 동쪽에 있었다. 그러나 20세기에는 그 무게 저울이 서서히 균형을 이루게 되었다. 그만큼 어떤 계기를 통해서 서부가 미국 문명의 전체 모자이크를 형성하는 데 주요한 몫을 했다는 것이다. 그리고 20세기 후반에 접어들면서 상당 부분 이 균형의 무게는 서부 쪽으로 기울고 있었다.

그 계기는 대공황과 제2차 세계대전이었다. 대공황은 미국 자본주의에 대한 사상 유래 없는 도전이었다. 공장은 문을 닫았고 사람들은 직장을 얻지 못해 거리로 나갔다. 잉여 상품을 소비할 소비자가 없었다. 특히 광산업과 농업에 치중하던 서부는 가장 큰 타격을 받았다. 수많은 서부 사람들이 희망을 잃고 맹목적으로 서부 해안 지역으로 몰려갔다. 땅을 일궈야 하는 사람들이 물밀듯이 서부의 대도시로 빠져 나가면서 토지는 황폐해졌다. 밥그릇 안에는 음식 대신 먼지만 수북할 뿐이었다. 사람들은 생존해야 했고 그들이 선택한 곳은 역시 캘리포니아였다. 그러나 그곳에는 이미 금에 대한 환상이 깨어진 지 오래였다. 다만 따스한 태양이 있었고 아직도 그들의 의식 언저리에 남아 있는 환상, 즉 그곳에는 뭔가 좋은 일이 있을 것이라는 골드러시의 잔영이 남아 있을 뿐이었다. 다른 아무것도 기대할 수 없다 하더라도 그들은 뭔가 새로운 출발을 해야 했고, 그 새로운 출발지가 캘리포니아라고 믿고 있었던 것이다.

놀랍게도 그 예견이 맞아떨어졌다. 일본의 진주만 공습이 미국의 관심을 다시 서부로 환기시키는 전환점이 되었다. 태평양에 가까이 있으며 광활하면서도 값싼 대지가 널려 있고, 기온이 따스한 서부 해안 지역은 미국의 군수산업 기지로 적격지였다. 캘리포니아는 순식간에 미국 군수산업의 중심이 되었다. 특히 항공산업과 해군 기지는 캘리포니아의 기존 노동력을 흡수했고 지역 경제를 급속히 활성화시켰다. 선박 및 항공산업을 위주로 한 군수산업이 활성화되면서 제조업, 서비스산업 등이 폭발적으로 늘어났다. 캘리포니아의 남부는 주로 항공산업의 중심부가 되었고 북부는 선박 관련 산업의 중심부가 되었다. 수많은 미국인이 다시 캘리포니아로 몰려오기 시작했다. 골드러시 이후 거의 100년 만에 또 다른 러시rush가 등장한 것이다. 1940년부터 1950년까지 약 800만 명 정도가 서부로 이동했는데 그 가운데 절반 이상이 캘리포니아를 중심으로 한 서부 해안 지역으로 이동했다.[22]

실로 제2차 세계대전은 서부뿐 아니라 미국 문명 전체에 획기적인 전환점이었다. 미국은 전쟁을 통해서 드디어 세계 질서를 주도하는 명실상부한 세계 최강의 국가로 거듭났다. 그것을 뒷받침하는 것은 군사력과 경제력이었다. 그 새로운 미국의 중심부로 서부가 급부상한 것이다.

이제 서부는 매혹적인 프런티어가 아니라 실제적인 미국 문명의 중심부에 우뚝 서게 되었다. 예전의 독특한 지역으로서의 서부가 아니라 새로운 미국의 가장 미국적인 지역이 된 것이다. 과거의 서부는 값싼 토지라든지 땅속에서 추출한 광물질 혹은 한동안 미국인의 가슴을 설레게 했던 금의 발견과 같은 자연의 특혜, 그것을 얻기 위해 모험을 시도했던 수많은 사람이 몰려왔던 곳이었지만, 지금의 서부는 연방정부의 정책을 통해 개발되고 주민이 정착한 지역이 되었다. 천혜의 자연보다는 인간이 이미 이루어 놓은 정치·사회의 일부분으로, 그래서 미국 문명의 당당한 한 부분으로 재형성된 것이다. 이로써 더는 그 옛날 서부의 특징 같은 흔적은 찾아보기가 어렵게 되었다. 서부는 이제 더는 독특한 지역일 수 없었다. 터너가 1890년을 서부사의 전환점으로 생각했지만 사실 그 이후에서 제2차 세계대전까지는 그 전환점을 확인하는 기간이었고 1945년 이후 새로운 서부로 진정 거듭난 것이다.

이제 캘리포니아를 중심으로 한 미국의 서부는 앞에서 지적했듯이 미국의 한 단면일 뿐 아니라 미국의 첨단에 서 있다. 미국은 이민자들이 형성한 국가다. 초기에는 앵글로색슨계 유럽인들이, 그리고 점차 가톨릭계 유럽인들이, 이제는 아시아계와 라틴계 이민자들이 급속히 미국의 얼굴을 만들어 가고 있다. 그러한 추세가 가장 극명하게 나타나는 지역이 바로 캘리포니아다. 미국은 이제 새로운 인종갈등을 겪게 되었다. 한때 아시아계나 라틴계 이민자들은 사회의 밑바닥을 이루고 있었다. 물론 라틴계의 경우 지금도 어느 정도는 사실이다. 그러나 이들이 무서운 속도로 미국에 정착하면서 정치·경제·사회 전반에 걸쳐 미국 문화에서 무시하지 못할 변수로 작용하고 있다. 그들은 영원히 미국의 하층으로 남아 있지는 않을 것이다.

몇 가지 예를 들어보자. 미국 남캘리포니아 중산층의 3분의 1 정도는 미국에서 태어난 라틴계 미국인이다. 중산층의 반 정도는 백인들과 아시아인들이다. 그렇다면 라틴계와 아시아인들이 캘리포니아 중산층의 과반수 이상을 차지하고 있는 것이다. 산페르난도 밸리San Fernando Valley 지역을 보면 이러한 현상이 결코 과장이 아님을 알 수 있다. 그 지역은 미국에서 여섯 번째로 큰 도시 행정구역으로, 미국에서 가장 부유한 지역 가운데 하나다. 가장 부유한 지역이기에 흔히들 백인 인구가 절대적으로 많으리라고 생각하겠지만 사실 그곳 인구의 50퍼센트 이상이 라틴계와 아시아계다. 2017년 통계에 의하면 라틴계는 인구의 42퍼센트, 아시아계는 11퍼센트를 차지하고 있다. 특히, 라틴계의 증가는 주목할 만한 현상이다. 여기에는 꾸준히 증가하고 있는 라틴계의 이민이 큰 몫을 하고 있다. 1980년 이전에는 이민자들이 미국 시민권을 획득한 비율은 단지 7.5퍼센트였지만, 2000년도 이후부터 지금까지는 25퍼센트를 넘었다. 그중에 라틴계가 44퍼센트를 차지하고 있다.

　로스앤젤레스와 샌디에이고 사이에 끼어 있는 오렌지카운티Orange County의 경우도 비슷하다. 다만 차이가 있다면, 이곳에서는 아시아계의 부상이 눈에 띈다. 아시아계는 인구의 20퍼센트를 차지하고 있다. 라틴계는 34퍼센트다. 산페르난도 밸리 지역에 비해 라틴계는 6퍼센트가 적고, 아시아계는 거의 두 배가 많다. 오렌지카운티가 캘리포니아에서 가장 부유한 지역이기에, 빠른 경제적 성공을 이룩한 아시아계가 몰려 있기 때문이다.

　한국계도 전체 인구의 7퍼센트를 차지해서, 멕시코와 베트남을 이어 세 번째로 많은 외국 태생 주민으로 정착하고 있다. 흑인은 불과 2퍼센트 정도다. 캘리포니아에서 가장 큰 도시이며 미국에서 뉴욕 다음으로 큰 도시인 로스앤젤레스의 경우는 상황이 다르다. 이곳은 백인들과 성공한 아시아계나 라틴계가 회피하는 지역이기에 상대적으로 흑인 인구가 많다. 그래도 흑인 인구는 14퍼센트 정도뿐이다. 뉴욕시의 29퍼센트에 비하면 절반 정도밖에 되지 않는다.[23]

분명 캘리포니아의 경우를 보면 얼굴 색깔이 변하고 있다. 그리고 이러한 변화는 엄청난 정치·사회·경제·문화의 변수로 작용하고 있다. 불법 이민문제는 주요한 사회적 이슈로 떠오르고 있다. 특히 라틴계의 폭발적인 인구 증가에 앵글로계뿐 아니라 흑인들까지 불안해하고 있다. 그래서 이민 규제 운동에 적극적으로 나서고 있으며, 새로운 토착주의nativism가 나타나고 있다. 이러한 움직임은 라틴계 인구가 늘어나고 있는 남부 국경 지역에서 공통적인 현상이다. 1세기 전 뉴욕을 중심으로 동부 도시들이 동구권 이민자들에 대한 경계심으로 토착주의 운동이 있었는데 이제는 태평양 해안 지역과 남부 국경 지역에서 라틴계를 경계하는 토착주의가 거세게 일어나고 있다.

라틴계와 아시아계 이민의 숫자가 늘어난다는 것은 또한 정치적 문제다. 미국 주의 선거인단수는 주의 인구와 비례하다. 이미 캘리포니아의 선거인단수는 55로 미국 최대다. 중서부와 북동부의 인구는 정체되거나 줄어들고 있지만 서부와 몇몇 남부 주들의 인구는 계속 늘어나고 있다. 이들 지역에서 인구가 늘어난다는 것은 그곳의 이민자들의 숫자가 늘어난다는 것이다. 뉴욕을 제외하고 미국 대통령 선거에서 캘리포니아, 텍사스, 플로리다는 라틴계 이민이 주요 정치적 이슈가 될 수밖에 없다.

21세기 미국의 가장 중요한 이슈는 기존의 미국인들이 라틴계에 어떻게 대응하느냐, 라틴계가 미국에서 어떻게 정착하느냐 하는 문제일 것이다. 라틴계가 가장 많이 몰려 있는 캘리포니아는 이 문제가 가장 첨예하게 나타나는 지역이기에 향후 미국 다문화주의의 가장 중요한 지표가 될 것이다. 대통령 선거에서 이민 문제는 끊임없이 주요 이슈로 등장하는데 그 문제의 핵심이 라틴계 이민이다. 2016년 선거에서 공화당 대통령 후보였던 도널드 트럼프가 멕시코와의 국경에 커다란 장벽을 설치해서 불법이민을 막겠다고 공약했다. 대통령 재임 기간에 그는 끊임없이 이 문제를 이슈화시켰다.

캘리포니아는 미국에서 가장 민주당 지지율이 높은 주다. 2016년 선거에서도 민주당 후보인 힐러리 클린턴이 캘리포니아에서 무려 70퍼센트나 득표했다. 이전 버락 오바마 대통령도 마찬가지였다. 트럼프 대통령의 이민 정책은 라틴계 미국인들을 더욱 민주당 진영으로 쏠리게 할 가능성이 높다. 하지만 이 문제에 공감하는 다른 미국인들, 특히 백인 보수주의자들을 결집하게 하는 정치적 계산이 깔려 있다.

미국의 서부는 미국 문명의 단면이요 그것을 주도하는 첨단으로 여전히 남아 있을 것이다. 그러나 서부가 어떤 식으로 미국의 문명을 주도할지는 미지수다. 서부는 완성된 개념이 아니라 끊임없이 움직이는 개념이기 때문이다. 또한 한 지역의 과거사로 끝나지 않고 항상 새로운 개념으로 재창조된다. 그래서 프런티어는 미국인들에게 "공통적인 과거이자 공통적인 미래"다.[24] 그 프런티어가 있기에 미국은 가장 미국다운 나라, 독특한 나라로 항해를 계속할 것이다.

프레드릭 터너의 '프런티어 이론'은 지금도 미국의 서부뿐 아니라 미국 전 지역의 문명을 설명하는 주요 코드로써 유효한가?

터너의 '프런티어 이론'은 19세기 후반과 20세기 전반부에 미국의 문명을 설명하는 주요한 코드였다. 그것은 유럽 중심, 유럽 지향적으로 이해되던 기존의 미국 문명사에 대한 강력한 도전이자, 미국 역사의 새로운 패러다임을 제공했다. 당시 시대적 배경은 터너의 신화 탄생에 최적이었다. 이른바 '과학적 역사'라는 기치 아래 역사학이 하나의 전문 학문 분야로 태동할 즈음에 터너의 '프런티어 이론'이 발표되었기에,* 터너는 순식간에 미국 역사학계를 대표하는 학자로서 명성을 얻게 되었다. 미국 역사학은 터너 이전과 그 이후로 양분될 수 있을 정도였다.

1960년대에 들어서 미국 역사학계는 이른바 '수정주의 학파'의 거센 역풍을 맞게 되었다. '프런티어 이론'도 예외가 아니었다. 그 시대적 배경에 민권운동이 있었는데, '프런티어 이론'에 대한 주요한 비판은 그것이 백인, 특히 앵글로색슨 남성 위주의 역사라는 것이었다. 초기 비판은 '프런티어 이론'이 아메리칸 원주민들을 무시한 백인 위주의 역사 해석이라는 데 초점이 맞춰졌다. 그 과정에서 백인들이 인디언에게 가한 잔혹한 행위가 묻혔다는 이야기다. 또한 가난하고 억압받은 사람들의 탈출지로 서부를 강조한 나머지, 백인 개척자들의 사회·경제·정치적

---

* 1884년에 미국역사학회American Historical Association가 창설되었다. 학회에서 터너는 중심 역할을 했으며, 이후에도 터너의 제자들은 미국 역사학계의 주류를 형성했다.

역할과 정신을 과대평가했다는 비판이었다. 그리고 민간인의 역할을 강조한 나머지 정부의 역할을 과소평가했다는 비판이 뒤따랐다.

시간이 지나면서 이러한 비판은 좀더 광범위하게 확산되었다. 예컨대 인간 중심의 해석에 가려진 환경 문제가 부각되었으며, 백인 대 인디언 구도의 해석에 가려진 기타 소수민족들과 여성들이 주목받게 되었다. 이러한 새로운 역사 해석은 이른바 '신서부사New Western History'로 발전되었다. 즉, 터너의 백인 중심의 인종주의적 역사 해석을 벗어나 아메리카 원주민의 시각과 환경, 소수민족, 여성 등 다양한 범위와 계층을 포함한 역사 해석이 각광을 받게 되었다.*

하지만 역사학계에서 터너의 '프런티어 이론'이 다각도로 비판을 받았고, 서부의 역사에 대한 다양한 역사 해석이 등장한다고 해서, 미국 문명사에서 '프런티어 이론'이 생명력을 잃었다는 이야기는 아니다. 한 나라의 문명사는 그 나라의 흥망성쇠와 불가분의 관계를 갖고 있다. 미국이 세계 질서를 주도하는 초강대국으로 그 입지를 다지면서 터너의 '프런티어 이론'은 미국의 민주주의와 자본주의, 그리고 그것을 지탱하는 미국인들의 정신적 기재로서 여전히 주목받을 수밖에 없다.

이러한 배경은 정치적 흐름과 무관하지 않다. 특히 대통령들의 역할이 크다. 1960년 대통령 선거에서 존 F. 케네디는 '뉴 프런티어New Frontier' 기치를 내걸었다. 이는 터너의 프런티어 정신이 새로운 도약을 하게 되는 결정적인 계기가 되었다. 캘리포니아는 새로운 프런티어의 메카로 재도약했고, 실리콘밸리의 성공 신화는 100여 년 전의 '골드러시'의 부활이었다. 학자들은 '인터넷 프런티어'를 터너의 '프런티어 이론'의

---

* '신서부사'의 대표적인 역사가가 패트리샤 리메릭이다. 1987년에 출판된 그녀의 역작 *The Legacy of Conquest*, New York: W. W. Norton, 1987; 패트리샤 리메릭, 김봉중 옮김, 《정복의 유산》, 전남대학교출판부, 1998.

연장으로 보았다.* 2016년 10월 13일 백악관은 카네기 멜론 대학, 피츠버그 대학과 합동으로 '프런티어 학회'를 개최했다. 21세기의 미래, 특히 '4차 산업' 시대를 대비하기 위한 학회로서 버락 오바마 대통령이 개회 연설을 했을 뿐 아니라 직접 토론에 참가해서 열띤 토론을 한 것으로 유명하다. 이렇듯 시대가 변하지만, 미국의 대통령들은 프런티어의 기조 속에서 끊임없이 미국의 문명에 동력을 불어넣고 있고, 그것이 국민들의 지지를 받는 한, 프런티어 신화는 계속될 수밖에 없다.

미국인들이 처음부터 이러한 진취적인 기상을 가졌던 것이 아니고, 무엇보다도 미국인들 대다수가 그랬던 것도 아니다. 미국 초기 역사는 주어진 영역 내에서 안주하려는 세력과 그것을 벗어나 미지의 세계를 개척하려는 세력과의 투쟁의 역사였다. 제3대 대통령 토머스 제퍼슨이 당시 미국 영토보다 더 넓었던 루이지애나 영토를 프랑스에서 매입하려고 할 때 기존 정치인들로부터 얼마나 많은 비판을 감수해야 했는가. 남북전쟁 이후 윌리엄 슈어드 국무장관이 알래스카를 매입하려고 할 때도 얼마나 거센 의회의 반발을 이겨내야 했는가. 무엇보다도 헐거웠던 서부를 메웠던 것은 민간인들이었다. 온갖 위험과 도전을 감수하고 미지의 서부로 진출했던 사람들은 그것이 경제적 야망이든 종교적 이유이든 일반 시민들과 이민자들이었다. 결국 지금의 미국은 온갖 위험과 비판을 감수하고 미지의 세계에 손을 뻗은 사람들에 의해서 이루어졌다.

이러한 '프런티어 신화'가 계속되는 한 터너의 '프런티어 이론'은 시대를 불문하고 미국의 문명을 이해하는 주요한 코드로 남아 있을 것이다.

---

* Rod Carveth, and J. Metz, "Frederick Jackson Turner and the democratization of the electronic frontier", *American Sociologist*, Vol 27, No. 1, 1996, pp. 72~100.

시민의 정신을 지탱하는
자유와 평등의 힘
: 민주주의

☆ 미국의 민주주의가 특별한 이유

미국 역사는 민주주의 발달사라고 할 수 있다. 어떤 국가의 역사인들 민주주의가 중요하지 않겠냐마는 미국의 민주주의는 미국 역사 그 자체임과 동시에 미국을 상징하고 대표하며, 존재 이유를 설명해주는 이름이다. 또한 세계 민주주의 역사에서 미국의 민주주의는 중요한 위치를 차지하고 있다.

18세기 말 모태인 영국으로부터 독립한 미합중국은 세계 민주주의 발달에 한 획을 그었다. 그 후 200여 년 동안 미국의 민주주의는 한순간도 멈춘 적이 없었다. 계몽주의 사상의 결정체로서 공화국 미국을 출범시킨 헌법의 기본 골격은 미국 민주주의 역사의 거대한 수레바퀴에서 견고한 축을 담당하고 있다. 남북전쟁이라는 분쟁의 상처는 있었지만 헌정사의 중단은 없었다. 미국 민주주의의 역사는 세계 민주주의의 장구한 역사에 비교해볼 때 그리 긴 것은 아니지만 세계 민주주의가 파란만장한 뒤틀림으로 수난을 겪었던 시기에도 중단 없이 지속되었다는 점에서 세계 민주주의 역사상 독보적이다.

그렇다고 해서 미국의 민주주의 역사가 세계 민주주의 역사에 우선한다는 것은 아니다. 미국 민주주의가 숙성되기까지는 장구한 유럽의 민주주의 역사가 있었다. 토머스 제퍼슨이 있기 이전에 샤를 몽테스키외Charles Montesquieu가 있었고 존 로크John Locke가 있었다. 미국인들이 자유liberty를 외치고 영국으로부터의 독립을 외치기 100년 전에 영국인들도 자유의 깃발을 내걸고 왕에게 도전했다. 프랑스는 절대군주제라는 난제를 안고 있었지만 민주주의를 향한 열정을 품고 있었던 계몽된 지식인들을 확보하고 있었다. 그리고 새로운 헌법에 의해서 미합중국이 탄생한 1789년에 프랑스 혁명의 대장정이 시작되었다. 이렇듯 미국의 민주주의가 있기까지 유럽의 민주주의가 있었던 것이다. 미국 민주주의의 역사는 유럽 민주주의 역사와 평행선 위에 놓여 있었다. 자유나 평등은 미국인들만의 구호가 아니었다. 유럽인들 역시 계몽주의라는 도도한 역사의 흐름에 젖어들면서 자유와 평등을 외치고 있었다.

그럼에도 "미국의 민주주의는 뭔가 특별하다"는 의식을 쉽게 떨쳐버릴 수 없게 한다. 그렇다면 미국의 민주주의는 무엇이 특별할까? 그것의 실체는 무엇이며 그것은 어떻게 형성되었는가? 이 질문에 대답하기 위해서는 미국 역사의 시작부터 지금까지의 진행 과정 전체를 설명하는 것 같은 방대한 작업이 필요하다. 또한 이 작업은 연구자의 객관성이 선행되지 않고는 호소력이 없기에 결코 쉬운 일이 아니다.

알렉시스 드 토크빌
1831년 미국을 방문한 그는 《미국의 민주주의》를 통해 인간을 둘러싼 환경적 요소가 그 나라의 민주주의 발전에 근본임을 강조했다.

  다행히도 이 과제를 놓고 씨름했던 사람이 약 180년 전에 있었다. 바로 프랑스의 알렉시스 드 토크빌Alexis de Tocqueville이다. 그의 불후의 저작 《미국의 민주주의De la démocratie en Amérique》가 출간되던 1830년대 미국은 초기 민주주의 정착을 이제 막 마무리하고 새로운 차원의 민주주의를 시도할 즈음이었다. 당시의 민주주의와 지금의 미국 민주주의를 비교해보면 여러 면에서 차이가 날 것이다. 그런데도 그때 토크빌이 진단한 미국의 민주주의는 시대를 초월해 미국 민주주의의 특성을 가장 예리하게 해부한 것으로, 미국의 민주주의를 이해하는 데 필수적인 고전古典인 동시에 고전高典이 되었다. 그의 저서를 통해 우리는 "미국의 민주주의가 왜 특별한가"라는 물음에 대해 어느 정도 실마리를 찾을 수 있다.

먼저 토크빌이 《미국의 민주주의》를 쓰게 된 개인적·시대적 배경을 살펴보자. 우선 토크빌이 프랑스인이라는 것과 1789년 프랑스 혁명부터 1830년 7월 혁명 사이는 프랑스 역사의 분수령이라 할 만큼 격동의 시기였다는 점에 주목해야 한다. 유럽 절대주의를 주도하던 프랑스는 1789년 대혁명으로 여지없이 무너지고 말았다. 자유와 평등에 기초한 새로운 정치제도의 도래를 염원했던 계몽주의자들과 자유주의자들의 기대는 극에 달했다. 그러나 프랑스 혁명의 진척 과정은 결코 순탄하지 못했다. 당파 간의 아귀다툼은 결국 로베스피에르 Maximilien Robespierre의 공포 정치로 연결되면서 프랑스 국민들에게 시퍼런 칼날을 들이댔고, 프랑스 사회를 스산하게 몰아쳤다.

나폴레옹의 등장으로 프랑스는 어느 정도 안정을 되찾았지만 혁명의 후유증에서는 완전히 벗어나지 못하고 있었다. 나폴레옹 몰락 후 부르봉 왕실의 루이 18세가 새로 왕위에 오르자 귀족 신분의 구체제와 중간 계급 사이의 갈등은 다시금 표면에 나타났다. 특히 루이 18세의 뒤를 이어 그의 동생 샤를 10세가 즉위하면서 이러한 갈등은 무력 투쟁으로 확대되었다. 샤를의 의회 해산 등 반민주적인 정책에 대항해서 자유주의자들과 파리 시민들은 봉기했고, 3일 동안의 시가전 끝에 샤를의 부르봉 왕조는 무너지고 말았다. 이른바 '7월 혁명'이 발생한 것이다. 토크빌을 포함한 자유주의자들은 이제 자유와 평등의 깃발이 프랑스에 제대로 나부끼리라, 그리고 시민들은 번영을 만끽할 것이며 나라 안팎에 평화가 정착하리라 기대했다.

그러나 그 희망도 오래가지 못했다. '7월 왕정'이 실패하고 만 것이다. 7월 혁명의 발발과 실패는 프랑스 자유주의자들에게 둔중한 충격을 주었다. 이 모두가 1830년에 일어난 사건이었다. 그러니까 토크빌이 미국을 방문하기 바로 1년 전의 일이었다. 격동의 프랑스, 그곳에서 토크빌의 젊음이, 그리고 그의 사고가 여물어 가고 있었다. 결과적으로 프랑스의 혼란은 토크빌의 《미국의 민주주의》 탄생에 비옥한 자양분을 제공했다. 조국 프랑스에 닥친 역사적 세파가 거세면 거셀수록 토크빌의 고뇌는 깊어갔고, 훗날 《미국의 민주주의》를 통해서 그의 사상적 열매를 거둘 수 있었다.

　프랑스의 정치적·사회적 토양이 토크빌 사상의 단층에 깊이 내재되었다는 것은 토크빌이 미국의 민주주의를 설명하면서 인간의 내적인 요소보다는 외적인, 혹은 환경적인 요소를 부각했으리라는 예견을 가능하게 하며 실제로 그러했다. 토크빌은 당대의 어느 사상가보다도 인간을 둘러싼 환경적 요소가 그 나라의 민주주의 발전에 근본임을 강조했다. 《미국의 민주주의》 제1권이 바로 이러한 환경적인 요소를 강조한 것도 이런 이유에서였다. 기존의 민주주의에 대한 연구가 인간성에 기초를 두어서 정치제도의 본질을 파악했던 것과는 달리 토크빌은 정치적·지리적·역사적 배경과 같은 사회 전반의 환경적 요소들에 근거해서 가장 현실적이면서도 이상적인 민주주의를 추구하고자 했다.

　토크빌이 1831년 미국을 방문했던 기간은 채 1년이 되지 않는다. 그러나 오랫동안 프랑스 격동기를 몸소 겪으면서 전제왕권, 혁명, 자유주의, 계급투쟁 등에 대해 깊이 사고했기에 비록 짧은 여행이었지만 미국을 보는 토크빌의 눈은 평범한 여행자의 눈이 아니었다. 그 눈 속에는 적어도 한 세기 정도의 프랑스와 유럽의 역사가 농축되어 있었다. 그렇기에 그의 눈은 미국의 현상을 유럽의 그것에 대비해 분석하는 프리즘이었으며, 그 프리즘을 통해서 드러난 미국을 낱낱이 분석하는 현미경이었다.

물론 토크빌이 프랑스 민주주의 논쟁을 주도했던 대표적인 인물은 아니었다. 프랑스 혁명과 그 여파로 프랑스의 수많은 지성인은 진정한 민주주의의 본질과 모델을 놓고 수년 동안 논쟁했다. 특히 전제 정권을 신봉하는 프랑스의 보수주의자들과 자유주의자들 간의 갈등은 계속되었다. 그 당시 프랑스 자유주의자들처럼 토크빌 역시 1789년에서 1830년대에 이르는 프랑스 역사를 귀족 신분의 구체제와 중간 계급의 새 프랑스 사이에 전개된 치열한 투쟁의 양상으로 파악하고 있었다. 그것은 일련의 역사적 상황에서 기인한 인식이었고 그 사상적 귀결은 기본적으로 '귀족주의' 대 '민주주의', '원자화' 대 '중앙집권화'와 같은 이원적 사고 형식으로 나타났다. 이러한 갈등과 분쟁은 토크빌이 기본적 사유의 범주를 형성하는 데 기여하게 되었다. 특히 1822~23년에 걸쳐 일어난 '대논쟁The Great Debate'은 토크빌의 민주주의론에 지대한 영향을 미쳤다.[11]

프랑스의 대논쟁은 대체로 영국과 프랑스를 비교하는 데 초점이 맞춰졌다. 자유주의자들은 왜 프랑스가 절대 군주정으로 함몰한 반면, 영국은 지방분권과 함께 대의정치를 발달시켰는지에 관심을 가졌다. 토크빌은 당대의 자유주의자들과는 달리 영국보다 미국에서 그 해답을 찾으려고 했다. 대부분의 자유주의자들이 영국에서 해답의 실마리를 찾으려고 했고, 영국의 대의정치를 하나의 모델로 해서 프랑스 민주주의 발전의 이론적 토대를 쌓고자 했을 때 토크빌은 미국에 관심을 가진 것이다. 거기에는 토크빌 나름대로의 이유가 있었다.[2]

토크빌 역시 프랑스 자유주의자들처럼 계급투쟁을 통해 영국과 프랑스의 정치적 변화를 설명하려고 했다. 이들 자유주의자들은 프랑스와 영국의 발달 배경의 차이를 중세 초기로 거슬러 올라가 설명했다. 노르만 정복은 영국이 강력한 군주제로 발전하게 되는 계기가 되었다. 노르만 정복에 적의를 품고 있던 국민들을 통제하기 위해서는 더 강력하고 중앙집권화된 봉건제가 필요했던 것이다. 13세기에 영국 귀족들은 강력한 왕족 세력을 견제하기 위해서 단합하기에 이르렀다. 귀족들의 이러한 왕권 견제 운동은 전통적인 혈연 중심의 귀족들의 힘만으로는 힘들었기에 평민commons의 대표들과 손을 잡을 수밖에 없었다. 그래서 영국에서는 전통적 봉건 귀족과 평민 대표 하원 지도자들이 연합하여 이른바 '자연 귀족natural aristocracy'을 창출시켰다. 이제 혈통에 의지하던 귀족 세력이 부와 교육에 근거한 새로운 형태의 귀족층을 만들었고, 이들의 연합된 힘은 왕권의 독주를 견제하는 주요한 세력으로 떠오르게 되었다.[3]

하지만 프랑스의 경우는 영국과 크게 달랐다. 중세 초기에 프랑스 군주는 단지 상징적인 존재였을 뿐이었다. 실질적인 권력은 봉건 귀족들의 손아귀에 있었다. 그러던 중에 도시의 신흥 부르주아 세력이 발흥하면서 이들은 지방 봉건 귀족 세력과 마찰을 일으켰다. 부르주

프랑스 혁명을 가져온 바스티유 감옥 습격
1789년 프랑스 왕정의 폭정에 분노한 시민들은 정치범을 수용한 바스티유 감옥을 무너뜨리며 혁명의 시작을 알렸다.

아 세력은 강력한 지방 봉건 압제자들에게 대항하기 위해서 누군가의 도움이 필요했고, 자연히 왕권에 호소하게 되었다. 점차적으로 부르주아와 왕권의 동맹은 서로의 필요에 의해 그 연결 고리가 단단해지게 되었다. 귀족과 부르주아 사이의 강한 적대감은 '자연 귀족'의 성장을 방해했고, 결국 국왕 권력 위주의 중앙집권화 현상을 야기했다.

자유주의자들이 주장한 중앙집권화와 지방분권화에 대한 영국과 프랑스의 역사적 배경을 간단히 요약하면 다음과 같다. 영국에서는 노르만 정복에 따라 지방 귀족이 평민들과 손을 잡고 왕권을 견제하기 위해서 자연적으로 '자연 귀족'을 생성시켰지만, 프랑스는 반대로 강력한 지방 봉건 귀족 세력들을 견제하기 위해서 부르주아와 왕권이 결탁하게 되었다. 그 결과 영국에서는 민주주의의 중추적 버팀목

이 된 지방자치제가 발흥했고, 프랑스에서는 민주주의의 가장 큰 장
애물로 등장하는 중앙집권적 군주제를 탄생시켰다는 것이다.

프랑스 자유주의자들은 프랑스에 진정한 민주주의를 정착시키기
위해서는 영국과 같은 지방분권화가 이뤄져야 하고 그러기 위해서는
혈통 위주의 봉건 귀족보다는 능력 위주의 '자연 귀족'이 생성되어야
한다고 주장했다. 그러나 이에 대해서 전혀 다른 주장을 내세우는 자
들도 있었다. 이른바 '초왕당파ultra-royalists'들은 왕권과 부르주아 세
력의 연맹 때문에 지방 봉건 귀족 세력이 무너졌고 지방분권화의 전
통이 단절되었기에 전통 귀족 세력 위주의 지방분권화를 복구해야
한다는 논리를 폈다. 이 두 주장을 폈던 세력들은 영국의 민주주의
발전을 향후 프랑스가 추구해야 할 민주주의의 모델로 삼고자 했다.

토크빌 역시 자유주의자의 한 사람으로서 프랑스와 영국의 역사
적 배경에 관심을 가졌고, 대체로 이러한 두 나라의 차이점에 동의했
다. 그래서 프랑스의 다른 자유주의자들처럼 영국의 민주주의에 호
감을 나타내며 영국의 민주주의 역사를 프랑스에 접목시킬 실질적인
방법을 찾고자 고심했다. 이 실질적이고 현실적인 방법을 찾고 있을
때 토크빌을 혼란스럽게 했던 것이 영국과 프랑스의 역사적 차이점이
었다. 토크빌이 고민했던 것은 영국과 프랑스가 중세 초기부터 시대
적 상황에 따라 서로 다른 민주주의의 길을 갔다면, 맹목적으로 영
국의 모델을 프랑스 민주주의의 대안으로 받아들이는 것이 과연 올
바른 것인가 하는 점이었다. 자유주의자들이 주장한 역사 해석에 근
거해서 영국이 프랑스의 모델이 되어야 한다면 프랑스는 수세기가 흐

른 역사의 시계 바늘을 거꾸로 돌려서 새로운 시대 환경을 조성해야 한다는 것인가? 중산 계층의 흥기라든가 귀족 제도의 쇠퇴, 오랜 세월에 걸쳐 프랑스를 사로잡았던 전제 정치의 엄연한 존재 등 이 모든 역사적 현실을 무시하고 영국의 모델을 모범 답안으로 바라보아야 하는가?

젊은 토크빌은 이러한 문제를 놓고 고민하지 않을 수 없었다. 물론 '주권'과 민주주의와의 상관관계가 전혀 새로운 화두는 아니었다. 이미 15~16세기에 장 보댕Jean Bodin과 토마스 홉스Thomas Hobbes에 의해서 '주권'은 사상가들의 핵심적인 논쟁 대상이었다. 그리고 1820년대 프랑스 자유주의자들의 '대논쟁'의 핵심은 '주권'이었다. 프랑수아 기조François Guizot는 그 논쟁의 대표적인 사람이었다. 그는 '주권'의 개념을 비판하면서 국가보다는 지방분권화된 국가 이념을 설파하고자 무던히 애를 썼다. 그는 주권이란 국가를 이해하는 데 필연적인 개념이 아니며 사회의 어느 기관이나 계층도 주권이라는 이름으로 권리를 독점해서는 안 된다고 주장했다. 오직 지방자치제의 성장과 보존이 민주주의의 기본이 되어야 한다고 했다.

이러한 기조의 사상은 토크빌에게 흘러 들어갔다. 토크빌은 기조의 〈유럽 문명사〉 강의에 크게 영향을 받았다. 그래서 그는 유럽 문명의 도덕 기준에 적합한 정부 형태로서 지방자치를 가능하게 하는 대의정부를 구상했고, 이를 프랑스에 수립하는 것이 곧 새로운 민주주의의 환경을 조성할 수 있는 조건이라고 생각했다. 그러나 문제는 어떻게 그러한 지방자치권을 형성하고 보존할 수 있는가 하는 것이었다.

기조는 지방자치권을 보호하기 위한 정치제도나 국가 내에서 권리를 분산시키는 합법적인 수단들에 대해서 적절한 지침서를 제공하지 않았던 것이다.[4] 결과적으로 1820년대의 '대논쟁'은 프랑스에서도 지방자치적 대의민주주의가 성장해야 한다는 필요성은 주지시켰지만 그 실질적인 방법에 대해서는 대안을 내놓지 못했다. 적어도 토크빌은 이러한 논쟁에서 만족을 얻을 수 없었다.

결국 토크빌은 미국에 눈을 돌리게 되었다. 미국의 존재가 토크빌의 관심을 끌 수 있었던 가장 중요한 이유는 앵글로색슨계를 중심으로 한 유럽인들이 아메리카로 건너가서 영국과 프랑스와는 다른 민주주의를 생성시키고 있었다는 점이었다. 지극히 단순한 이유였다. 왜 같은 유럽인인데도 미국에서는 전혀 다른 민주주의가 만들어지고 있는가? 이것이 토크빌에게는 가장 큰 의문이었다. 그리고 이러한 독특한 미국 민주주의의 배경에는 봉건제도나 귀족 세력의 특권이라는 유럽 역사의 기본적 매듭이 존재하지 않았다.

많은 프랑스 지성인들은 역사의 필연에 의해서 중앙집권화가 프랑스에 정착했고 이것은 민주주의 발전을 위해서 극복해야 할 과정이라고 했다. 그래서 프랑스 혁명이 발발한 것이다. 그런데 미국은 혁명을 거치지 않고 민주주의를 발전시켰다. 이것은 프랑스의 상황과 첨예한 대조를 이루고 있으며 정도의 차이는 있지만 영국과 비교해도 마찬가지였다. 절대왕권 그리고 혁명! 유럽인들이 민주주의의 노정에서 거쳐가야 했던 필연적인 요소들, 그것이 미국에서는 생략된 것이다. 미국의 민주주의가 이러한 과정을 거치지 않고도 견실한 민주주의를 키워가고 있다면 프랑스의 민주주의에 대한 그동안의 논쟁들은 대대적인 수정이 불가피하리라고 판단했다. 분명 미국에서 프랑스의 민주주의를 위한 어떠한 실마리를 찾을 수 있으리라는 기대감이 토크빌을 사로잡았다.

그래서 토크빌은 미국을 방문해서 직접 보기로 했다. 그는 미국 방문을 통해 프랑스 민주주의를 객관적으로 평가하기를 원했다. 그리고 프랑스가 추구해야 할 민주주의가 무엇인지를 깨닫고자 했다. 그는 프랑스뿐 아니라 미국의 민주주의 경험을 토대로 세계사적 관점에서 총체적이고 객관적인 민주주의론을 재조감할 필요가 있다고 보았다. 그는 "이제 세계는 전혀 새로운 차원의 정치학이 필요"[5]하다고 보았다. 이런 점에서 토크빌의 미국 방문은 서구 민주주의의 논쟁에 새롭고 심대한 활력소를 제공한 사건이었다.

1831년 5월, 토크빌은 그의 절친한 친구이자 동료인 귀스타브 보몽 Gustave Beaumont과 함께 뉴욕에 도착했다. 미국의 교도소를 시찰하면서 프랑스 교도 시설을 개선할 방도를 연구하겠다는 것이 공식적인 이유였다. 물론 이는 미국 방문을 위한 핑계일 뿐이었다. 미국 민주주의 실체를 파악하는 것이 그들의 주된 목표이자 미국 방문의 이유였던 것이다.

막연한 기대감만 갖고 도착한 토크빌에게 현실적으로 나타난 미국은 충격 그 자체였다. 유럽에서는 전례를 찾아볼 수 없는 독특한 현상들이 그의 눈앞에 전개되고 있었다. 믿을 수 없을 정도로 잘 실현되어 있는 사회적 평등이 그러했고, 유럽 봉건제도의 유산인 신분적 차별의 부재가 그러했고, 누구나 제약을 받지 않고 활발히 상업 활동을 할 수 있다는 것이 그러했다.

이뿐만이 아니었다. 토크빌의 눈앞에 펼쳐진 미국이라는 곳에서는 그가 생각했던 이상적인 민주주의가 실행되고 있었던 것이다. 미국의 민주주의는 시민에 의한 직접선거만을 의미하는 것이 아니라 그 이상의 가치를 반영한 사회적 제도라는 사실을 알게 되었다. 각 지방의 공동체들도 그대로 유지되어 정치 기능의 핵심적인 역할을 담당하고 있었다. 게다가 신앙과 언론, 출판과 결사의 자유, 사법권의 독립, 공공업무에 대한 시민들의 참여, 행정의 독립과 지방분권적인 사회의 균형감, 이 모든 것이 토크빌을 매료시켰다. 그리고 미국처럼 자유롭고도 평등한 사회에서 종교에 대한 존중이 국가의 안정과 개인의 안녕을 위한 가장 확실한 보장책이자 민주사회의 전제화를 막아줄 수 있는 필수적 규제 장치임을 확인할 수도 있었다.

이제 위의 사실들에 대한 토크빌의 설명과 분석을 그의《미국의 민주주의》를 통해서 구체적으로 살펴보자.

☆ 뉴잉글랜드에서 시작된
자치 민주주의

　　자유와 평등의 적절한 조화, 그것이 미국 민주주의의 우선적인 특징임을 토크빌은 지적했다. 그리고 이러한 미국 특유의 방식은 어떤 획일화된 제도에 있기보다는 미국인들의 자연환경적 요소와 더불어 습관(관습)에 근거한다고 이해했다.

　　토크빌이 미국인들은 자연환경적 요소에 따라 자연발생적인 평등을 구현했다고 본 점은 미국인들의 생활 방식과 습관이 유럽인들처럼 시대적 흐름에 따라 강요된 민주화가 아니라 자발적인 민주화를 생성시켰다는 그의 판단에 근거한 것이다. 그래서 그는 아메리카의 기원을 중요하게 여겼다. 토크빌의《미국의 민주주의》제1장이〈북아메리카의 외형〉인 것은 바로 이런 이유에서였다.

　　광활한 외양과 비옥한 토지, 거대한 두 대양에 둘러싸여 있는 대지의 안정된 구조, 평원과 산맥의 조화, 거대하고 굵직한 강들과 섬세하고 작은 강들의 연결. 이러한 아메리카 대륙의 지형은 토크빌을 압도하고도 남았다. 토크빌은 아메리카 대륙을 묘사하면서 일반적인 특징과 질서정연함을 강조하고 있다. 이는 그가 미국의 민주주의를 설명하는 데 찾고자 하는 어떤 무형의 특징과 규칙을 이러한 유형의 외적 조건에서 찾으려고 기대한다는 것을 엿볼 수 있다. 이러한 맥락에서 볼 때 제1장의 시작이 다음과 같이 서술된 점은 그의 기대치를 어느 정도 반영하고 있다.

> 북아메리카는 그 외양에서 첫눈에 보아도 구별하기 쉬운 어떤 일반적인 특징을 나타내고 있다. 육지와 바다, 산과 계곡을 나누는 일에 어떤 종류의 질서정연한 방법이 적용됐던 것처럼 보인다. 어지러운 대상들과 풍부하고 다양한 광경들 속에서도 간단하지만 거대한 배열을 발견할 수 있다.[6]

미국의 지형을 설명하는 과정에서 토크빌은 그의 미국에 대한 남다른 애착을 보여주고 있다. 그 당시만 해도 늪지대요 정착민들의 분포가 희박했던 미시시피 계곡을 "신께서 인간의 삶의 터전으로 준비하신 곳 가운데 가장 훌륭한 곳이다"[7]라고 서술한 것은 이러한 그의 호감을 극적으로 묘사해주는 대목이다. 처음 방문하는 미국이고 사전 지식도 없는 상황에서 미국의 외형에 대한 그의 찬탄은 매우 이례적인 것이었다. 하지만 유럽 민주주의의 흐름에 실망에 실망을 거듭하며 휑해진 그의 마음을 고려해볼 때 이러한 증폭된 칭송은 미국이라는 새로운 모델을 통해서 그가 찾고자 했던 민주주의 이상향에 대한 계산된 시도였다고 볼 수도 있다.

이러한 의도는 제1장의 마지막 서술에서 정확히 나타나고 있다.

> 그 땅에서 새로운 기초 위에 사회를 세우려는 위대한 실험이 문명인에 의해 시도되는 것이었다. 바로 거기에서 유사 이래 처음으로, 지금까지는 알려지지 않았던, 혹은 실현 불가능한 것으로 간주되었던 이론들이 과거의 세계사에서는 찾아볼 수 없었던 광경을 연출하고 있는 것이었다.[8]

토크빌은 미국의 민주주의가 아메리카의 지형적 특수성, 그리고 그에 따른 독특한 환경적 토양과 무관하지 않다는 사실을 거듭 언급했다. 그러나 그의 이러한 주장이 역사의 연속성을 전적으로 무시하려는 의도는 아니었다.

그렇기에 그가 제1장에 이어서 다음 장에는 미국의 제도 및 관습에서 나타나는 영국과의 관계에 초점을 맞추었던 것 같다. 토크빌은 모국 프랑스보다는 분명 영국의 민주주의 역사를 선망했다. 그 당시 프랑스 자유주의자들이 그랬던 것처럼 토크빌도 영국의 전통을 거울삼아 프랑스 민주주의의 비전을 세우고자 했다. 다만 그가 다른 자유주의자들과 달랐던 점은 앞에서 밝혔듯이 영국과 프랑스의 역사는, 무엇보다도 그 역사를 진척시켰던 환경이 너무나 달랐기 때문에 영국이 아닌 다른 나라에서 프랑스 민주주의의 모델을 찾고자 했고,

결국 미국의 존재가 그에게 새로운 희망으로 다가왔던 것이다.

사회적·정치적으로 뒤숭숭하고 파란만장한 역사 속에서 영국은 그래도 전제군주제도를 견제하며 서서히 법치주의를 받아들였고, 그 과정에서 국민들은 민주화의 생리와 체제를 경험하게 되었다. 그리고 이 경험은 새로운 도전과 이상을 좇아 아메리카로 건너온 자들에 의해서 새로운 땅에 이식되고 전승되었다. 도전적인 개척자들에 의해서 영국 민주주의 역사의 도도한 물줄기가 대서양을 건너와 새로운 대륙을 흥건하게 적시게 된 것이다.

토크빌은 아메리카에서 영국의 뿌리를 강조하기 위해 무엇보다도 영국의 "자유 제도의 풍성한 씨앗인 타운십township" 제도와 튜더 왕조의 한복판에 들어섰던 주권 재민의 원칙을 들었다. 그리고 이 원칙을 확산시켰던 지역으로 당연하게도 청교도의 본산지인 뉴잉글랜드를 선택했다.

토크빌의 눈에는 뉴잉글랜드의 문명이 "언덕 위에서 비치는 봉홧불"같이 비쳤다. 이는 미국 청교도들의 초기 지도자였던 존 윈트롭 John Wintrop이 '언덕 위의 도성a city upon a hill'이라고 했던 묘사와 일맥상통한다. 다만 차이가 있다면 윈트롭은 아메리카 대륙에서 가장 신성하고 완벽한 기독교의 유토피아 건설이라는 종교적 의지에 무게를 두었는데 토크빌은 영국의 민주주의를 질료로 해서 미국이 새롭고 풍성하게 민주주의 토양을 만들 것이라는 정치적 감흥에 기초를 둔 점일 것이다.

토크빌은 영국계 식민지가 다른 나라들의 식민지들보다 내부적인 자유와 정치적 독립을 더 많이 누렸다는 점을 지적했다. 토크빌은 이 점이 번영의 토대였고 이 자유의 원칙이 다른 어느 곳보다도 뉴잉글랜드 지역에서 풍성하게 적용되었다고 지적했다. 분명 영국의 식민지였지만 시작부터 자치권을 충분히 발휘했던 곳이 바로 뉴잉글랜드 지역인 셈이었다. 사실 플리머스·프로비던스·뉴헤이븐·코네티컷·로드아일랜드는 "모국의 도움 없이, 그리고 모국이 알지도 못하는 사이에 세워졌다"[9]고 토크빌은 지적했다.

　뉴잉글랜드 지역의 초기 역사는 영국계 청교도들이 그들 나름대로의 자치 민주주의를 세워 나가는 시기였다. 토크빌은 뉴잉글랜드 이주민들이 영국의 간섭을 받지 않는 상태에서 어떻게 새로운 사회질서를 유지할 수 있었는가 하는 점이 향후 미국의 장래를 결정하는 중요한 밑받침인 것을 간파하고 있었다. 1650년 매사추세츠 주민들이 사법령을 발표하면서 그때까지도 영국 왕의 이름을 넣지 않았다거나 타운town의 법을 정하는 일에 영국의 기존 상례들을 무시한 채 그들의 환경에 맞게 법령을 정했던 점은 좋은 예다.

　이 법령들은 영국 어느 사회에서 볼 수 없는 개개인의 가치를 존중하는 세세함과 사회 통제를 위한 경직성이 함께 어우러져 있었다. 그들의 주된 관심은 공동 사회에서 질서와 도덕을 동시에 유지하는 것이었기에 이 법령들의 상당 부분이 개인의 사생활이나 양심의 영역을 침범하며 간섭하고 있었다. 사소한 거짓말도 응당 법의 처벌을 받아야 했다. 심지어는 남자에게 입맞춤을 허락한 젊은 여성은 벌금과 견책을 받도록 되어 있었다. 또한 종교적 관용은 건실한 민주주의를

존 윈트롭

뉴잉글랜드 지역의 초기 역사는 영국계 청
교도들이 자치 민주주의를 세워나가는 시
기였다. 그는 아메리카 대륙에서 완벽한 기
독교 유토피아 건설을 꿈꿨다.

축조하는 데 빠질 수 없는 요소임에도 불구하고 뉴잉글랜드 법령에
서는 유럽 대륙에서 그렇게 민감하게 다루었던 종교적 관용을 단호
히 무시하고 종교 행사에 대한 의무사항을 과감히 포함시켰다.

언뜻 보면 청교도 사회의 과도한 질서 우선주의 혹은 조직 성향은
시대의 흐름에 역행하는 것처럼 보일 수 있다. 인간의 이성, 자유에
대한 보호, 종교적 관용은 이미 유럽인들에게 오랜 갈등과 질곡의 역
사적 투망을 통과해서 이제 민주주의의 기본적 형체로 자리를 잡아
가고 있을 때였다. 그러나 토크빌은 이러한 '비민주주적' 요소보다는
다른 것에 더 초점을 두었다. 그것은 외관상으로 볼 때는 민주주의에
역행되는 것일지 몰라도 이러한 체제를 만들어 내는 뉴잉글랜드의
사회적 배경과 주민들의 마음가짐이었다. 바로 그것이 향후 미국 민

주주의의 축조에 근본적인 토대를 제공하기 때문이었다.

그리고 뉴잉글랜드에서는 아무리 '비민주주의적' 요소가 강한 사회라 하지만 이것이 당국에 의해서 강제된 것이 아니라 주민들의 자발적인 참여에 의해서 이루어졌다는 점에 주목했다. 다시 말해 결과는 '비민주주의적'일지 몰라도 그 과정은 지극히 '민주적'이었음을 간파하고 그것이 미국 민주주의를 세우는 데 어떠한 역할을 했는지를 살펴보고자 했던 것이다.

주민들이 공사公事에 자유롭게 관여해서 사회에 필요한 법률과 규칙을 정하는 뉴잉글랜드를 보면서 토크빌은 그동안 유럽에서는 볼 수 없었던 실질적인 민주주의를 보았다. 권력을 대행하는 사람들의 책임성, 배심원제에 의한 재판 등의 원칙들이 지배자 계층과 지배를 받는 계층 간의 갈등 없이 확립되었다는 점은 토크빌이 알고 겪었던 유럽의 상황과 너무나 상반되었다. 대다수 유럽 국가들의 경우를 보면 정치적 생존은 사회의 상층 계급에서 시작해 각 계층으로 전달되었으며 이러한 과정에서 전달자의 억압이 드러났고 이를 저지하려는 수혜자들의 반발로 점철되지 않았는가? 그런데 뉴잉글랜드에서는 강요가 아니라 자발적이고 자유로운 방법으로 주민들이 사회 법규를 만들고 성장시켰다. 토크빌은 이 점에서 깊은 인상을 받았다. 또한 초창기 뉴잉글랜드의 법률 체계는 하나의 이정표로서 훗날의 미국 민주주의로 연결되는 주요한 초석이 된다는 신념을 토크빌에게 심어주었다.

토크빌이 미국 민주주의에 가장 관심을 두었던 두 가지가 있다면 하나는 미국이 어떻게 자치 민주주의를 성장시키고 있었는지이고, 다른 하나는 유럽 민주주의 성장에 결정적 장애물이었던 귀족주의가 미국에서 어떻게 이식되어 있었는지였다. 토크빌은 두 문제에 대한 해답을 뉴잉글랜드에서 쉽게 찾을 수 있었다.

누구나에게 특권없이
평등한 기회를 주다

      귀족제는 우선 자신을 지탱해주는 토지에 근거하고 있다. 토지는 유럽 신분제의 절대적인 척도였다. 토지는 또한 가족과 가문의 얼굴이었다. 가족이 소유한 토지의 양은 그 가족의 사회적 위상을 대변해주었다. 대부분의 토지는 장자상속권에 의해서 세습됨으로써 그 가족의 위상을 과거, 현재, 미래로 연결시키려는 항구적 고리 역할을 했다. 이 고리는 사회의 상층에서 결코 끊이지 않는 힘으로 존재했다. 평등이라는 구호를 내세우고 하층에서 밀고 올라오는 어떠한 기류도 용납하지 않았다.

    프랑스 역시 예외는 아니었다. 프랑스 혁명으로 이러한 고리는 끊어지는 듯했으나 수세기에 걸쳐 지속되어온 관습이 하루아침에 무너지지는 않았다. 토크빌은 격동기 프랑스 역사의 중심부에서 이것을 체험하면서 이러한 도도한 관습의 흐름이 얼마나 질긴 생명력을 갖고 있었는지를 간파했다. 분명 유럽에서 토지는 권력의 척도였다. 유럽의 귀족제를 뒷받침해주는 것이 토지였고, 토지에 대한 장자 상속권이 유럽 귀족제의 세습을 사실상 견고하게 해주는 도구이며, 권력으로 향하는 절대적인 전도체의 역할을 했다.

　그런데 아메리카에서는 이러한 고리가 끊어졌다. 아메리카에 도착한 유럽 이주자들 가운데에서도 귀족 신분은 분명 존재했고 상당수의 귀족들은 유럽 귀족층 신분을 모방하려고 했다. 그러나 아메리카의 새로운 환경은 귀족 신분의 세습화와 세습의 항구화를 가로막았다. 개개인은 대체로 자신의 의지로 아메리카에 건너왔다. 그래서 과거의 신분에 연연하지 않고 적극적으로 새로운 환경에 적응했다. 그들은 모국의 멍에가 지속적으로 그들을 에워싸지 못하게 했다. 또한 부유한 자들 역시 그들의 부가 항구적인 것이 아니며 그들의 부를 이용해서 하층 주민을 억누를 수 없다는 것을 알고 있었다. 오히려 부를 누리던 자든 그렇지 못한 자든 새로운 환경에서 그들만의 새로운 이상을 실현하기 위해서는 상부상조해야 한다는 것을 느꼈고 이것을 행동으로 옮겼다.

　남부에서는 토양과 기후, 기타 사회적 조건에 따라 대규모 농가가 생성되었다. 그러나 이것은 유럽의 대지주와는 성격이 달랐다. 미국 대농장주들의 사회적 위상이 토지의 크기와 비례한다는 점에서는 유럽의 대지주들과 별반 다를 것이 없지만 계급구조면에서는 서로 상이했다. 무엇보다도 남부 대농장주들은 노예를 이용해서 그들의 농업 생산력을 증대시켰기에 그들을 떠받치는 하층 계층이 없었다. 즉 그들이 보호해주어야 할 사람도 없었고 그렇다고 그들에게 복종해야 하는 하층민이 있는 것도 아니었다. 토크빌이 여기에서 미국의 민주주의와 평등이 노예제도와 상관관계가 있다고 보며 우회적으로 노예제도를 묵인하려고 했던 것은 아니다. 다만 미국의 사회적 특성을 설명하는 과정에서 비교적 유럽의 대지주와 비슷한 남부의 대농장주들을 유럽의 상황에 대비시킴으로써 미국은 유럽과 그 성격 면에서 판이하게 다르다는 점을 강조하려고 했을 뿐이었다.

또한 토크빌은 식민지시대 초기부터 실행되었던 토지 분할 상속법이 유럽식 귀족 체제의 항구화를 저지하는 주요한 법적 토대를 제공했다고 보았다. 대토지는 분할 상속법을 통해 여러 조각으로 나누어지게 되고 몇 세대를 거치는 동안 이러한 분할은 가속화되어서 대토지의 형태는 무너지게 되었다. 토지의 분할은 결국 가문의 자부심을 희석시켜서 유럽처럼 자자손손 이어지는 항구적 귀족이나 귀족주의가 뿌리 내릴 수 없게 했다.

미국인들에게 평등을 정착시키게 했던 요소는 또 있었다. 이것은 미국만이 소유했던 독특한 요소, 바로 서부다. 어쩌면 아메리카 대륙 전체가 서부나 다름이 없었다. 유럽 이주민들이 초기에 정착했던 대서양 해안을 제외하면 거의 전부가 서부였다. 미국 역사는 한마디로 말해서 서부 개척사다. 서로 다른 다양한 종류의 사람들이 원대한 포부를 품고 미지의 서부로 진출하면서 우여곡절을 겪은 후에 정착하게 되는데, 거기에서도 정착하지 못한 자들은 또 다른 서부를 향해 나아가는 서부 지향적인 역사로 점철된 것이 바로 미국의 역사인 것이다.

서부에 관한 이야기는 앞 장에서 다루었기 때문에 여기에서는 토크빌이 파악한 서부와 미국 민주주의의 상관관계에 대해서 살펴보고자 한다. 토크빌은 서부를 여행하면서 이러한 미국의 특수성을 정확히 간파했으며 이 특수성을 그의 최대의 관심사인 미국 민주주의의 특징을 설명하는 일에 시의적절하게 설명하고 있다. 그는 미국의 서부에서 "민주주의가 극한의 경지까지 이르렀다"[10]고 선언적으로 주장했다. 생면부지의 사람들이 부자가 되기를 꿈꾸며 서부로 몰려가게 되었다. 중요한 점은 이들이 서로를 잘 모른다는 사실이다. 바로 이웃에 사는 사람끼리도 상대방의 과거를 전혀 모른다. 따라서 서부에서는 유럽이나 미국의 동부 해안에서 미약하게나마 볼 수 있었던 특정 가족과 그의 명성과 재부의 영향력에서 벗어날 수 있었다. 서로를 모르는 상황에서는 누구나 평등할 수밖에 없다. 이것은 단지 경제적 평등만을 이야기하는 것이 아니다. 오히려 경제적인 비교보다는 어차피 서로가 같은 입장에서 생활을 시작한다는 정신 혹은 태도를 갖게 되는데 이것이 서부에서 미국 민주주의를 지탱하는 요소라고 토크빌은 강조한 것이다.[11]

　미국의 민주주의를 설명하면서 서부의 중요성을 지적한 것은 제퍼슨주의와 일맥상통한 면이 있다. 제퍼슨은 농업 주도의 민주주의 숙성을 강조했다. 서부로의 팽창을 민주주의와 동질화시킨 것이다. 제퍼슨이 농업과 서부를 결부시키며 그것을 민주주의에 필요한 요소로 강조한 이유는 궁극적으로 그의 자유에 대한 애착과 연결된다. 제퍼슨은 자유를 누리고 자유에 의해서 민주주의를 성숙시키는 주체

세력의 마음가짐과 정서를 중요하게 여겼다. 도시는 사람들로 하여금 물질만능적 비인간화를 초래하여 결국은 인간성을 오염시켜 타락하고 부패한 심성을 만들고 만다. 도시화에 따른 이러한 피폐한 인간성은 농촌에서 흙과 함께 땀 흘려 일함으로써 깨끗하고 순수한 것으로 정화된다. 이러한 심성으로 가득 찬 사람들이 사회의 기반이 된다면 결국 민주주의는 단단해질 것이라고 믿었다.

토크빌 역시 대도시가 민주 제도에 미치는 영향을 경계했다.《미국의 민주주의》제1권 제17장에서 이 점을 잘 설명하고 있다. 도시에서는 사람들이 지극히 격정적이어서 소수의 구성원들이 충동적으로 일을 결정하고 집행할 가능성이 높다는 것이다. 자칫 고대 공화국들이 범했던 행태를 재현할 가능성이 대도시 위주의 사회에서 높다는 것이다. 이런 점에서 토크빌은 미국 전체에 "직접으로 또는 간접으로 영향을 미치는 대도시가 없다"는 사실이 미국의 행운이라고 했다.

토지 세습의 고리가 끊어져 생겨난 경제적 평등, 그리고 서부 개척 시대의 정신적·태도적 평등과 아울러서 토크빌은 또 하나의 요소를 들어 미국의 평등을 설명했다. 지적인 평등이 그것이다. 미국에는 무식한 사람이 그렇게 많지 않다. 그렇다고 특출하게 지식이 뛰어난 사람이 많은 것도 아니다. 아직까지 뛰어난 문학가도 역사가도 예술가도 없다. "유럽의 제2급 도시에서 매년 출간되는 문학작품들을 합친 것이 합중국 24개 주에서 출간되는 모든 것을 합친 것보다 많을 정도다."[12] 미국에서는 고등교육을 받은 사람들이 많지 않았다. 하지만 누구나 초등교육을 받을 수 있었기 때문에 생활에 필요한 초보적인 지식을 쉽게 터득한다. 그래서 생활에 실제적으로 필요한 지식만을 얻어서 자족하는 지적 실용주의가 보편화되어 있었다.

이것은 토크빌이 미국인들의 지적 경박함이나 지적 수준의 열등을 드러내려는 것이 아니었다. 다만 토크빌이 여기에서 미국 사회의 전반적인 지식 수준이 평범한 것을 지적했던 것은 다른 이유에서였다. 즉 미국인들의 보편적 지적 평등을 지적함으로써 모든 것에서 평등한 사회적 조건을 드러내고자 하는 것이며, 사회 전반에 걸친 평등한 환경이 미국의 독특한 민주주의를 세우는 지층을 구성하고 있다는 점을 강조하고자 함이었다. 토크빌의 독특한 시각을 단적으로 보여주는 면이다.

그 자신도 프랑스 귀족 가문의 후예로서 미국인들의 지적 후진성을 보면 유럽의 여느 귀족처럼 미국 문화와 사회에 대해 경멸하는 것이 더 쉬운 일일 것이다. 그러나 토크빌은 정반대의 시각으로 미국을 판단하고 있었다. 미국의 지적 평등을 지적하면서 그는 우회적으로 재산의 세습과 함께 지적 세습으로 점철된 유럽 귀족의 관습을 비판하고 있었다. 귀족이란 곧 고매한 지식의 소유자라는 유럽인들의 굳어진 의식이 유럽 민주주의 형성에 얼마나 큰 거침돌인지를 그는 뼈저리게 느끼고 있었던 것이다.

토크빌이 유럽에서 볼 수 없었던 독특한 미국의 상황은 바로 민주주의를 형성하는 "모든 조건의 평등"이었다. 누구나 평등한 조건에서 시작할 수 있다는 사실이 미국의 민주주의를 가능하게 한 것이다. 누가 보아도 "유럽의 역사는 권리와 조건의 불평등에서 권리와 조건의 평등을 향한 운동의 역사"[13]였기에 미국에서 볼 수 있는 "조건의 평등"은 토크빌을 놀라게 했다. 토크빌이 《미국의 민주주의》의 서론 시작부분에서 "조건의 평등"이 "다른 사실들의 원천으로 보이는 기초적인 사실이며 또한 나의 모든 연구가 언제나 귀결하는 핵심"[14]이라고 단정했던 것이 바로 이러한 이유에서였다.

"조건의 평등"을 바탕으로 한 미국의 민주주의가 토크빌의 미국 민주주의론에서 차지하는 비중은 실로 막중하다. 토크빌은 근대 유럽 민주주의의 여정에서 끊임없이 드러나고 있는 귀족주의의 관습에 대한 식상함을 조건의 평등에서 비롯한 미국의 민주주의에서 발견했던 신선함으로 대체할 수 있었다. 이를 통해 그는 진정한 민주주의의 모델을 제공했다. 또한 토크빌은 당대의 유럽과 미국을 비교하는 것 이상으로 미국 민주주의의 발전을 인류 역사에서 그 유례를 찾아볼 수 없는 세계사적인 쾌거로 생각하고 있었다.

토크빌이 보는 세계 역사는 귀족주의의 연속이었지만 그는 이 연속을 미국이 과감하게 차단시켰다고 보았다. 그래서 미국 민주주의의 의미를 세계사적으로 확장해서 해석할 수 있었던 것이다. 그렇다면 그리스·로마 시대의 민주주의를 어떻게 볼 것인가? 토크빌 시대의 많은 계몽주의자들은 이 고대 민주주의에 대한 동경심을 갖고 있었다. 그렇지만 토크빌이 보기에는 그때나 18~19세기의 유럽이나 근본적인 차이점은 없었다. 어느 시대든 본질적으로 귀족주의 시대였기 때문이다.

이 점은 미국 민주주의의 세계사적 의미를 드러내는 중요한 부분이다. 토크빌은 《미국의 민주주의》 제2권 제15장에서 이 점을 간명하고도 정연한 논리로 설명하고 있다. 요약하면 이렇다. 고대 그리스·로마 시대는 가장 민주적인 공화국으로 알려져 왔다. 그러나 그때 사용했던 인민the people이라는 단어는 토크빌 시대에 사용했던 것과는 그 의미가 전혀 달랐다. 아테네의 경우를 보더라도 그렇다. 시민 민주주의가 실현되고는 있었지만 사실 시민의 숫자는 전체 주민 가운데 극소수에 불과했다. 35만 명 이상의 주민 가운데 시민은 불과 2만 명뿐이었고 나머지는 대부분 노예였다. 보통선거를 실시했다 하더라도 결국은 "귀족이 정부에 대해 동일한 권리를 갖는 일종의 귀족 공화국에 불과했다."[15] 다시 말해, 아테네 시대에 시민들은 자유를 누리고는 있었지만 이것은 단지 "특권으로서의 자유liberty-as-privilege"를 의미했다.[16]

　로마에서 귀족과 평민의 투쟁도 근대와 같은 그런 유의 투쟁 관계가 아닌, "단순히 같은 혈통 내에서 노장파와 소장파 사이의 내부적인 불화"였고 또 "모든 사람이 귀족 계급에 속해 있었으며 또 누구나 귀족적인 정신을 소유"한다고 보았다.[17] 그 시대의 정신이란 귀족들의 정신을 가리키는 것에 불과했다. 책이란 항상 귀족층의 소유물이었다. 고대의 문학 작품은 정교한 세공을 거쳐서 완성되었고, 그 문학적 가치란 시대를 초월한 가치를 내재하고 있다. 그러나 이것은 일반 평민들과의 연대감을 찾을 수 없는 귀족들만의 지적 추구였다. 한 줄한 줄이 귀족층들의 구미에 당기는 "이상적인 미 개념"의 결정판일 뿐이었다. 로마 시대는 정치·경제·문학 그 모든 분야에서 민주적인 사회였다고 할 수 없다.

물론 제15장 〈그리스 및 로마의 문학에 관한 연구는 특별히 민주사회에 유용하다〉가 시사하는 것처럼 토크빌은 민주사회에서도 고전문학에 대한 연구가 필요하다는 점을 지적했다. 그러나 이 장 전체에서 드러나는 내밀한 의도는 그리스·로마 시대 역시 민주적 사회가 아니며 귀족주의 사회의 틀을 벗어나지 못했다는 점을 은연중에 강조하는 것이다. 토크빌이 《미국의 민주주의》 제1권에서 미국의 "조건의 평등"을 설명하는 과정에서 미국인의 지적 평등을 짚어보았던 이유도 이러한 세계사적 맥락에서 중요하다고 보았기 때문이다.

토크빌은 왜
미국 민주주의에 주목했나

이쯤해서 토크빌의 개인 신상에 대해 살펴보자. 앞에서 토크빌은 귀족 가문 출신이라고 했는데 여기에서 이 점을 거듭 강조할 필요가 있다.[18] 토크빌의 아버지는 루이 18세 때 장관을 지냈고 할아버지는 프랑스 혁명 당시 자코뱅당에 의해서 참수형을 당했다. 토크빌은 전형적인 프랑스 고급 귀족의 자녀로 태어나 신분에 걸맞은 우수한 교육을 받고 자라났다. 그는 귀족적 성품이 몸과 마음에 진하게 배어 있었다. 대부분의 프랑스 귀족들은 독재자를 증오했으며 자유를 옹호했다. 그렇다고 하층민들이 주장하던 무절제한 자유나 계급의 평등을 옹호했다는 말은 아니다. 전제 왕권을 견제하며 들이댄 고매한 자유나 평등을 표방했다는 것이다.

토크빌의 경우는 다른 귀족들과 달랐다. 물론 그도 독재자를 싫어하며 자유를 옹호했다. 그러나 평등의 문제에서는 사정이 달랐다. 그는 프랑스가 진정한 평등을 구현하지 못했기에 참다운 민주주의의 길이 막혀 있다고 보았다. 앞에서 거듭 밝혔듯이 프랑스의 뿌리 깊은 귀족주의 전통이 진정한 자유와 평등에 기반을 둔 민주주의를 꽃피우지 못하게 했다고 토크빌은 한탄했다. 바로 이 점 때문에 토크빌은 귀족 가문 출신이면서도 귀족주의에 대해 철저히 회의했고 불신했다. 그렇기에 그는 미국의 평등을 보고 놀라워하며 극찬을 아끼지 않았던 것이다.

전형적인 유럽 귀족인데도 토크빌이 미국의 지적 평등을 지적 열등으로 몰아세우지 않았으며 미국인들의 세련되지 못한 태도와 지적 수준을 비하하기는커녕 오히려 그 반대였다는 점은 실로 특이하다.[19] 이런 내용을 담고 있기에 《미국의 민주주의》가 미국을 비교적 객관적인 시각에서 설명했다고 평가되면서 시대를 초월한 고전으로 남게 되었을 것이다.

물론 토크빌은 그의 귀족주의 성향을 완전히 벗어버리지 못했다. 귀족주의 성향과 자유주의에 대한 신념이 절묘하게 중첩된 것이 토크빌 사상의 진수다. 그의 종교관과 민주주의 연관성을 설명하면서 나타나겠지만 토크빌은 분명 진보적 자유주의자이면서도 종교를 민주주의의 중요한 바탕이라고 생각한 점에서 볼 때 상당 부분 귀족적 성향이 묻어 나오는 고전적 보수주의자이기도 하다.[20]

토크빌이 내세운 평등의 문제를 주목해보자. 토크빌은 "조건의 평등"을 제시하는 가운데 종교적 평등을 언급하지 않을 수 없었다. 사실 종교와 자유의 상관관계는 토크빌 민주주의론의 두툼한 줄기다.

그 자신도 열렬한 가톨릭교도로서 이 문제는 그가 극복해야 할 개인적인 짐이자 시대적 사명이었는지 모른다. 그가 처한 격동기의 프랑스는 종교라는 활화산이 있었다. 프랑스 혁명의 첫 단계 가운데 하나가 교회를 공격하는 것이었고, 혁명 과정에서 자유의 수호라는 이름으로 가장 큰 타격을 받았던 곳도 교회였다. 또한 제일 마지막까지 수난을 받았던 곳도 바로 교회였다. 혁명 이후에도 교회의 위치는 세인들의 관심사였다. 근대 유럽의 그 파란만장한 질곡의 노정에서 교회란 어떤 식으로든지 정리되어야 할 문젯거리였다.

그 당시 프랑스 자유주의자들은 교회가 민주와 자유의 장애물이라고 믿었다. 그래서 그들은 교회의 운명은 자유의 운명과 서로 등을 지고 있다고 보았다. 그러나 토크빌은 자유주의자들의 이러한 종교관에 내심 불만이었다. 토크빌은 그 당시 팽배했던 민주주의와 비신앙disbelief과의 등가 공식을 인정할 수가 없었다. 오히려 그는 근대 유럽 민주주의 정신에 기독교가 그 밑바탕을 이루고 있다는 반론을 제시하고자 했다. 특히 근대 유럽의 평등사상의 근저에 기독교가 차지하는 부분은 절대적이라고 했다. 또한 수세기 동안 기독교 신앙은 정의감과 민주적 혁명에 지대한 공헌을 했다고 보았다. 유럽에서 엄청난 사회적 변형을 경험했던 국가들은 거의 '기독교적 국가들'이었음을 지적했던 것도 바로 그런 이유에서였다. 물론 프랑스의 경우 교회가 국가의 민주적 전이에 방해가 되었음을 인정했다. 그렇다고 해서 토크빌은 그 당시 팽배했던 사상, 즉 민주주의와 비신앙과의 등가 공식을 받아들인 것은 아니다. 그의 이러한 논리는《미국의 민주주의》

제1부 제17장에 세밀하게 묘사되어 있다.

그동안 프랑스를 중심으로 전개되었던 '종교 정신'과 '자유 정신'의 갈등이 과연 미국에서는 어떠한 양상으로 발전되었는가를 관찰하는 것이 미국을 방문한 토크빌의 큰 관심사였다. 그는 종교와 민주주의와의 상관관계에서 어떠한 새로운 형태를 보고자 했다. 어쩌면 그는 그가 생각했던 것, 즉 민주주의에 미친 종교의 긍정적인 면이 증명되기를 바랐을 것이다.

토크빌의 기대는 헛되지 않았다. 미국 전역에서 기독교는 미국인들의 자유 정신과 조화를 이루고 있었다. 종교는 민주공화제도 유지에 필수 요소로서 간주되고 있었다. 이런 견해는 어느 한 계급이나 당파에만 한정된 것이 아니라 전체 국민과 사회에게 공통된 것이었다. 유럽의 역사 전개를 비웃기라도 한 듯이 미국에서는 종교와 민주주의가 대결보다는 조화와 대등의 관계를 유지하고 있었다.

미국 가톨릭 시민들의 경우를 보더라도 예외는 아니었다. 미국에서는 성직자 계급이 정치에서 배제되었기 때문에 가톨릭 지역은 그 어디보다도 평등한 사회를 구현했다. 더군다나 가톨릭 시민들은 수적인 열세와 사회적 지위의 열등, 거기에다 경제적 열등에 따라 그들이 권리를 자유롭게 행사할 수 있는 민주 정부를 지원할 수밖에 없었다.

토크빌은 종교가 자유 민주주의의 성장을 위해 절대적인 동반자임을 확인했다. 그렇다고 종교가 정치에 영합한다는 것은 아니었다. 토크빌은 미국 민주주의의 성숙에 중요한 버팀목은 오히려 종교와 정치의 철저한 분리에 있다고 보았다. 또한 종교의 교리가 법률을 구성하는 과정에 중요한 역할을 했다는 것도 아니다. 토크빌은 미국인만큼 교리에 천착하지 않는 집단은 없다고 했다. 물론 청교도 시대와 미 연방헌법제정 시기에 기독교 정신이 의식적이든 무의식적이든 크게 작용했다. 그러나 전반적으로 미국에서 종교는 정치와 분리되어 있었다. 종교인의 신분을 유지한 채 정치에 뛰어드는 사람은 거의 없었다.

여기서 토크빌은 미국에서 종교와 정치가 분리되었다는 사실을 너무 쉽게 단정해버렸다. 정치와 종교가 분리되는 역사적 과정에 대한 설명을 생략한 것이다. 그가 방문했던 시기, 그러니까 1830년대는 이미 미국의 민주주의에서 종교란 장애물이 결코 아니었다. 오히려 두 번째 종교적 대각성The Second Great Awakening 운동으로 말미암아 종교는 대중 민주주의의 정착에 주요한 밑거름 역할을 했다. 전국적으로 번지면서 특히 서부 지역에서 그 열정이 극에 달했던 이 종교적 부흥 운동은 사람들을 불러모았고, 모인 사람들은 종교뿐 아니라 세상사의 자질구레한 일까지 포함한 온갖 대화로 꽃을 피웠다. 정치 이야기 역시 빠질 수 없는 화제였다. 종교적 부흥 집회는 사람들이 정치 및 사회 전반의 이슈에 관심을 갖게 만들었다. 이른바 일반 대중들의 '참여 민주주의participatory democracy'가 꽃을 피우게 된 것이다. 토크빌이 미국을 방문한 그 시점이 바로 이러한 움직임이 절정에 달했던 때였다. 프랑스에서는 종교와 민주주의가 악의에 찬 첨예한 대결을 했던 시대였다. 그렇기에 토크빌의 눈에 비친 미국의 종교가 민주주의를 위해서는 깨부숴야 할 종교가 아닌, 오히려 민주주의 동반자로서의 종교라니 큰 충격이 아닐 수 없었을 것이다. 그래서 왜 미국에서 종교가 정치에서 분리되었는지 설명하기보다는 당시의 현상이 비롯한 결과를 설명하는 데 치중한 것 같다.

그럼 여기서 토크빌이 미국을 방문할 때까지의 종교적 변천사에 대해서 간단히 살펴보자. 미국이 처음부터 종교적 관용과 종교의 자유를 구가한 것은 아니었다. 식민지시대 미국의 종교는 유럽의 연장선상에 있었다. 유럽의 종교와 교파 간의 구별과 갈등이 그대로 이어졌다. 뉴잉글랜드의 청교도인들은 영국 국교도와 퀘이커 교도나 침례교도를 탄압했다. 그들은 같은 청교도인이라 하더라도 이른바 정통이 아니라고 판단되면 가차 없이 배척했다. 교회의 권위에 도전하는 자는 추방시켜버렸다. 대표적인 희생자가 로저 윌리엄스Roger Williams 와 앤 허친슨Anne Hutchinson이었다. 그래서 그들은 쫓겨나서 로드아일랜드 식민지를 개척한 것이다. 버지니아 중심의 영국 국교도 역시 다른 종교를 배척했다. 청교도는 물론이고 장로교도들은 그들 사회에 발을 디딜 곳이 없었다.

초기 이민자들이 신대륙에서 그들만의 종교적 유토피아를 건설하려는 열망은 지역에 따라 정도의 차이는 있었지만 유럽에서의 열망보다 훨씬 강렬했다. 종교적 관용이란 아직 요원한 이상이었다. 초기 이민자 가족의 상당수는 자녀들이 목사 수업을 받아서 그들의 종교적 이상을 이어받기를 원했다. 초기 식민지 대학의 거의 전부가 신학을 중심으로 설립되었던 것은 바로 이러한 이유에서였다. 영국 국교회 교회는 살아남기 위해 본국에서 목사들을 불러왔다. 또 자녀들을 본

인디언에게 조언을 받는 로저 윌리엄스
미국은 처음부터 종교적 관용과 종교의 자유를 구가하지는 않았다. 정통이 아닌 종교인들을 탄압
했다. 대표적인 희생자가 로저 윌리엄스와 앤 허친슨이었다.

국 신학교로 유학 보내기도 했다.

독립혁명 때까지 미국은 각 지역에 따라 서로 다른 종교가 독자적
으로 자리를 잡고 있었다. 때론 노골적으로 서로 반목하기도 했고 때
론 서로의 존재를 무시하며 자기만의 종교적 열망에 사로잡혀 있기
도 했다. 분명한 것은 거의 모든 종교와 종파가 독자적이고 개별적으
로 식민지의 운명과 함께 했다는 점이다. 그러한 종교적 다양성은 그
들의 정치관이나 도덕관의 다양성으로 표출되었다.

독립전쟁이 끝난 후에도 미국은 대체로 여섯 종류의 가치 체제로
나누어졌다. 정통 칼뱅주의, 영국 국교회의 도덕주의, 시민 인본주의,
고전적 자유주의, 토머스 페인Thomas Paine의 극단주의, 스코틀랜드계
의 도덕성과 상식에 근거한 철학 등이었다.[21] 이 여섯 가지는 서로 상

반됐다. 예를 들면, 정통 칼뱅주의는 예정설을 중심으로 신의 눈으로 볼 때 하자 없는 종교적 구원을 주장했다. 반면에 영국 국교회에서는 개종이나 구원은 부차적인 것이었다. 도덕적인 삶, 윤리적인 삶을 구현하는 것이 그들의 목표였다.

그렇다면 서로 다르고 독자적인 이러한 종교가 어떻게 해서 점차 종교적 관용으로 발전되었을까? 이 문제의 해답을 찾기란 쉽지 않다. 결국 미국 사회 전반에 대한 변화에서 그 답을 찾을 수밖에 없다.

우선 미국의 사회는 정체적일 수 없다는 배경이 있었다. 이민 인구가 끊임없이 유입된 것이 그 주요한 이유였다. 식민지 인구는 매 25년마다 두 배로 증가했고 독립 후에 그 속도는 더욱 빨라졌다. 이민 2~3대를 거치면서 초기의 종교적 단결이나 열정은 식을 수밖에 없었다. 경제적 성장에 따라 종교보다는 세속적인 야망을 가지고 미국에 건너오는 숫자가 많았다. 지역 간의 교류 역시 활발해졌다. 초기 청교도의 종교적 열망은 세대를 거듭할수록 급속히 희석되었다. 또 독립 후 영국 국교회도 그 세력이 급속히 약화되다가 독립혁명의 성공과 함께 메릴랜드에서 조지아까지 국교회는 아예 폐지되었다.

또 다른 이유는 독립과 함께 새로운 연방정부를 구성해야 하는 시대적 요청 때문이었다. 연방헌법을 제정하기 위해서는 모두가 공감할 수 있는 정치적 가치가 필요했다. 헌법이 제정됐을 당시에는 어느 교파도 식민지를 장악하고 있지 못했다. 특정 교파의 교리가 헌법을 대표할 수는 없는 일이었다. 여기에 계몽주의 사상이, 그에 따른 시민 인본주의가 강하게 대두된 것이다. 그래서 미국 헌법이 그 어느 종교적 색채에 치우치지 않고 모두 다 공감할 수 있는 인본주의적 정치 철학에 근거해서 탄생되었다. 이러한 일련의 과정을 통해 각 교파의 독자적이면서 개별적이던 특색은 점점 무뎌져 갔다.

조지 워싱턴George Washington을 비롯해서 벤저민 프랭클린, 존 애덤스John Adams, 토머스 제퍼슨, 제임스 매디슨James Madison 등 건국의 아버지들은 기독교인이라고 자처했다. 그러나 보수적인 기독교나 복음주의라는 기준으로 볼 때 이들이 열렬한 기독교인이라고 보기는 어렵다. 적어도 그들이 공인으로서 행동할 때는 그랬다. 독립선언서, 연방헌법, 기타 공공 문서와 연설에서 그들은 하나님 혹은 그리스도와 같은 용어를 사용하기를 꺼려했다. 기독교의 기본 정신이나 도덕관에 대해서는 수용했지만 기독교가 새로운 연방정부의 성격에 확연히 드러나는 것을 원치 않았다.

하지만 건국의 아버지들이 기독교를 표방하면서도 적극적으로 미국이 기독교 국가라는 것을 꺼려했던 것과 오히려 세속적인 인본주의에 기울어 있었다는 점은 보수 기독교도들에게 비판의 대상이 되었다. 연방헌법이 채택되고 비준되는 과정에서 이들은 헌법에 하나님이나 그리스도라는 용어가 들어가지 않았다고 해서 비판했고, 심지어는 공직을 맡는 자들은 일종의 종교적 검증religious test을 거치도록 하는 안을 헌법에 추가해야 한다고 주장했다.[22]

1800년 대통령 선거에서 이러한 비판은 절정을 이루었다. 뉴잉글랜드와 뉴욕의 정통 칼뱅주의자들은 제퍼슨의 신앙관을 문제 삼아 제퍼슨 낙선운동을 펼쳤고 다시 한 번 종교적 검증안을 헌법 수정안에 포함시키려는 운동을 펼쳤다. 제퍼슨은 건국의 아버지들 가운데 가장 시민적 인본주의를 표방했던 사람이었다. 제퍼슨은 일관되게 하나님의 계시보다는 자연의 위대함을 칭송했고 성경의 가르침 못지않게 도덕적 의식과 이성도 강조했다. 그는 기독교의 신비스러운 교리를 부정했고 좀더 보편적이고 객관적인 진리를 탐구했다. 그런 그가 이제 대통령에 출마하게 되자 기독교 보수주의자들이 들고 일어선 것이었다.[23]

그러나 제퍼슨은 대통령에 당선되었다. 물론 그의 당선을 보수 기독교에 대한 시민 인본주의의 승리라고 말할 수는 없다. 1800년 선거는 다른 여타의 문제보다는 남과 북이라는 지역감정이 크게 작용했기 때문에 종교적 논쟁이 선거 결과에 큰 영향을 주지 못했다. 어떻든 제퍼슨이 대통령에 당선됨으로써 미국은 다시 한 번 시민적 인본주의에 근거한 민주주의로 정착하게 되었다. 제퍼슨은 취임사에서 결코 하나님이나 그리스도라는 용어를 사용하지 않았다.

1800년 선거 이후 종교적 검증을 요구하던 세력들의 힘도 급격히 쇠퇴했다. 미국은 점차 종교와 정치의 분리가 기정사실화되고 있었다. 선거인 자격 중에서 종교적 자격을 유지하고 있었던 주들도 그 자격을 없애기 시작했다. 종교뿐 아니라 재산과 교육 등의 선거인 자격도 사라지고 있었다. 1828년 선거를 기점으로 미국에서는 백인 남성들에게만 보통선거권이 주어졌다. 토크빌이 방문했을 때는 이미 미국의 대중 민주주의가 자리를 잡고 있었다.

다시 토크빌로 돌아가자. 정치와 종교가 분리되었지만 양자 간에

서로 반목하고 갈등하기보다는 민주주의를 위해 서로 공생하는 미국, 교리보다는 종교의 실질적인 유용성에 더 관심이 많은 미국인들, "실천을 통해서 종교야말로 민주사회에 도덕성을 부여하는 중요한 수단이 된다는 점을 강하게 느끼고 있는" 미국인들[24] 등 토크빌의 눈에 예리하게 포착된 미국인들의 종교성은 유럽에서 볼 수 없었던 것이었다. 종교를 민주주의의 장애물로 생각하는 기존 자유주의자들에게 그렇지 않다고 주장할 수 있는 근거를 미국이 제공해준 셈이었다. 그래서 토크빌은 미국인들의 이러한 생각을 "모든 민주주의가 철저히 명심해야 할 사실이다"[25]라고 의미심장하게 선언했다. 다분히 탈종교적이고 비종교적인 유럽 자유주의자들을 겨냥한 우회적인 공격이었다.

유럽의 근대 역사는 기독교 사상의 세속화라고 할 수 있다. 신 중심의 우주관에서 인간과 과학이 주도하는 우주관으로 계속 전이되고 있었다. 프로테스탄트의 종교개혁도 급속히 변화하던 유럽의 사회·경제·정치의 상황에 비추어볼 때 세속화 과정의 일부인 것이었다. 자유주의자들은 세속화 혹은 탈교회화야말로 인간이 가진 이성의 최정점이라고 주장했다. 이 사상은 뒷날 종교개혁을 세속화 이념의 완성으로 보았던 헤겔을 통해서 좀더 설득력 있게 합리화되었다.[26]

토크빌은 이러한 추세에 동조할 수 없었다. 그는 자유와 민주주의 이름으로 교회와 종교가 필요 이상으로 왜곡되고 비판을 받고 있다고 보았다. 토크빌에게 인간은 유한한 존재로서 조물주를 떠나서는 존재의 의미가 없었다. "인간은 무無에서 나와 시간이 지나면서 신의 가슴속으로 영원히 사라진다. 그는 한순간 나타나 있을 뿐인데 두 개의 나락에 직면해 방황하다가 결국 거기에서 없어진다."[27] 민주주의니 자유니 역사의 진보이니 하는 명목으로 종교를 인위적으로 평가절하해서는 안 된다고 믿었다.

토크빌의 눈에는 미국의 민주주의와 자유가 유럽의 어느 나라보다도 앞서 있었다. 그런데도 종교는 배척의 대상이 아니라 존경의 대상이었다. 물질문명의 진보는 비물질적인 것에 대한 애착으로 귀착된다. 이것도 미국이 잘 보여주고 있다. 미국인들의 상업에 대한 야망과 집착은 유럽의 어느 국민들보다 강하지만 동시에 그들의 종교적 열망도 이에 못지않게 강했다. 토크빌은 미국인의 독특한 심성 때문이 아니라 인간의 보편적 특질에 그 이유가 있다고 보았다. 토크빌은 종교를 향한 인간의 본성을 이렇게 설명한다.

어떤 시대에나 혹은 어떤 정치적 상황에서나, 물질적 쾌락에 대한 열정에 수반되는 견해가 전체 국민을 만족스럽게 할 수 있으리라고 생각해서는 안 된다. 인간의 정신은 거대한 그릇이어서 지상의 것에 대한 소유욕과 천상의 것에 대한 애착을 동시에 포용할 수 있으며 간혹 어느 한쪽에 헌신적으로 얽매이는 일이 있겠지만 오래지 않아 다른 한쪽을 반드시 생각해보게 된다.[28]

자본주의의 성숙과 인간의 물질적 쾌락은 인간의 종교적 열망과 동떨어진 것이 아니라는 것이 토크빌의 기본적인 사고다. 인간은 생활수준이 향상될수록 그밖에 더 많은 것을 추구하게 된다. 혁명도 생활수준이 높아감에 따라 그 발발 확률이 높은 것이다. 앙시앵 레짐 ancien régime 시기는 그 어느 때보다 프랑스인들의 생활수준이 높았던 때이며, 다른 유럽 대륙의 국가들과 비교했을 때 더더욱 그랬다. 그러나 결국 프랑스는 1789년 대혁명으로 치달았다. 언뜻 보기에는 지극히 비논리적인 역사 현상이 아닐 수 없다. 그러나 토크빌은 "역사는 이러한 역설paradoxes로 가득 찼다"는 점을 강조했다.[29]

토크빌의 논리로 보면 물질적 쾌락을 추구하는 열정이 그 어디에서보다 뜨거웠던 미국에서 계급 투쟁적인 혁명이 발발한 근거가 높아야 했다. 그러나 미국에서는 혁명이 일어나지 않았는데 그 이유는 미국을 에워싼 환경적 요인과 미국인들의 마음속에 자리 잡고 있던 내적인 요인 탓이다. 그중에서도 종교적 이유가 컸다. 물질적 안락에 따른 인간의 격정과 혼돈을 종교가 잠잠하게 해주었다는 것이다.

토크빌이 밝히고자 했던 주장은 단순하다. 즉 인간의 본능에 따라 생활수준이 향상되면 더 많은 물질적 안락을 요구하게 되는데, 인간의 끝없는 욕망은 채워지지 않고 인간은 혁명과 같은 과격한 돌파구를 찾게 된다. 이러한 역사의 필연적인 고리를 단절시킬 수 있는 것이 바로 종교다. 격동의 프랑스 역사를 지켜보면서 토크빌은 가능한 한 처절한 혁명을 거치지 않고 민주주의로 비상하는 것을 가장 이상적인 역사의 과정으로 보았다. 프랑스는 실패했지만 미국이 실현하고 있었던 것이다. 토크빌은 미국의 경우를 들어서 그 당시 유럽 자유주의자들 사이에 팽배했던 종교 무용론에 일격을 가한 것이다.

결국, 토크빌이 강조하고자 한 것은 기독교 신앙이 인간 정신에 미치는 영향이었다. 그는 "아메리카에서보다 기독교 신앙이 인간 정신에 더 강력한 영향을 미치는 곳도 이 세상에는 없다"고 못 박았다.[30] 곧 교회가 어느 정파政派를 지지한다거나 어떤 법률을 만드는 데 역할을 하기보다 인간 본성의 긍정적인 면을 자극해서 민주주의에 적합한 관습과 태도를 끌어낸다는 것이다. 법과 사회적 규율로는 투시할 수 없는 영역을 종교가 맡아서 그 역할을 수행해주는 것이다.

토크빌은 가정생활의 예를 들어서 이 점을 설명하고 있다. 그의 몇몇 지적을 요약해보자. 종교는 사람들이 유혹에 빠지는 것을 막아준다. 결혼의 정절 같은 것은 법률로 세세하게 규제할 수 없으나 종교적인 차원에서는 어느 정도 관습적인 판단을 이끌어낼 수 있다. 유럽 사회의 거의 모든 혼란은 불규칙한 가정에서 연유한다. 종종 유럽인들은 가정의 혼란을 감추기 위해서 사회를 선동하곤 한다. 그러나 아메리카에서는 가정의 질서와 평화를 지극히 소중히 여기며 이러한 가정의 평화를 그대로 공공업무와 사회에 연결시키려고 한다. 미국에서 종교는 이렇듯 법 차원을 떠나서 사람의 관습이나 마음가짐을 바로 세우는 일을 담당한다. 법률은 아메리카인들이 자기들 마음에 드는 일을 하도록 허용하는 반면에 종교는 경솔하고 부당한 일을 생각하거나 저지르는 것을 막아준다.

자유·평등·행복의 추구, 미국을 바꾸다

당대의 저명한 정치철학자들이 인간 본성의 근본적인 문제를 세밀하게 파고들면서 정치철학의 기본 골격을 세우고자 했던 반면, 토크빌은 인간의 내적 요인보다는 외적 현상에 초점을 맞추었다. 토크빌이 장 자크 루소Jean Jaczues Rousseau나 몽테스키외와 비교해서 정치철학자로서 어떤 위상을 갖고 있었는가는 또 다른 문제다.[31] 토크빌의 《미국의 민주주의》 제1부와 제2부를 세밀하게 분석하면 토크빌은 다른 정치 철학자들과 마찬가지로 외양적인 사회 현상 못지않게 인간의 내면 문제에 깊은 통찰력을 갖고 있었다는 것을 알 수 있다. 그의 민주주의론의 지층에는 사회라는 인간의 외적인 문제와 인간의 본성이라는 인간 내적인 문제가 절묘하게 조화를 이루고 있다.

미국인들에게 부여된 광활한 영토, 자칫 흐트러지기 쉬운 인간의 본성을 조절하는 법률과 종교, 이 모든 것이 미국의 민주주의 토양에서 빠질 수 없는 절대적인 것들이다. 그러나 토크빌은 이러한 외양적인 것에 전적으로 의지하지 않았다. 한 가지 더 중요한 요소가 있기 때문이다. 그것은 바로 인민의 습관과 태도다. 고대인들이 'mores'라고 표현했던 이 '관습'은 '마음의 습관'뿐 아니라 사람들 사이에 통용되는 여러 가지 개념과 견해, 그리고 심성을 구성하는 사상의 총체를 가리키는 것이다.

토크빌이 미국의 민주주의에는 "자연환경보다는 법률이, 법률보다는 관습이 큰 기여를 했다"[32]고 했던 것은 바로 이런 이유였다. 아무리 풍부한 자연환경과 훌륭한 법률이 있다고 해도 그 나라의 관습에 알맞지 않으면 어떤 제도도 유지될 수 없다고 그는 확신했다. 외양적 환경을 만드는 일에 이러한 관습이 주요한 몫을 하는 것이다. 환경과 관습이 민주주의의 형성에 필수 요소이지만 만약 이 양자가 균형 있게 유착하지 못할 바에는 환경보다 오히려 관습이 성숙한 민주주의를 위해 더 중요한 자양분이라는 것이다.

이 점은 미국을 다른 국가들과 대조시킴으로써 확연히 드러난다. 프랑스는 토크빌이 미국의 민주주의를 대비시키는 우선적인 대상이었다. 한마디로 프랑스에서는 위의 두 가지 순서가 어긋났다. 미국은 자유스러운 관습이 자유스러운 제도를 만들었지만 프랑스에서는 자유 제도가 자유 관습을 만들려고 발버둥쳤다. 그래서 프랑스의 민주주의는 민주주의의 생장에 부자유스런 면이 있었고 미국은 그 반대였다는 것이다. 앞에서 살펴보았듯이 상속법에 관한 두 나라의 차이가 이 점을 잘 보여주고 있다. 미국에서는 재산의 공정한 분배를 허용하는permitting 법률이 필요했기에 자연발생적으로 생성되었던 반면에 프랑스는 그런 동등한 분배를 강요하는enforcing 법률 때문에 부자연스럽게 생성되었다.

토크빌이 관습이 자연환경에 우선한다는 주장을 가장 웅변적으로 설명한 대목은 미국과 프랑스령 캐나다와의 비교에서다. 세인트로렌스 지역의 프랑스 거주민들은 미국과 자연환경 면에서 거의 유사한 상황에 있었다. 그러나 그들은 자치권과 상업적 본능에 있어서 미국인들보다는 비교가 안 될 정도로 부족했던 것이다. 그들은 미국인들과 똑같은 물리적 사회 환경에서 살고 있었고 영국의 캐나다 정복 이래로 유사한 법 체제에서 살고 있었다. 하지만 그들은 세인트로렌스 강을 따라 무리를 지어 좁은 정착지를 벗어나지 못하고 밀집되어 있었다. 그들은 아메리카 대륙이 제공하는 무한한 기회들을 붙잡지 않았고, 오히려 자신의 가정과 가족, 친족에 연연하며 살고 있었다.

같은 자연환경에서 왜 이렇게 서로 다른 정착 문화가 형성하게 되었을까? 토크빌의 해답은 바로 관습의 차이였다. 프랑스령 캐나다인들은 앙시앵 레짐 아래 있는 프랑스 정부의 지나친 중앙집권화 체제에 미련을 버리지 못했으므로 모국 정부의 정책에 크게 의존했다. 프랑스 정부는 최소한 1760년대까지 식민지인들을 그냥 내버려두기보다는 규제하려고 했다. 영국이 적어도 프랑스와 인디언과의 전쟁(7년전쟁)이 끝나는 1763년까지 북아메리카 식민지를 규제하지 않고 풀어주었던 정책과 상충되는 부분이었다. 즉 캐나다는 프랑스의 연장선에 있었다. 두 나라가 갖는 제도의 차이가 결국은 서로 다른 전통을 만들었고 거주민들이 갖는 관습의 차이를 가져온 것이다.

토크빌이 아메리카의 기원에 근거해서 미국의 특수성을 강조했던 일련의 내용 가운데 연방정부와 주 정부와의 관계를 주목해보자. 영국으로부터 독립을 쟁취한 13개의 식민지들은 대체로 같은 종교, 같은 언어, 같은 관습 및 같은 법률을 갖고 있었으며, 무엇보다도 이 식민지들은 공통된 국가 목표가 있었기에 한 나라로 통합할 수 있었다. 이들 식민지들은 각각 개별적인 생활을 했고 자기네 영역 안에서 하나의 정부를 유지해왔다. 그러나 독립전쟁을 계기로 전체라는 보편성 속에 개별적인 특수성이 흡수될 수 있는 협약이 필요했다. 이것이 연방헌법이 탄생하게 된 배경이다.

토크빌이 요약한 연방헌법의 개요는 아메리카인들이 당면했던 우선적인 문제와 일맥상통했다. 그 문제는 "주권을 분리시켜서 합중국을 구성하는 여러 주들이 각각 자체의 내부 번영에 관계되는 모든 일에 있어서 자치를 계속해나가는 것이었으며, 또 한편으로는 연방정부로 대표되는 전체 국가가 결속력 있는 일체를 이루어 전체적인 모든 위기에 계속 대처해나간다"는 것이었다.[31]

주 정부는 자치를 유지한 채 연방정부를 중심으로 결속해나간다. 과연 그렇게 쉽게 이루어질 수 있는 일인가? 토크빌은 이 문제에《미국의 민주주의》의 상당 부분을 할애하고 있다. 이것 역시 유럽의 문제가 그의 사고의 한 부분에 깊이 내재되어 있었기 때문일 것이다. 중앙 정부와 지방 정부와의 갈등과 반목으로 점철된 유럽의 경험이 토크빌이 미국은 이 문제를 어떻게 대처하고 있는지 관심을 갖게 했다.

토크빌이 연방제도를 인간의 자유와 번영을 위해 필요한 것으로 선호한 것은 사실이었다. 그러나 세계사에서 연방제도가 제대로 실행된 나라는 없었다. 연방제도의 실패는 대략 두 가지 면에서 요약된다. 첫째, 연방 구성국들 가운데 강력한 국가가 연방정부의 특권을 맡아서 독주하게 되고 그 외의 다른 구성 주들은 이들의 지배를 받을 수밖에 없는 경우다. 네덜란드 공화국의 경우 홀란드 지방이 항상 주도권을 잡았고, 독일 연방에서는 오스트리아와 프러시아가 주도했다. 둘째, 연방정부는 실제적인 힘을 잃고 연방 구성국들 사이의 세력 분권으로 무정부 상태를 초래하는 것이다. 대체로 연방제도가 장점이 많음에도 불구하고 이런 단점에 취약점을 보인다. 연방정부의 특권은 전체 연방을 다스리는 장점으로 승화되기보다 불화의 요소를 많이 제공했다. 이것은 세계사에서 드러난 엄연한 진실이었다.

연방제도가 갖고 있는 모순은 민주주의를 정착시키는 데 그대로 나타난다. 규모가 작은 공화국일수록 일반 대중의 의사가 정치에 더욱 직접 영향을 주기 때문에 민주주의가 활발하게 진척될 수 있다. 반대로 규모가 큰 나라는 항상 자유 민주주의를 실현하기는 데 장애물과 위험에 직면하게 된다. 그래서 "큰 나라가 오랜 세월 동안 공화정을 유지하는 사례는 세계사에서 찾아볼 수 없다"[34]고 토크빌은 못박았다. 큰 나라에서는 시민들의 의사가 중앙 정부에 직접 전달되기가 힘들다. 정부와 시민 간에는 좁히기 힘든 간격이 있다. 시민들의 애국심, 하나의 국가를 유지하는 데 제도나 체제 이전에 더 중요하다고 할 수 있는 그 애국심이 강력하게 커질 수 없기에 나라의 힘은 유약한 상태로 간신히 지탱하게 된다. 그러다가 어떠한 내부 문제로 인해서 지역 간에 마찰을 빚게 되면 결국 공화국 전체는 금이 가고 만다. 그래서 고대나 근대를 통틀어서 큰 공화정이나 연방제도가 오래도록 그 체제를 유지하지 못하는 것이다.

그렇다고 해서 거대한 제국이 장점을 전혀 갖고 있지 않다는 말은 아니다. 토크빌은 소규모 공화국이 갖고 있는 장점과 대규모 제국이 갖고 있는 장점을 동시에 소개했다. 미국의 연방제도가 두 가지 경우의 장점을 어떻게 소화하는가를 보여주기 위해서였다. 큰 나라는 정부가 지방 이기주의를 초월해서 좀더 크고 포괄적인 계획을 과감하게 집행할 수 있는 장점이 있다. 또한 큰 나라는 작은 나라보다 전쟁의 참화를 적게 겪는 장점도 있다. 큰 나라는 국경이 멀리 떨어져 있기 때문에 대다수 국민들은 전쟁의 위험과 그 참화에 직접 맞닿지 않을 확률이 높은 것이다.

미국 연방제도는 소규모 공화국의 장점과 연방제도의 장점을 동시에 수렴하는 이상적인 연방제도다. 이것이 토크빌이 내린 결론이었다. 연방 내의 각 주들은 그 지역의 *끈끈한* 애향심을 바탕으로 주민들의 세세한 관심사와 이익을 대변하고 연방정부는 각 주를 초월해서 전체 시민의 공통 이익에 집중하는 체제다. 다시 말해, 미국의 연방체제는 영국 식민지 체제부터 면면히 내려온 자치 정신과 애향심이 아메리카에 대한 애국심으로 자연스럽게 전이되면서 생겨난 이상적인 체제라는 것이다.

그렇다면 그 비결은 무엇인가? 그동안 세계 역사에서 수많은 민족들이 겪었던 역사적 상흔의 뼈저린 되물림을 피할 수 있었던 비결은 무엇일까? 토크빌이 제시하는 해답은 명확하다. 하나는 연방제도를 가능하게 하는 상황이고 다른 하나는 미국의 지리적 요소였다. 미국의 여러 주들은 "비슷한 이해관계, 공통적인 기원 및 공통적인 언어를 가지고 있다는 사실뿐 아니라 역시 같은 수준의 문명 단계에 이르러 있었다는 사실 때문"이다.[35] 유럽의 아무리 작은 국가일지라도 아메리카만큼 통일성을 보여주는 나라는 없다. 아메리카는 전체 유럽의 1.5배나 되는 넓이를 가진 거대한 영토인데도 말이다. 예를 들면, 미국의 극과 극에 위치한 메인 주와 조지아 주의 차이점은 개울 하나를 사이에 두고 갈라져 있는 노르망디와 부르타뉴 사이에 존재하는 차이점보다 훨씬 적다. 바로 이러한 통일성이 미국 연방제도를 지탱하게 해주는 토양인 것이다.

미국이 갖는 지리적 요소 역시 중요한 이유다. 미합중국은 그 거대한 영토가 외부로부터 차단되어 있었다. 무엇보다도 그때까지만 해도 미국 문명의 중심부라 할 수 있는 동부 해안 지역이 유럽에서 수천 마일 떨어져 있었다. 그 사이에는 대서양이 가로놓여 있다. 미국이 영국을 중심으로 한 유럽 문명을 어느 정도 수렴·확산하고 더 나아가 미국의 독특한 문명을 창출하고 있었지만 지리적으로 유럽과 대서양을 사이에 두고 떨어져 있다는 것은 미국으로서 행운이었다. 경계선이 이리저리로 닿아 있어서 한 나라의 운명이 인접 나라에 지대한 영향을 받았던 유럽과 비교할 때, 미국은 유럽 국가들의 분쟁을 먼발치에서 지켜보며 초연할 수 있었던 것이다.

한마디로 요약한다면, 미국의 연방제도가 인류 역사에서 유일무이한 사례는 아니지만 미국이 갖고 있는 전통과 천연의 특혜에 의해서 독특하고 성공적인 연방제도를 유지할 수 있었다는 것이다. 이러한 조건은 미국이 "근대 정치학상 위대한 발견으로 간주될 수 있는 전혀 새로운 이론에 근거"[36]해서 연방제도의 진수를 보여줄 수 있게 했다.

아메리카는 그 출발부터 유럽인들에게 신비의 땅이었다. 앞 장에서 보았듯이, 콜럼버스의 신대륙 발견, 그것은 유럽 역사의 연속이면서 새로운 역사의 장을 여는 시작이었다. 영국의 아메리카 식민지가 정착되면서 수많은 유럽인이 신비의 땅에 속속 발을 들여놓았다. 거기에는 종교적인 이유, 정치적인 이유가 있었고, 그냥 개인적인 이유도 있었다. 무엇보다도 르네상스 이후 서구인들을 사로잡았던 그 물질적인 야망이 있었다. 누구도 미국에서 새로운 민주주의가 싹이 틀 것이고 그것이 향후 세계 민주주의에 주도적인 역할을 하리라고 예상하지 못했다.

그러나 1776년 미국은 영국의 모태로부터 떨어져 나갈 것을 선포했고 "자유, 평등, 행복의 추구"를 새로운 국가의 이념으로 채택했다. "자유·평등·행복의 추구"—유럽이 근대로 들어오면서 그것을 얻기 위해서 피비린내 나게 몸부림을 쳤던—그 이상을 단번에 선언해버린 것이다. 그리고 그 이상을 조금씩 구체화시켰다. 곧이어 프랑스에서도 비슷한 이상을 내걸고 혁명이 일어났다. 그러나 그 이후 프랑스 역사는 순탄치 못했다. 그래서 미국의 민주주의는 유럽 자유주의자들의 관심과 동경의 대상이었다. 하지만 미국의 민주주의는 아메리카만큼 신비의 대상이었다. 그 누구도 그것의 실체가 무엇인지를 알지 못했다. 그때 토크빌이 26세의 젊은 나이로 미국에 건너간 것이다. 그리고 그가 본 미국의 민주주의를 과감하게 파헤쳐서 《미국의 민주주의》를 탄생시켰다.

토크빌의 《미국의 민주주의》 이래 수많은 학자들이 미국의 민주주의를 논했지만 그 누구도 토크빌을 능가하지 못했다. 미국 내에서도 토크빌의 《미국의 민주주의》가 차지하는 비중은 절대적이다. 지금까지도 토크빌의 민주주의론은 미국 민주주의의 정통성과 가치를 평가하는 바로미터이자 고전이라고 할 수 있다.

항상 그렇듯이 고전과 같이 절대적인 가치를 지닌 것은 논쟁의 대상이 되곤 한다. 토크빌이 민주주의 최고의 모델로 미국 민주주의를 선택한 것부터 논쟁의 불씨를 던진 것이다. 토크빌은 요즘 개념으로 '친미주의자'는 아니다. 그는 다만 미국 민주주의 옹호자였을 뿐이었다. 토크빌은 결코 미국식 민주주의가 미국을 세계 제일의 강국으로 만들 것이라고 예견하지 않았다. 하지만 《미국의 민주주의》가 출판된 지 100년이 지난 후 미국은 세계질서를 주도하는 국가로 거듭났다. 20세기에 들어서면서 미국이 그 잠재력을 발산하고 두 번의 세계대전 후에 명실공히 세계사의 주도국으로 등장하면서, 미국은 선망의 대상 혹은 비판의 대상이 되었다. 비판의 초점은 대외적으로는 제국주의적 성향이며, 대내적으로는 민주주의의 어두운 그늘이다. 그 그늘에 인종과 젠더를 포함한 현대적 의미의 평등 문제가 깊이 드리워 있다. 자유와 평등은 미국의 민주주의를 보는 핵심 거울이었기에, 미

국의 민주주의가 근본적으로 변화하지 않는 한,《미국의 민주주의》
는 시대를 막론하고 논쟁의 대상이 될 수밖에 없다.

　《미국의 민주주의》로 대변하는 토크빌의 미국 민주주의에 대한 견
해는 미국의 국력과 깊은 관계가 있다.《미국의 민주주의》도 한동안
세인들의 관심에서 사라졌고, 결국 20세기 초에는 절판되기에 이르
렀으며, 학술적으로도 이렇다 할 논쟁의 대상이 되지 않았다. 남북전
쟁 이후부터 1930년대까지《미국의 민주주의》는 망각의 시대에 묻혔
다.[37] 왜 그 시기에《미국의 민주주의》가 오랜 망각의 길에 접어들었는
지 알 수 없지만, 시대적 상황에 맞춰 그 이유를 추론해볼 수는 있다.

　우선 남북전쟁의 발발이다. 토크빌 역시 미국이 남과 북의 정치·경
제·문화적 차이를 극복할 것에 대해 회의적이었지만, 남북전쟁은 미
국 제도의 잠재적 모순이 일거에 폭발한 사건이었다. 토크빌은 남북
전쟁이 발발하기 2년 전에 사망했지만, 남북전쟁은《미국의 민주주
의》와 토크빌이 잊히게 되는 중요한 시대적 계기였다. 그리고 남북전
쟁 이후에 찾아온 미국의 급격한 산업화와 제1차 세계대전의 영향도
《미국의 민주주의》가 세인들의 관심에서나 학자들의 논쟁에서 사라
지게 되는 배경으로 볼 수 있다. 여느 산업화 국가들과 마찬가지로 급
격한 산업화의 결과 미국은 사회 전반에 산업화의 어두움이 짙게 드
리워져 있었다. 노동자, 농민, 이민자, 인종갈등 등으로 대표하는 자유
와 평등의 부조화는 토크빌이 반세기 전에 보았던 자유와 평등, 자본
주의와 민주주의의 절묘한 조화와는 상당한 거리가 있었다. 물론 혁
신주의Progressivism의 대두와 함께 미국은 산업화의 홍역을 비교적 완

만하게 극복하긴 했지만, 제1차 세계대전의 발발과 미국의 참전은 미국인들을 혼란으로 몰고 갔다. 이러한 국내외 시대적 환경으로 말미암아 《미국의 민주주의》는 망각의 시대에 묻혀 있었던 것이다.

1930년대 이후에 《미국의 민주주의》가 다시 부활하기 시작했다. 그 배경은 히틀러의 등장과 제2차 세계대전이었다. 세계는 역사상 가장 비극적인 시대의 정점을 지나고 있었다. 최악의 경제공황은 자본주의의 근간을 흔들었고, 파시즘, 전체주의, 공산주의의 도전은 민주주의의 근간까지 흔들었다. 이러한 세기적인 소용돌이 속에서도 미국은 큰 흔들림 없이 민주주의 체제의 전통을 이어나갔다. 백 년 전에 토크빌이 간파하고 소개했던 그 민주주의의 뿌리는 세기적인 요동속에서도 흔들림이 없었다. 세계와 미국은 다시 《미국의 민주주의》의 가치를 소중하게 생각하면서 《미국의 민주주의》는 제2의 부활기를 맞게 되었다.

물론 《미국의 민주주의》도 새로운 시대를 맞이하며 새로운 비판의 대상이 되었다. 어느 시대나 그 시대에 적용되는 토크빌이 있기 마련이다. 토크빌은 시대에 따라 변용되고 변색되는 "다양한 토크빌 many Tocquevilles"로 재등장하곤 한다.[38] 제2차 세계대전 이후 세계질서를 주름잡았던 미국은 국내 문제의 어두움을 걷어내야 했다. 그 어두움은 150여 년 전에 토크빌이 간과했던 불평등한 사회적 조건이었다. 20세기 토크빌 비판가들은 토크빌이 1830년대 미국에서 보지 못했던 불평등의 문제가 현재 사회에서도 어김없이 재현되고 있다는 점을 강조한다. 자본주의 사회에서의 양극화 현상에다가 인종·젠더문제 등 토크빌이 보지 못했던 미국의 어두운 부분을 드러내면서 토크빌이 그토록 강조했던 미국 사회의 평등한 조건의 허구를 지적한다.[39]

그럼에도 토크빌의《미국의 민주주의》가 민주주의에 대한 하나의 고전으로 계속 부활하는 데는 그만한 이유가 있다. 토크빌은《미국의 민주주의》를 통해 민주주의에 대한 모델을 제시하며, 세계 모든 국가들이 미국식 민주주의를 모방하도록 유도하는 데 목적을 두지 않았다. 인종문제, 특히 노예문제를 보면 미국의 민주주의는 결코 세계 민주주의의 모델이 될 수 없다. 토크빌 자신도 노예해방론자로서 다른 부분에서는 성숙한 미국의 민주주의가 노예제도를 고수한 것을 비판했다. 미국은 그 대가를 치를 것이라고 예언하기까지 했다. 하지만 토크빌의 가장 큰 고민은 미국 민주주의 그 자체보다는 유럽의 민주주의에 있었다. 프랑스 혁명의 대변혁을 거치면서도 혼란의 연속에서 민주주의 미래의 한 치 앞을 내다볼 수 없는 당시 프랑스의 상황은 토크빌이 미국 민주주의를 보는 가장 큰 시대적 배경이었다. 토크빌은 미국에서 작게는 프랑스 민주주의, 크게는 유럽 민주주의 미래를 보는 거울을 찾고자 했던 것이다. 아직 근대적 민주주의가 정착하지 못한 시대에 인종, 이민, 젠더 등을 포함한 차별과 불평등의 문제는 토크빌의 일차적인 관심사가 아니었다.

토크빌도 당시 미국 사회가 안고 있었던 문제들을 간파하고 있었다. 뉴욕에 도착한 후 그는 미국 사회의 역동성에 감탄했지만, 그 역동성이 파생한 어두운 면을 보고 혼란스러웠다. 그는 곧바로 프랑스에 있는 친구에게 "쉽게 분류하기 힘들며 하나의 그림으로 형상화하기 힘든 [미국의] 악과 덕의 혼재"에 혼란스럽다는 점을 적어 보냈다.[40] 한편에서는 물질적 욕망에 불타는 미국인들이 존재했으며, 다른 한편에서는 종교적 순수성과 민주적 열망을 갖는 미국인들이 존재했다. 아메리카 신대륙이 기본적으로 기회의 땅이었기에, 토크빌의 시야에 포착된 미국인들의 물질적 욕망은 토크빌에게 분명 역겨운 장면으로 다가왔을 것이다. 절제되지 않는 자본주의의 그림자는 유럽의 어느 나라보다 크고 짙게 드리워져 있었을 것이다. 유럽 지식인들의 기준으로 볼 때 미국인들의 습속이나 태도는 분명 천박했을 것이다. 당시 미국을 방문했던 또 다른 유럽 지식인들의 미국 방문기는 한결 같이 미국인들의 천박함을 지적하며 미국의 천민 자본주의에 비아냥거리는 투로 일관했다. 귀족 출신 정치인이자 지식인이었던 토크빌의 눈에도 분명 미국인들의 천박함은 보였을 것이다.

하지만 토크빌은 미국을 방문하면서 그의 신분과 지적 교만을 내려놓았다. 미국에 대한 편견도 내려놓았다. 그러자 그의 눈에 비친 미국인들의 천박함은 미국적 민주주의 토양을 배태한 가장 중요한 정신인 개인주의로 채색되었다. 다른 유럽인들이 미국의 개인주의를 천박하게 보았을 때, 토크빌은 그 개인주의의 순수함을 보았다. 유럽이 여전히 신분과 종교의 단단한 성벽에 갇혀 있을 때 미국은 그것을 초월해서 누구나 개인의 야망에 따라 자신의 이상을 추구할 수 있는 사회적 토양을 제공했고, 그것은 민주주의의 가장 중요한 정신적 토대인 개인주의가 자생되었다는 것을 토크빌은 깨달은 것이다. 사실 토크빌은 《미국의 민주주의》에서 최초로 '개인주의individualism'라는 용어를 사용했다. 유럽에는 아직 개인주의에 대한 정확한 개념이 정립되지 않았을 때, 토크빌은 미국인들이 빚어낸 민주주의 제도의 기본 정신이 신분과 교육, 그리고 종교를 초월한 개인적 야망과 습속이라고 본 것이다.[41]

　토크빌이 미국을 방문한 이래 미국의 민주주의는 끊임없는 변화를 겪었다. 다음 장들에서는 토크빌이 보았던 미국의 민주주의가 어떻게 도전을 받고 비틀어지고 일그러지는지를, 동시에 어떻게 민주주의의 뿌리와 그루터기로 남아서 미국을 붙들고 있는지를 보게 될 것이다. 토크빌이 어느 정도는 예견했던 바이지만 처절한 남북 대결의 아픔과 다민족·다인종·다종교 등 미국 다문화주의가 미국 민주주의가 어떤 연관성을 갖고 미국의 몸체를 붙들고 있는지를 말이다.

　토크빌이 미국을 방문했던 시대에 미국과 유럽의 문화는 근본적으로 확연한 차이가 없었다. 토크빌은 여전히 유럽적인 전통과 문화가 내재하고 있던 시기에 미국의 민주주의가 유럽에 대비해서 어떤 특징을 지니고 있었는지를 찾아내려고 했다. 하지만 시간이 지나면서 미국과 유럽의 문화는 상당한 차이로 벌어지고 있었다. 산업혁명에 따른 폭발적인 미국 경제의 성장으로 말미암아 이른바 '이민 홍수'가 미국에 몰려왔던 점이 가장 큰 문화적인 차이를 생성한 배경이 되었다.

　다문화주의는 미국 민주주의 진화에 결정적인 변수가 될 수밖에 없었다. 예컨대, 토크빌이 방문했을 때의 미국 내 민족과 인종, 그리고 종교적인 갈등은 그 이후의 갈등에 비할 바가 아니었다. 그렇다면, 토크빌이 종교적 갈등 속에서 자유와 평등에 근거한 미국의 민주주의가 그 뿌리를 내렸다고 진단한 것이 과연 이후의 시기에도 지속될 수 있었는지를 따져 보는 것은 미국의 민주주의를 위해서나 갈수록 다문화사회로 나아가는 우리에게도 의미 있는 시도일 것이다.

《미국의 민주주의》는 출판된 지 근 200년이 가까운데도 여전히 미국의 민주주의의 고전으로 추앙받는다. 그 이유는 무엇인가?

장 자크 루소가 《사회계약론》에서 "완벽한 민주주의란 인간 세계에서는 불가능하며, 오직 신의 세계에서만 가능할 것"이라 했던 말을 새겨봐야 한다. 토크빌의 《미국의 민주주의》가 발표될 시점의 세계는 세계 민주주의의 큰 흐름에서 볼 때 근대 민주주의의 진통기라고 할 수 있다. 토크빌의 프랑스가 좋은 예다. 미국은 이른바 '잭슨 민주주의'로 들떠 있었지만, '완벽한 민주주의'와는 거리가 멀었다.

1828년 선거에서 앤드류 잭슨이 대통령에 당선되면서 이른바 '보통 사람들의 민주주의'가 태동했다. 잭슨은 미국에서 세계 최초로 시행된 남성 보통 선거로 말미암아 대통령에 당선될 수 있었다. 한편에서는 평등에 기반을 둔 진정한 민주주의가 도래했다고 환호했다. 다른 한편에서는 절제되지 않는 자유가 미국의 민주주의를 훼손할 것으로 우려했다. 미국 역사상 최초로 동부 명망가 출신이 아닌 그야말로 보통 사람이 대통령에 당선되었으니 기존의 엘리트 세력들의 반발과 비판이 만만치 않았다. 그들은 잭슨 민주주의가 미국 민주주의 품격을 떨어뜨린다고 불평했다. 그 시대로 되돌아가서 '잭슨 민주주의'를 객관적으로 들여다보면 모든 것이 불투명하고 어수선했던 시대였다.

바로 그 시점에 토크빌이 미국을 방문했고, 《미국의 민주주의》를 발표했다. 그런데 미국 민주주의를 보는 토크빌의 시선은 경이로움에 가득 차 있었다. 프랑스 귀족 출신으로 토크빌이 이러한 긍정적인 시선으로 미국의 민주주의를 바라본 점은 놀라운 일이다. 여기에는 프랑스 혁명과 그 부작용에 따른 프랑스의 암울한 역사적 현실이 크게 작용했다. 왜 프랑스에서는 혁명이 실패했는데, 미국에서는 성공하고 있었는가. 이의문은 토크빌이 미국을 방문하면서 해답을 찾고자 했던 가장 중요한 점이었고, 토크빌은 그 해답을 찾았다고 확신했다.

귀족 가문 출신임에도 불구하고 토크빌이 귀족주의 성향을 벗어버리고 평등에 근거한 미국의 민주주의에 주목한 것은 토크빌의 《미국의 민주주의》가 시대를 초월해 미국의 민주주의를 이해하는 고전으로 남아있는 가장 큰 이유다. 그가 미국인들의 세련되지 못한 태도와 지적 수준을 비아냥거리지 않고, 오히려 그것이 당시 유럽에서는 상상할 수 없는 보통사람들의 평등한 민주주의를 구현할 수 있게 만든 배경으로 본 것은 놀라운 일이다. 그리고 토크빌의 이러한 시선을 후대 미국인들이 되새기며 그들 민주주의의 소중한 자산이라고 자부하게 만들었던 것이 《미국의 민주주의》가 여전히 추앙받게 되는 주요한 이유다.

물론 토크빌 시대의 미국 민주주의와 지금의 민주주의가 같을 수는 없다. 미국의 민주주의는 많은 시행착오를 거쳐 오늘날에 이르렀고, 지금의 민주주의가 그때보다 더 성숙된 민주주의라고도 할 수 없다. 오히려 최근에는 미국 민주주의 기류에 대해 우려의 목소리가 높아지고 있다. 하지만 미국 역사 전체를 돌아볼 때 미국의 민주주의가 항상 옥토에서 성장하지는 않았다. 토크빌 역시 미국 민주주의의 불안 요소를 감지했다. 주 정부의 과도한 권력이 연방정부와 일반 국민들의 자유를 침해할 가능성이 크며, 이른바 '다수의 독재'에 대해서도 우려를 표명했다. 자유의 이름으로 또 다른 자유를 억압할 수 있는 잠재적 독소를 경고했다. 또한 자유의 이름으로 '극단적 개인주의hyper individualism'가 횡횡해서 참여 민주주의를 퇴보시킬 수 있다는 위험성을 지적했다.

그럼에도 토크빌은 미국 민주주의 미래에 대해 낙관적인 입장을 견지

했다. 그 이유는 그가 미국인들의 법을 존중하는 태도와 그들의 관습을 높이 평가했기 때문이다. 결국 그의 통찰력은 정확했다. 토크빌 이후 미국의 민주주의는 그렇게 녹록치 않게 전개되었다. 19세기 급격한 산업화가 낳은 평등과 자유의 극심한 대결, 1930년대의 대공황과 그에 따른 미국 민주주의에 대한 심각한 도전, 국가 안보와 국익 추구의 미명 아래 가해진 개인의 자유에 대한 훼손 등 미국 역사 속에서 심심치 않게 등장하는 독소에도 불구하고 그것이 미국 민주주의 근간을 흔들지 못했다. 토크빌이 예견했듯이 미국인들의 법과 관습, 그리고 견제와 균형에 대한 절대적인 전통이 그러한 위험에서 미국의 민주주의를 보호하는 방파제 역할을 했던 것이다. 이것은 미국의 민주주의를 상대적인 관점에서 볼 때 더욱 명확해진다. 19세기 후반과 20세기 전반에 유럽의 민주주의가 어떠한 홍역을 겪었는지 되돌아보면 잘 알 수 있다. 한 예로 민주주의 헌법으로는 세계 최고였던 독일의 바이마르 헌법 체제에서 나치주의라는 괴물이 탄생한 것은 역사의 아이러니가 아닐 수 없다.

미국의 헌법은 상대적으로 애매하고 불안전했으며, 역사 속에서 수많은 도전을 받았다. 하지만 그 헌법은 지금까지 미국 민주주의의 절대적인 수호자이며, 이에 대한 미국인들의 믿음은 변함이 없다. 헌법 개정으로 보면 미국은 여전히 제1공화국이다. 이것을 보면 200여 년 전에 채 1년도 되지 않는 짧은 여행을 통해 미국의 민주주의를 진단한 토크빌의 혜안에 놀라움을 금할 수 없다.

어쩌면 토크빌의 《미국의 민주주의》가 미국이 크게 흔들리지 않고 그들만의 민주주의를 지켜낼 수 있게 만들었던 것은 아니었을까? 제1장에서 살펴보았듯이 터너의 《프런티어 이론》이 미국적 문명과 가치에 대한 자부심을 일깨워주었다면, 그 반세기 전에 한 프랑스 지식인이 쓴 《미국의 민주주의》는 미국인들이 그들의 민주주의 전통에 대한 의의를 새길 수 있게 만들었던 것이다.

분열과 연합을
반복하는 모순의 힘
: 지역 정서

★ **강한 정부를 위해**
미국 헌법을 제정하다

　　1861년부터 5년간 계속된 미국의 남북전쟁은 근대 역
사상 참으로 비극적인 내전이었다. 당시 백인 인구 6명당 1명꼴인 약
300만 명 이상의 장정들이 죽음의 전장으로 향했고, 그 가운데 3분
의 1은 생명을 잃었다.

　　과연 무엇이 이토록 처절한 동족상잔의 비극을 초래했을까? 남북
전쟁의 기원에 대해서는 그 설이 분분하다. 혹자는 그 기원의 핵심
이 노예제도라고, 남과 북의 경제적 불균형이라고, 또는 남과 북의 정
치적 이해타산이라고, 또는 헌법에 대한 남과 북의 의견 차이라고들
주장한다. 일찍이 카를 클라우제비츠Carl von Clausewitz는 전쟁을 "다
른 여러 수단들이 뒤섞인 채 진행되는 정치적 교통intercourse의 연장
continuation"[1]으로 정의했는데 미국의 남북전쟁 역시 이런 맥락에서
이해할 수 있을 것이다.

그렇지만 이런 "정치적 교통의 연장"으로만 남북전쟁을 설명하기에는 충분하지 않다. 본디 전쟁이란 잔인한 것이다. 그 잔인함의 밑바닥에는 증오의 이글거림이 깔려 있다. 결국 역사란 인간의 역사이며 그 인간을 지배하는 것의 근원은 인간의 내면에 깊이 내재되어 있는 그 어떤 것이다. 인간은 이성적이기도 하지만 감성적이기도 하다. 남북전쟁으로 치닫게 되었던 그 배경에는 지역 간의 쓰라린 불화가 있었고, 그 불화의 근원은 감정 대립이었다. 그래서 이와 같은 감정에 초점을 맞춰서 남북전쟁의 문제를 볼 필요가 있다.

남북전쟁을 보는 시각을 크게 둘로 나눈다면 북쪽 견해와 남쪽 견해가 있다. 지역 정서에 깊은 뿌리를 내리고 있는 역사가들의 시각에 어떠한 객관성을 부여하기란 어려운 일이다. 역사의 객관성을 살폈던 피터 노빅Peter Novick이 지적했듯이, "대부분의 역사가들은 그들 역사 서술이 그들의 배경, 편견, 정서적 욕구의 반영이라는 점을 드러내지 않으려 한다."[2] 그래서 미국의 남북문제와 관련된 연구물은 저자의 출신과 배경, 출판지를 확인하는 작업이 우선되어야 한다. 뚜렷한 지역 분할과 그 틈새에서 고착화된 지역 정서가 있기 때문이다.

이 장에서는 남과 북의 지역 정서를 염두에 두면서 노예제도, 정치적 갈등, 경제 구조의 차이, 헌법 해석상의 이견 등 제도상의 문제들을 정리하고자 한다. 남북 간의 이러한 제도적인 문제들이 어떻게 지역 정서로 굳어지면서 돌이킬 수 없는 대립의 극단으로 치닫게 되었는지, 그 대립의 여파가 어떠한 모습으로 현재 미국에서 재현되고 있는지를 보고자 하는 것이다.

미국과 영국의 독립전쟁
1776년 13개 식민지는 연합해서 영국과의 독립전쟁을 수행했다. 하지만 각자 지극히 정치적·군사적 연합, 즉 한정된 의미의 연합이었다.

　한 가지 덧붙일 것은 남북전쟁의 기원, 그 자체에 궁극적인 초점이 맞춰진 게 아니라 미국의 정체성에 대한 논의라는 점이다. 남과 북의 그 뿌리 깊은 갈등과 남북전쟁을 제쳐 놓고 미국을 설명할 수 없다. 남북전쟁의 상처가 큰 만큼 그 전쟁이 반영하는 남북 지역의 구도는 미국사를 형성하는 거대한 동맥인 것이다. 남부가 "미국의 대치점 counterpoint"으로서 미국 문화의 이중성으로 여전히 남아 있든, 아니면 미국 문화를 주도하는 주류를 형성하고 있든 간에 남부는 미국의 정체성과 독특성을 이해하는 데 필수적이다.[3]

　미국사를 크게 둘로 나눌 때 그 둘을 연결시키는 고리가 바로 남북전쟁이다. 다시 말해 미국사 중반을 이해하는 데 가장 핵심적인 문제가 바로 이 남북전쟁이다. 그것은 미국 역사 전반의 줄기를 이해하는 데 결정적이다. 전쟁의 기원은 바로 미국의 시작으로 거슬러 올라가야 하기에 미국사 전반을 대표하는 소재다. 전쟁의 영향 역시 중요하다. 남북 간의 지역 정서는 전쟁이 끝난 후에도 미결의 문제로 남았다. 제도상이나 헌정상의 문제는 해결되었는지 몰라도 감정의 문제는 여전히 풀지 못하고 있는 것이다. 전쟁의 여파는 시기와 지역에 따라서 차이는 있을지언정 독특한 진폭으로 계속 미국의 역사에 울리고 있다. 이 장에서는 남북문제의 과거와 현재, 미국을 미국답게 만들었던 바로 그 독특한 소재를 살펴볼 것이다.

미국에서는 그 시작부터 남과 북이 문화적·제도적 차이를 가지고 성장해갔다. 남부로 이주했던 사람들의 대부분은 주로 영국 북부(북잉글랜드와 스코틀랜드)와 북아일랜드, 그리고 남부 잉글랜드의 색슨 지역 출신이었다. 반면에 아메리카 북부에 정착했던 식민지인들은 전통 잉글랜드와 동부 앵글로 지방 출신이었고, 그들 대다수는 청교도들이었다. 그리고 펜실베이니아 등 아메리카 중부로 이주한 자들은 잉글랜드 중북부 지역민, 주로 퀘이커 교도들이었다. 따라서 남·북부의 문화적 차이는 영국에서부터 그 기원을 찾을 수 있다. 영국에서 아메리카 대륙으로 이주해온 사람들은 그들 대대로 내려오던 민속, 관행, 경향, 그리고 서로에 대한 원한들을 새로운 환경에 그대로 적용시켰던 것이다.[4]

여기에서 관심 있게 봐야 할 부분이 바로 원한문제다. 영국인들은 새로운 희망을 품고 아메리카에 건너왔고, 이러한 희망은 아메리카 식민지를 정착시키는 데 공통된 활력소였다. 그러나 이러한 공통의 희망이, 그 이상향이 그들을 함께 묶을 수는 없었다. 그들은 자신의 지역적 뿌리, 전통, 정서는 그대로 유지한 채 아메리카에서 새로운 희망에 도전했다. 그들이 유럽에서 품고 있었던 서로에 대한 앙심이 그대로 남아 있었던 것이다. 물론 이러한 지역 정서가 아메리카 대륙에서 노골적인 갈등으로 표출되지는 않았다. 새로운 땅에서 희망을 일구어나가는 일이 우선이었기 때문이다. 또한 아메리카의 광활한 대지는 지역 간의 갈등을 불러일으킬 소지를 약화시켰다. 그러나 그렇다고 해서 그들의 내면에 잠복되어 있던 감정적인 요소가 사라진 것은 아니다.

아메리카 식민지인들은 서로 다른 전통과 문화에 기반을 둔 다양한 집합체였다. 이 사실은 초기의 미국 역사를 이해하는 데 가장 주요한 사항이다. 식민지 시대 영국의 지배 아래 있었던 13개의 식민지는 모국이 영국이라는 점을 제외하고는 공통된 부분이 그다지 많지 않았다. 13개의 서로 다른 국가들이 그들의 이익을 위해서 서로 다른 관심사, 도덕, 문화를 유지한 채 각자의 길을 가고 있었다.

1776년 13개 식민지는 연합해서 영국과의 독립전쟁을 수행했다. 여기서 자칫 '연합'이라는 단어에 무게를 둘 수가 있는데 이는 순전히 영국이라는 공통의 적에 대한 불가피한 연합으로 지극히 정치적이고 군사적인 연합, 즉 한정된 의미의 연합을 의미한다. 13개 식민지가 연합된 독립국가를 건설하기 위해 사회·문화·전통을 함께 융화시키는 의미의 연합은 결코 아니었다.

예를 들어서 버지니아는 1776년 5월, 그러니까 같은 해 7월 4일에 있었던 연합 독립선언보다 먼저 자체적으로 독립을 선언했다. 7월 4일의 독립선언문은 13개 식민지들이 그들 각자가 자유롭고 독립된 국가임을 밝힌 공동선언문이자 자유가 최대한 보장된 가운데 공동으로 행동할 것을 세상에 표명하는 공동선언문이었다. 여기서 주목할 점은 그 선언이 통합된 국가로서가 아니라, 각각 독립적으로 분리된 상태에서 이루어졌다는 점이다.

독립전쟁 중에도 각각의 식민지는 상위 정부와는 관계없이 자신들의 역량 내에서 자치권을 가진 존재로서 분리되어 독립적으로 행동했다. 버지니아가 좋은 예다. 전쟁 중 버지니아는 프랑스와 동맹 관계에 있음을 선언했다. 대륙회의를 거치면 결정 과정이 복잡하고 진행이 더딜 수밖에 없다고 판단해 자신의 입법 기관을 거쳐 단독으로 협정을 체결한 것이다. 다시 말해 전쟁이라는 급박한 상황에서도 그들은 연합정부보다는 그들의 자치권을 중요하게 여긴 것이다.

영국에 대한 미국의 승리가 굳어지던 1781년 3월, 대륙회의는 13개 식민지를 연합하는 영구적인 연맹을 맺기로 하고 연합헌장the Articles of Confederation을 채택했다. 여기에서도 연맹의 의미는 정치·군사적인 면에 한정된 협의의 동맹이었다. 일종의 '우정 동맹'으로서 그동안 대륙회의가 가졌던 권위를 그대로 인정하고 전쟁 수행에 필요한 효율성과 단결심을 공고히 하기 위한 수단이었다. 여전히 각 나라는 연맹 내에서 동일한 한 표를 갖고 그들의 자치권을 행사했다. 중앙 정부는 외교·군사적인 면에서 연맹의 대표자 역할을 했을 뿐 각 국가 간의 통상문제라든지 재정문제를 조절할 수 있는 권한은 없었다.

독립전쟁 중에도 각 식민지는 하나의 독립된 국가로 자치권을 행사했다. 이러한 자치권은 결코 줄어들거나, 약화되거나, 방해를 받거나 타협을 강요받는 일이 없었다. 이런 느슨한 연맹 체제로 미국은 독립전쟁을 승리로 이끌었다. 파리 조약에서 영국은 미국의 독립을 인정했다. 그러나 파리 조약에 의해서 영국이 아메리카 식민지 전체를 하나의 국가로 생각해서 독립을 인정한 것은 아니었다. 영국 왕실의 대표자와 각 식민지 대표들이 서명했던 이 파리 조약은 영국과 자유롭고 독립된 각 국가와의 조약이었다.

독립전쟁, 그 절박한 상황에서도 왜 각 나라들은 중앙 정부에 필요 이상의 힘을 주지 않았을까? 왜 그들의 자치권 사수를 가장 중요하게 여겼을까? 미국인들이 갖고 있었던 강력한 중앙 정부에 대한 불신, 이것이 통상적인 대답일 것이다. 강력한 중앙 정부는 개개인의 자유를 침해할 가능성이 있으며, 자칫 유럽의 전제주의적 경향으로 바뀔 수 있다는 불안감이 미국인들의 사고에 깊이 스며들어 있었다. 이것은 틀림없는 설명이다. 그러나 이러한 순수 계몽주의 사고가 얼마나 미국인 개개인들에게 젖어들어 있고, 그들이 강력한 중앙 정부의 탄생을 경계하게 했는가에 대한 실증적인 답변을 구하기는 힘들다.

이 문제에 대한 우선적인 해답은 식민지 전통에서 구해야 한다. 각식민지 지역은 서로 다른 이유에서 그들만의 자치권을 행사하며 아메리카에서 그들의 이상을 실현하고 있었다. 그들이 영국이나 기타 유럽에서 가지고 왔던 서로 다른 전통과 지역 정서가 아메리카에서도 그대로 유지되었고 이러한 자유방임적 자치주의를 최우선이요, 최고의 제도로 여기고 있었다. 독립전쟁이라는 위기 상황으로 인해서 자칫 그들의 개별성을 침해받지 않을까 하는 의구심이 컸던 것이다.

전쟁이라는 위기 상황에서도 꿋꿋하게 지켜왔던 그 개별주의 전통은 전쟁 후에 도전을 받게 되었다. 독립된 아메리카 합중국 앞에는 전쟁 후 독립을 지키기 위해서 넘어야 할 장애물이 산적해 있었다. 위기는 크게 외교적인 면과 경제적인 면에 있었다. 영국은 전쟁의 패배를 인정했지만 아직도 대서양에서 강력한 해군력을 바탕으로 텃세를 부렸고, 식민지시대부터 무역에 치중했던 미국인들이 받는 압박감은 말할 수 없이 컸다. 파리 조약에 근거해서 영국군은 미국의 북서부 영토에서 철수하기로 되어 있었으나 이 조약을 지키지도 않았다. 이제 독립된 영토에서 영국군이 주둔한다는 것은 미국의 자존심을 건드리는 일이기도 했지만 영국군과 모피 무역을 통해서 내통하는 인디언들이 이들 지역에서 준동하는 것을 견제하기도 쉬운 일이 아니었다.

한편 남쪽에서는 스페인이 골칫거리였다. 남부 개척민들의 생명줄인 미시시피강 하구를 통제하며 미국인들의 교역을 제한하고 있었으며 남부 지역에 산재해 있던 인디언 부족들과 연대해서 그 지역의 미국인들을 괴롭히고 있었던 것이다. 이 모든 도전들은 미국이 독립은 했지만 실제 그 힘을 발휘하지 못하고 있어서 일어난 것들이었다. 전쟁의 여파로 변방 지역들이 통제력을 잃었던 것도 있지만 무엇보다도 강력한 중앙 정부가 없어 이러한 도전을 초래했으며, 이렇다 할 대응이 개별 국가들로서는 불가능했다.

대니얼 세이즈의 농민 반란
강력한 중앙 정부의 부재는 국민들을 불안하게 했다. 서부 매사추세츠에서는 독립전
쟁에 참전했던 용사 대니얼 세이즈가 주도한 농민 반란이 일어났다.

경제적으로도 마찬가지였다. 전쟁의 여파로 인한 통화의 불안정,
누적되는 부채, 영국의 방해로 인한 통상의 부자유 등으로 국내 경기
는 급속히 악화되었고, 아직 제조업이 뿌리를 내리지 못하고 있던 터
라 외국 상품의 수입은 급증했다. 또한 각 국가마다 경제적 성격이 다
양했기에 각각 개별적으로 외국과 통상 조약 및 관세를 체결해 혼선
이 일어나고 있었다. 연합의회는 국가 간 통상을 조절할 권리도 과세
권도 없었기 때문에 경제적 위기를 수수방관할 뿐이었다.

전후 미국 사회 전반의 위기와 이에 대해 총체적인 대응을 해야 할
강력한 중앙 정부의 부재는 국민들을 불안하게 했다. 여러 곳에서 반
란의 음모와 소요가 일어나고 있었다. 남서부에서는 제임스 윌킨슨
장군을 중심으로 켄터키를 스페인령으로 가입시키려는 음모가 있었

고 서부 매사추세츠에서는 독립전쟁에 참전했던 용사 대니얼 세이즈 Daniel Shays가 주도한 농민 반란이 일어났다. 미국은 무정부 상태의 위기를 맞게 되었고, 피 흘려 얻어낸 독립이 파경으로 치달을 징조가 보이고 있었다.

진정한 독립을 보장받고 새 공화국의 위상을 높이기 위해서는 특단의 조치가 필요했다. 그 조치로 강한 중앙 정부를 구성해야 한다는 결론에 이르렀다. 세계 질서를 주도하던 모국의 휘하에서는 중앙 정부의 간섭 없이 독립된 자치권을 행사할 수 있었지만 독립 후 상황은 바뀌었다. 이제 연합헌장에 근거한 연합의회의 성격을 수정해서 한층더 강력한 중앙 정부의 주도 아래 독립 후 문제를 풀어나가야 했다. 이것이 미국 헌법제정의 배경이었다.

★ 노예문제를 둘러싼 치열한 대립

    1787년 여름, 각 주의 대표들은 필라델피아의 독립관에 모였다. 그러나 연합헌장을 수정해 난국을 타개하고자 했던 모임은 의외의 결과를 낳았다. 바로 연합헌장을 파기하고 전혀 새로운 헌법을 창출한 것이다. 강한 중앙 정부 없이는 위기를 극복하는 데 한계가 있기 때문에 차제에 그동안의 느슨한 연맹의 관념을 벗어나 실질적인 연합을 꾀하려는 시도였다.

    새로운 헌법을 만들어 내는 일은 쉽지 않았다. 그동안 서로 다른 지역적 특색과 자치권을 행사하던 각 국가들 모두가 수용할 만한 합의점을 찾기는 쉽지 않았다. 큰 국가와 작은 국가 간의 이해 대립, 노예문제를 놓고 대결하던 북부 지역과 남부 지역의 이해 대립, 여전히 강한 중앙 정부의 탄생에 회의적인 자들과 이것을 열렬히 지지하는 자들과의 이념 대립 등 이 모든 문제는 합중국 탄생 과정에서 자국의 이해를 지키기 위한 치열한 논쟁점이 되었다. 그러나 상황이 급박하다는 거국적인 동감대를 형성하고 몇 가지의 대타협을 이루었으며, 결국 2년간의 논쟁 끝에 미합중국의 헌법이 비준되었다.

헌법제정 전반에 대해 장황한 설명은 논외로 하겠다. 다만 이 장의 주제에 관련한 몇몇 부분을 짚고 넘어가기로 한다. 우선 첫째로 독립전쟁이 끝난 시점에서 헌법이 제정되기까지 4년이 걸렸다는 점이다. 독립전쟁의 시작부터 계산하면 11년이란 기간이다. 이 기간을 소홀히 생각해서는 안 된다. 독립전쟁이라는 전 국가적 위기와 독립 후의 사회 전반에 걸친 위기 속에서도 각 국가들은 강력한 중앙 정부의 출현을 거부해왔다는 이야기다. 오랜 식민지시대부터 유지해온 자치성·독립성·개별성의 성격을 그대로 고수하기를 원했던 것이다. 다만 전쟁이 끝난 후 시간이 지나면서 신생 독립국의 존립을 위협하는 국내외의 강력한 도전을 대응하기 위해서 마지못해 새로운 헌법에 근거한 합중국을 만들었던 것이다. 그동안의 느슨한 연맹으로는 독립을 고수하기 힘들다는 전 국가적 합의가 이루어졌기 때문이다. 그러나 이러한 합의를 이루기까지도 쉬운 일이 아니었다.

1785년 버지니아와 메릴랜드 대표들은 양 국가 간의 통상 효율성을 증진하기 위해 모임을 가졌다. 이들은 이런 문제를 전 국가적으로 논의해야 하며 그러기 위해서 기존의 연합헌장을 수정할 필요를 느꼈다. 각 국가에 그들의 이러한 의도를 통지해 그해 9월 아나폴리스 Annapolis에서 전체 모임을 가질 것을 제의했다. 그러나 단지 5개국만이 대표자를 보냈다. 결국 이렇다 할 논의 없이 회의는 끝이 났다. 그리고 독립 후 상황이 계속 악화되자 알렉산더 해밀턴Alexander Hamilton 의 강력한 제안으로 1787년 5월에 가서야 제헌의회가 열렸다. 이 역 시 처음부터 헌법제정보다는 기존 연합헌장을 수정한다는 명목으로 일종의 '범국가 위기 대책 회의'적 성격이 강했다. 결국 위기의 타개책 으로 연합헌장의 수정을 포기하고 전혀 새로운 헌법에 기초한 정부 형태를 모색하게 되었다. 이것은 어디까지나 그 당시의 급박한 상황 에서 이루어진 것으로 각 국가들이 그들의 자치성을 포기하고 강한 중앙 정부의 통치하에 편입되었다는 것은 아니다.

둘째, 헌법제정 과정에서 노예 소유 국가와 비노예 소유 국가 간, 즉 북부와 남부 간의 갈등이 표면화되면서 남과 북이란 지역적 구분 이 생긴 점이다. 앞서 지적했듯이 이런 지역 구분이 전혀 새로운 것은 아니었다. 식민지시대부터 남과 북은 어느 정도의 특색을 두고 있었 다. 그러나 이것은 남과 북이라는 큰 구분을 지을 정도로 강한 성격 의 차이는 아니었다. 미국인들은 아직 뚜렷이 "남부와 북부라는 지리 적 구분의 개념"을 갖고 있지 않았다.[5] 남부 지역이나 북부 지역 내에 서도 다양한 차이가 있었다. 그런데 이것이 헌법제정 과정에서 남과 북으로 뚜렷이 양분되었던 것이다.

이 같은 대립의 배경은 노예문제였다. 연방의회의 대표수를 결정하 는 데 노예를 인구의 일부로 포함해야 하는지, 그리고 새 정부가 인구 수에 근거해서 주에 과세할 때 역시 노예 수를 넣어야 하는지를 놓고 노예 국가와 비노예 국가 간에 치열한 논쟁이 벌어졌다. 결국 양측은 타협할 수밖에 없었다. 노예를 자유인의 5분의 3으로 계산해 연방 하원 구성과 과세 판단 기준으로 삼도록 했다. 그리고 남부의 요구에 따라 연방정부는 향후 20년간 노예 수입을 간섭할 수 없다고 확정했다. 이는 연방정부에게 주state 간 통상규제권을 부여한다는 원칙에 어긋나는 것으로 남부의 반발에 의해서 북부가 어느 기간까지 노예 수입을 허가하는 것이었다.

노예에 관련된 것은 헌법의 가장 주요한 타협 문제였다. 다시 말해서 노예문제는 헌법제정을 놓고 벌인 논쟁의 대상 가운데 가장 심각한 것이었으며, 타협은 이루었지만 서로간의 이해관계에 따른 갈등은 근원적으로 해결되지 못하고 유보 상태로 남게 되었다. 이는 향후 연방의 결속을 헤집고 들어가서 분란을 일으킬 소지를 다분히 담고 있었다.

셋째, 미국은 새로운 헌법에 의거해서 그 이전 연합헌장에 묶여 있는 연합정부와는 분명히 다른 정부를 수립했다. 헌법 전문은 "미합중국의 인민인 우리We the people of the United States"라고 시작한다. 여기에서 "우리"는 구체적으로 누구를 지칭하는가? 연방주의자, 즉 강한 중앙 정부를 선호하는 자들은 "우리"란 연방에 속하는 전 인민을 지칭하는 말로 해석해서 연방은 주에 우선한다고 주장했다. 반대로 반연방주의자, 즉 공화주의자들은 연방이 주에 우선할 수 없다고 반박했다. 각 주 대표들이 제헌의회에 참석해서 헌법을 제정했기에 헌법의 주체는 인민이 아닌 주state로 믿었다. 미합중국의 인민들은 하나의 집합체로서 헌법제정 과정에 참여하지 않았고, 다만 각 주의 헌법 비준 과정에 참여해서 헌법이 채택된 점을 강조했다. 즉 연방이 주에

1787년에 열린 제언의회
미국은 헌법에 근거한 연방정부의 성격을 놓고 연방파와 공화파로 나누어졌다. 여기에서 제헌의회에서 표출되었던 지역 간의 선이 확연히 드러나게 되었다.

우선할 수 없다는 것이다. 이들은 헌법 어디에도 주의 자치권이 특별한 연방정부에 양보·위임되거나 양도된다는 사항이 없음을 강조했다. 비준 과정에서 버지니아는 유명한 '권리장전Bill of Rights'을 채택해서 이것이 헌법에 추가로 보충된다는 확답을 받고 나서 헌법을 비준했는데, 이는 남부 주들이 각 주의 주권state rights에 얼마나 민감했는지를 보여준다. 수정헌법 제10조는 "본 헌법에 의하여 미국 연방에 위임되지 아니하거나, 각 주에게 금지되지 아니한 권한은 각 주와 인민이 보유한다"고 명백히 밝히고 있기 때문이다.

헌법은 채택되었으나 헌법을 해석하는 견해 차이는 여전했다. 이내 미국은 헌법에 근거한 연방정부의 성격을 놓고 연방파와 공화파로 나누어졌다. 여기에서 제헌의회에서 표출되었던 지역 간의 선이 확연히 드러나게 되었다. 상공업을 경제의 기본으로 삼고 있었던 북부 주들은 강한 중앙 정부를 원했기에 연방파 계열이었고, 농업을 중심으로 전통적으로 자치권이 강했던 남부 주들은 공화파에 속했다. 연방파는 뉴욕 주의 해밀턴이, 공화파는 버지니아 주의 토머스 제퍼슨과 제임스 매디슨이 주도했다.

미국은 새로운 헌법에 의해서 대통령의 권한과 연방의회의 권한을 연합헌장의 시대보다 강화했다. 그런데 이 과정에서 식민지 기간 동안 누렸던 자유 방임주의적·지방 분권적 다양성, 그리고 독립전쟁 중에도 계속되었던 느슨한 연맹 체제는 강조되지 않았다. 독립 후의 제반 위기 상황에서 더 강한 연방국가를 성립해야 한다는 시대의 요구를 따라야 했기 때문이다. 그러나 이것이 지방분권적 전통의 마감을 의미하지는 않는다. 새 공화국이 안정을 되찾고 어느 정도의 기반을 다지고 나면 언제라도 이 전통은 전면에 드러날 수 있는 것이었다. 헌법 자체도 연방이 우선이냐 주권이 우선이냐는 근본적인 문제에 확답을 하지 못한 채 여러 타협과 모호한 조항으로 간신히 채택되었다. 새로운 헌법에 의해서 미합중국은 탄생했지만 이내 연방파와 공화파로 양분되었고, 이 과정에서 미국은 남과 북이라는 지역적 구도가 굳어졌다.

이제 미합중국 초기에 나타났던 지역적 구도가, 아직은 설익은 단순한 지역 구도가 과연 어떠한 사연으로 인해 고착화되었고 무엇보다도 단순한 지역적 구분을 넘어 지역 감정으로, 정치나 경제적인 문제보다도 훨씬 독성이 강했던 인간의 그 감정으로 악화되었는지를 살펴보자.

★ 해밀턴과 제퍼슨, 남북 분열을 초래하다

건국 초기의 남북 갈등은 주로 정치적 문제였다. 물론 이 정치적 문제란 각 지역의 경제적 이해타산과 밀접하게 연관되어 있으나, 표면적으로는 정치적 힘의 균형을 놓고 서로 대결하는 양상이었다. 각 지역은 해밀턴과 제퍼슨이라는 지역의 맹주를 내세워 겉으로는 각각 자신들의 제도와 연방정부에 대한 요구를 정당화하는 데 필요한 정치 철학을 내세웠지만 궁극적으로는 새 공화국의 주도권을 놓고 벌인 남과 북의 힘겨루기였다. 초대 대통령 조지 워싱턴과 제2대 대통령 존 애덤스까지는 해밀턴의 북부파가 득세했고, 제3대 제퍼슨 대통령부터 남부가 주도권을 쥐었다.

여기에서 초기 미국 민주주의의 초석이 되었던 해밀턴주의와 제퍼슨주의에 대한 요약이 필요하겠다. 해밀턴은 강한 중앙 정부 중심적인 연방주의를 주창했고, 제퍼슨은 권력 분산과 지방 중심적인 주권론state rights을 주장했다. 해밀턴은 강한 상공업, 제조업을 중심으로 국가 경제를 신속하게 본 궤도에 올려놓아야 한다고 주장했고, 제퍼슨은 농업 중심의 서두르지 않는 경제정책을 원했다. 해밀턴은 헌법이란 상황에 따라서 유동적으로 해석할 수 있다는 입장이었고, 제퍼슨은 글자 그대로 해석해야 한다고 주장했다. 해밀턴은 강한 군대를 육성해야 한다고 믿었고, 제퍼슨은 국가 방위에 필요한 최소한의 병력만이 필요하다고 믿었다.

해밀턴의 철학을 두 단어로 함축하면 힘과 질서다. 새로운 합중국은 힘을 우선적으로 필요로 하고, 국가가 힘이 없으면 민주주의는 그 역동성을 상실하고 국가는 세계 질서의 변화에 부속될 수밖에 없다. 그래서 우선 강한 중앙 정부를 통해서 국가의 경제력과 군사력을 키워야 한다는 것이다. 그는 초대 재무장관으로서 저돌적으로 국가의 힘을 키우는 정책을 펴나갔다. 전쟁 동안 누적된 각 주들의 부채를 연방 재정에서 탕감하려고 했다. 관세를 높여서 외국 수입품의 의존도를 낮추고 대신에 국내 제조업을 촉진하려고 했다. 그리고 연방중앙은행을 만들어서 통화를 안정시키고 국내 상공업을 부흥시키고자 했다.

또한 그는 질서를 중요하게 생각했다. 그는 칼뱅주의적 정치 이론과 홉스주의적 정치 이론을 답습하여 강한 중앙 정부에 근거해서 국가의 질서를 확립하고자 했다. 인간은 본래 악하며 이기적이고 타락할 수밖에 없는 존재이기에 이러한 인간의 악성을 견제하기 위해서는 강한 중앙 정부가 절대적이라는 것이다. 독립전쟁 기간과 전쟁 후 미국의 여러 이익 집단과 계급 간의 갈등, 지역 간의 대립을 지켜보면서 그는 미국이 우선 해결해야 할 문제는 바로 강한 중앙 정부 주도하에 국가의 기강과 질서를 세우는 것으로 믿었다. 그는 제헌의회의 소집과 제정, 비준 과정에서 가장 영향력을 발휘했지만 사실 헌법 자체에 대해서는 그다지 만족해하지 않았다. 그는 더욱 강력한 연방과 중앙 정부를 원했지만 헌법은 수많은 타협안으로 이루어졌기 때문이다. 그런데도 그가 헌법을 옹호했던 까닭은 그나마 헌법이 기존의 연합헌장보다는 중앙 정부에 힘을 세워주었고, 국가가 필요하거나 적절하다고 생각될 경우 언제든지 헌법을 유동적으로 확대 해석함으로써 중앙 정부의 권한을 늘릴 수 있다고 믿었기 때문이다.

반면 제퍼슨은 해밀턴과 정반대의 민주주의 철학을 갖고 있었다. 그의 철학을 한마디로 농축한다면 바로 자유다. 그는 자유가 보장되지 않는다면 어떠한 형태의 민주주의라도 위험하다고 했다. 강한 중앙 정부는 언제든 군주제 성격으로 바뀔 수 있다고 믿었다. 민주주의의 근본을 인민에 두어야 하며, 그가 말한 인민이란 흙을 일구면서 개인의 행복을 추구하며 개인의 자유를 누리고자 하는 순수한 인민이었다. 상공업과 도시 거주자들은 교활하며 타락하기 쉽고 이해타산에 따라 행동하기 때문에 토지를 기반으로 농업에 종사하는 그래서 깨끗하며 순박한 인민들이 미국 민주주의의 초석이 되어야 한다는 것이다. 인구 증가를 유발하고 흙으로부터 그들의 뿌리를 뽑아버린 산업혁명의 위험에서 벗어나서 농업 유토피아에 근거한 민주주의를 꿈꾸었다. 그는 이러한 순수 민주주의를 지키기 위해서는 헌법을

해밀턴과 제퍼슨
미국 민주주의 변천사의 이론적 토대를 제공한 두 사람은 정반대의 민주주의 철학을 갖고 있었다.
해밀턴은 힘과 질서를, 제퍼슨은 자유를 중요하게 생각했다.

광의가 아닌 협의로, 헌법에 쓰인 문자 그대로 해석해서 자칫 강한 중앙 정부가 개인의 자유를 유린할 수 없도록 해야 한다고 보았다. 군대 문제에서도 자유에 대한 보장이 우선이었다. 세계 역사에서 국가 안보라는 미명 아래 강한 상비군을 둘 경우 자칫 그 총부리가 인민을 향할 수 있다는 사실을 지적하며 미국은 필요한 만큼의 최소 규모 군대만을 유지해야 한다고 주장했다.

해밀턴과 제퍼슨의 정치철학은 초기 미국의 민주주의 철학을 정립하는 데 주요한 논쟁을 제공했다. 아니 미국 역사 전체를 봐도 이 두 사람의 정치철학은 미국의 보수와 진보의 철학적 대결의 원천으로 시대에 따라 여러 방향으로 도전하는 미국 민주주의 변천사의 이론적 토대를 제공했다.

그러나 이 철학적 대립의 밑바닥에는 역시 남과 북이라는 지역 대결이 있었다. 해밀턴 사상과 그의 경제정책은 북부의 이해타산을, 제퍼슨 사상은 남부의 이해타산을 대변하는 것이었다. 연방정부가 각 주의 부채를 탕감하려는 시도는 북부에 유리했다. 남부 주들은 북부 주에 비해서 부채의 비율이 약했다. 그렇기에 국가 세원으로 주의 부채를 덜어주려는 시도는 남부보다는 북부를 염두에 둔 조치였다. 관세문제도 마찬가지였다. 관세문제는 남북전쟁이 터질 때까지 남과 북의 경제적 이해관계의 가장 중요한 본질이었다. 해밀턴은 관세를 높여서 외국 상품의 유입을 막고 국내 제조업을 활성화시키려 했다. 지극히 북부의 이해를 대변하는 정책이었다. 남부는 아직도 영국 등의 외국 상품에 의존하고 있었다. 거기에다 면화를 중심으로 영국에 농산물을 수출하는 것으로 재원의 대부분을 마련하고 있었다. 외국 상품에 대한 높은 관세는 분명 상대방 교역국으로부터 미국 상품에 대한 관세를 높이는 결과, 즉 보복 관세를 낳는 결과를 초래해서 결국 남부 경제에 타격을 줄 것이 뻔했기 때문이다. 연방중앙은행의 설립도 마찬가지였다. 은행의 대출을 필요로 했던 사업은 상공업 분야이지 농업이 아니었다. 남부보다는 북부에 유리한 제도였다.

해밀턴의 경제정책을 평가하는 문제는 쉬운 일이 아니다. 긍정적인 면으로 본다면 그의 저돌적인 중앙집권적 경기 부양책은 단시일 내에 미국의 경제를 안정시켰다. 그의 가장 큰 의도는 연방정부의 격상이었다. 이것도 어느 정도 성공을 거둔 셈이다. 그러나 그의 의도는 남과 북이라는 지역 구도를 더욱 확고히 했다. 해밀턴의 정책은 남부의 반발을 불러일으켰는데, 특히 관세문제와 중앙은행의 설립은 남부의 강한 반발에 부딪혔다. 결국 논란 끝에 근소한 차이로 해밀턴의 정책이 의회에서 통과되었으나, 남부 주들이 해밀턴과 북부 위주의 연방 정책에 불만을 품고 단합하게 되었다. 제퍼슨과 매디슨은 이 과정에서 결정적으로 해밀턴을 향해 등을 돌렸다. 제퍼슨은 초대 국무장관 직까지 사임했다. 워싱턴 대통령이 해밀턴의 주장을 옹호하고 나섰기 때문이었다. 제퍼슨과 남부 지도자들은 연방정부가 해밀턴의 수중에 넘어갔다고 판단했다. 매디슨 역시 마찬가지였다. 헌법제정과 비준 과정에서 해밀턴의 동지였던 매디슨은 해밀턴이 헌법의 테두리를 넘어서 필요 이상으로 연방의 위상을 높이려는 것에 강한 거부감을 나타냈다. 이제 미국은 해밀턴을 중심으로 한 연방파와 제퍼슨, 매디슨을 중심으로 한 공화파로 극명하게 나뉘었다. 곧 남과 북의 정치적 분할이다.

남과 북의 분할 구도를 가속화시킨 또 다른 요소가 이번에는 국외에서 발생했다. 1789년 프랑스는 혁명에 휩싸였고 곧이어 영국과 전쟁 상태에 돌입했다. 전쟁은 신생 미합중국에 큰 타격을 주었다. 프랑스와 영국이 교전에 들어가자 미국은 중립을 지키며 양국과 통상을 유지하려고 했다. 그러나 적대적인 양국의 틈새 속에서 미국의 상품을 수출하기란 어려운 일이었다. 아직 무역과 통상에 의존해야 할 미국으로서는 숨통을 조이는 일이었다.

정권을 장악하고 있던 연방파는 타개책으로 영국과의 관계 개선을 시도했고, 그 결과가 이른바 '제이 조약Jay's Treaty'이었다. 워싱턴은

1794년 연방 대법원장인 존 제이John Jay를 런던에 특사로 보내서 영국과의 관계 정상화를 모색했다. 열렬한 연방주의자였던 제이는 영국과의 타협을 이끌어냈다. 미국은 영국으로부터 몇 가지의 보장을 받았다. 북서부 지역에서의 영국군 철수, 영국군에 나포된 선박과 화물에 대한 보상, 영국령 서인도제도에 대한 통상권 등이 그것이다. 미국역시 그 대가로 영국이 요구하는 것을 들어주었다. 그 가운데 하나는 영국 상인들이 갖고 있던 미국인에 대한 부채 탕감, 또 하나는 영국이 주장하는 중립국의 권리에 대한 해석을 인정하는 것이었다. 중립국은 적대 국가, 즉 프랑스와의 통상을 할 수 없으며 평화시에 금지되었던 적대 국가의 식민지에 대한 통상을 전시에 복원할 수 없었다. 결국 제이 조약은 미국이 프랑스와 사실상 전쟁 상태였음을 의미하는 것이었다.

제이 조약에 가장 큰 반발을 보인 쪽은 남부의 공화파였다. 특히 버지니아 대농장 주인들의 반발이 거셌다. 영국 상인들이 갚지 않고 있었던 부채가 주로 그들에 대한 부채였기 때문이다. 또 다른 이유는 영국이 전쟁 중에 빼앗아 갔던 노예에 대한 보상 문제가 빠져 있었기 때문이다. 남부 대지주들에게는 실질적으로 영국에게 가장 큰 불만이었던 이 문제를 제이가 무시한 것으로 보였다. 버지니아를 중심으로 남부 지역에서는 존 제이 인형 화형식을 거행했고, 공화파는 집권당인 연방파에 대한 대대적인 비판 운동을 전개하기에 이르렀다.

연방파는 공화파의 이러한 비판을 저지하기 위해 강경책을 들고 나왔다. 1798년 의회에서 통과된 '외국인규제법과 선동금지법Alien and

Sedition Acts'이 그것이다. 프랑스와의 갈등이 심화되자 다수당이었던 연방파는 이러한 국가적 위기를 이용해서 애국심을 조장했으며 국내의 반대, 즉 남부 공화파의 반대를 짓누르려고 시도했다. 외국인규제법은 주로 프랑스인과 아일랜드인을 겨냥한 것이었다. 대통령으로 하여금 '위험한' 외국인들을 추방 또는 감금하도록 했다. 또한 미국 시민권을 획득할 수 있는 거주 기간을 기존의 5년에서 무려 14년으로 연장시켰다. 선동금지법에 근거해서 연방정부나 연방 공무원을 비판하거나 선동하는 자들을 연방정부가 기소할 수 있게 만들었다. 연방정부에 비판적이며 프랑스와 아일랜드계 사람들이 주로 공화파에 속했던 점을 고려하면 다분히 남부 공화파에 대한 정치적 공격이었다.

제이 조약과 외국인규제법과 선동금지법과 같은 일련의 연방파 정책은 정치적 분할이라는 기존의 구도에서 이제 남과 북의 감정적 대립으로 증폭되는 계기가 되었다. 남부 공화파의 분노는 극에 달했고, 공화파 내의 결속은 강화되었다. 연방파의 강공을 그대로 수용할 경우 그들의 입지는 크게 위축될 뿐만 아니라 남부 내에서 그들에 대한 지도력에 심대한 의문을 제기할 수 있었기 때문이다.

제퍼슨과 매디슨은 외국인규제법과 선동금지법이 비헌법적이기에 그 법이 원천적으로 무효임을 선언했다. 그것이 유명한 '버지니아와 켄터키 결의안The Virginia and Kentucky Resolution'의 골자였다. 헌법 수정 조항 제10조에 근거해서 주들의 계약compact에 의해서 수립된 연방정부는 주어진 권한을 넘어 각 주나 인민에 해를 끼치는 법을 제정할 수 없기 때문에 각 주는 위의 법을 거부하며 무효화하는 이 결의안

버지니아와 켄터키 결의안(일부)
제퍼슨과 매디슨은 이 결의안에서 외국인
규제법과 선동금지법이 비헌법적이기에
그 법이 원칙적으로 무효임을 선언했다.

을 채택한 것이다.

이는 연방파의 입장에선 일종의 반역 행위였다. 연방파는 연방의
회에서 통과된 법을 주가 거부권이나 무효화를 행사할 수 없다고 믿
었다. 그러나 감정이 격화되고 있었던 공화파는 헌법 해석을 둘러싸
고 다시 한 번 연방정부의 권한에, 헌법제정 때부터 분란의 씨로 남
아 있었던 그 권한에 도전한 것이었다. 다행히 격화된 감정이 집단행
동으로 비화되는 것을 원치 않았던 제퍼슨의 요구에 따라 남부 주들
이 실력 행사에 돌입하지는 않았다. 사실 외국인규제법과 선동금지법
이 실제 크게 적용되지 않았던 탓도 있었다. 그러나 '버지니아와 켄터
키 결의안'은, 주는 언제든 주의 이익에 위협적인 연방법과 정책에 대
해서 주권을 내세워 연방에 도전할 수 있음을 보여준 하나의 선례로

남게 되었다. 훗날 1830년대에 남부에 불리한 연방관세법을 파기하려고 사우스캐롤라이나 주가 연방법에 대한 거부권·무효화를 선언했던 것이나 1861년 초 남부 주들이 연방을 탈퇴하기로 결정했던 것도 같은 맥락에서 빚어진 사건이었다.

연방파의 공세에 따라 정국은 소용돌이 속에 휘말리게 되었고 그 와중에 공화파의 해결책은 하나로 좁혀졌다. 그들 지역을 대변하는 대통령을 선출해야 한다는 것이다. 그것이 1800년 제3대 대통령에 제퍼슨이 당선된 가장 큰 이유였다. 1800년 선거는 철저한 지역 분할에 의한 선거였다. 남부 주는 결집했고 압도적으로 제퍼슨을 지지했다. 반면 북부 연방파는 내부 갈등을 겪고 있었고, 세력이 분할되어 있었다. 여기에 해밀턴과 애런 버Aaron Burr의 개인적 갈등이 표면화되면서 제퍼슨은 어부지리로 대통령에 당선될 수 있었다.

12년만의 정권 교체, 그것은 이후 북부 연방파 독주를 견제하며 정치적 균형을 이루는 계기가 되었다. 대통령에 당선된 제퍼슨은 그의 정치철학을 그대로 구현하기보다는 연방파의 의견, 즉 해밀턴의 정치철학도 상당 부분 수용하는 정책을 펴갔다. 그가 취임사에서 "우리는 모두 공화파이며 연방파이다"라고 설득하며 이제 미국은 파당과 지역 분할의 피폐한 세력 투쟁을 마감하고 한 국가로서 힘을 합쳐서 새로운 공화국을 건설하자고 역설했다.

그러나 연방파의 세력은 여전히 북쪽에서 득세하고 있었으며 남부 정권에 대한 비판적인 시각을 늦추지 않았다. 남부 역시 정권을 창출했다고 해서 안심할 수 없었다. 북부는 급속도로 산업화되어 가고 있었고 국가 부의 무게가 북부로 쏠리고 있었다.

북부는 빠른 속도로 산업화가 진행되어 가는 데 반해 남부는 여전히 농업 중심의 비교적 정체된 경제 제도가 정착되고 있었다. 이러한 경제적 차이점은 남과 북의 지역 구도를 더욱 심화시켰다.

남과 북의 상반된 문화, 새로운 변화를 이끌다

    식민지시대부터 북부는 상공업 위주의 경제를, 남부는 농업 위주의 경제를 지속하고 있었으며, 독립 후 이러한 성향은 더욱 가속화되었다. 특히 1793년 일라이 위트니Eli Whitney가 조면기cotton gin를 발명함으로써 남부 농업은 일대 전환기를 맞았다. 면화에서 면화씨를 분리시키는 단순한 발명품이었지만 이 기계의 도입으로 서서히 사양길에 들어섰던 담배 농장을 대신해서 목화 재배가 남부 지역에 급속히 확장되었다. 남부는 이제 '목화 왕국Cotton Kingdom'으로 거듭나게 되었고 이 새로운 변화는 남부의 사회·경제·문화 전반에 절대적인 영향을 미쳤다.

    남부는 식민지 개척 시기부터 이른바 '돈이 되는 작물cash crop'을 찾아내 개발하는 데 전력을 기울였다. 1612년에는 존 롤프John Rolfe가 담배 재배에 성공하면서 버지니아 식민지에 활력을 불러일으켰다.

당시 영국 귀족층을 중심으로 흡연이 새로운 문화로 정착되면서 버지니아의 담배 농장은 급속도로 팽창했고 주변 식민지인 노스캐롤라이나와 메릴랜드까지 확산되었다. 담배는 남부 식민지의 생명줄이 되었고 남부에는 이러한 플랜테이션 문화가 이루어졌다. 그리고 사우스캐롤라이나의 습지대에서 재배하던 쌀과 사우스캐롤라이나 건조지대와 조지아에서 재배하던 인디고indigo(남색 물감을 만드는 풀) 플랜테이션이 일찍부터 남부의 독특한 농경문화를 이루고 있었다.

무엇보다도 플랜테이션은 노예제도가 남부에 정착하는 데 영향을 주었다. 남부의 준열대성 기후 때문에 백인 노동자들은 플랜테이션 노동을 꺼렸다. 아직도 광활한 개척지가 주변에 산재해 있었기 때문에 백인들은 크든 작든 자기 자신의 농사를 짓길 원했지 농장주 밑에서 일하려고 하지 않았다. 식민지 노동력 부족을 해결하기 위해 영국은 계약 하인indentured servants 제도를 도입했지만 근본적인 해결책이 되지 못했다.

계약 하인은 보통 두 종류로 나뉜다. 아메리카 이주 비용이 없는 사람들이 그 비용을 갚는 조건으로 기꺼이 계약된 기간 동안 하인으로 일하기 위해 건너온 자들과, 범죄자들이 일정 기간 하인으로 노동을 한 후에 죄를 사면 받는 조건으로 건너온 자들이었다. 형량에 따라 최고 14년 동안이나 이러한 계약에 묶여서 노동에 종사하는 자들도 있지만 7년 정도의 계약 하인이 대부분이었다. 이들은 농장 일에 적응할 즈음이면 자유인이 되기 때문에 노동의 연속성이 없었다. 계약이 끝나면 다른 백인들처럼 더 이상 플랜테이션에서 일하기를 원치 않았다. 남부의 기후 조건도 이유가 되었지만 무엇보다도 백인들이 남의 밑에서 일하는 것을, 무엇보다도 흑인 노예들과 함께 일하는 것을 수치로 생각했기 때문이다.

결국 남부의 플랜테이션 주인들은 흑인 노예를 선호했다. 1672년 영국의 로열 아프리카 회사the Royal African Company가 아프리카 노예무역의 독점권을 얻었지만 노예에 대한 수요가 늘어나면서 수많은 개인들이 노예무역에 뛰어들었다. 처음에는 런던이나 리버풀 등 영국에 기반을 둔 업자들이 주축이었으나 점차 아메리카의 업자들이 노예무역의 주역이 되었다. 특히 로드아일랜드의 뉴포트가 그 중심지였다. 역사의 아이러니가 아닐 수 없다. 종교적 관용과 개인의 자유를 내세우다 매사추세츠 청교도 사회에서 추방당한 로저 윌리엄스 등 자유의 투사들이 건설한 로드아일랜드 식민지가 노예무역의 중심지가 되었던 것이다.

사실 노예무역으로 부를 축적했던 자들의 상당수는 북부 상인들이다. 특히 노예무역 중개상의 대부분은 북부인으로 이들은 아프리카 노예의 수송 및 보험뿐 아니라 목화의 저장 및 판로 개척에도 중추적인 역할을 했다. 심지어는 자금난에 시달리는 농장주에게 대부를 해주고 막대한 이득을 얻고 있었다. 물론 대부분의 남부 목화는 영국으로 수출되었지만 산업화에 따른 제조업의 발달과 함께 상당량의 목화는 북부로 수송되었고, 남부의 농장주들은 북부에서 만들어진 기계를 사용했다. 목화 재배가 대단위 플랜테이션으로 전환된 결정적인 계기는 매사추세츠 출신의 위트니가 조면기를 발명하면서 이루어졌고, 노예 수입을 북부인이 주도하게 되었다. 목화 수출의 중개인 역시 북부인이었다. 역사의 아이러니가 아닐 수 없다.

아무튼 노예무역과 목화 왕국의 일차적인 수혜자는 대농장주들이었다. 그리고 이러한 경제 체제는 남부 사회 전반에 영향을 미쳤고 남부의 독특한 문화를 제조했다. 무엇보다도 대농장주를 중심으로 한 귀족 문화가 남부에 정착했다. 남부는 전통적으로 농업 중심의 사회였고 식민지시대부터 대농장주들이 남부 사회의 주도적 역할을 했다. 조지 워싱턴, 토머스 제퍼슨, 제임스 매디슨, 존 랜돌프 등 남부의 지도자들 역시 대농장주였고, 수많은 노예를 거느렸던 자들이다.

그리고 목화 왕국의 비약적인 성장은 이러한 귀족 문화를 가속화시켰다. 이들은 제도적으로 부와 사회적 위치를 견고하게 지켜나가고 있었다. 장자 상속제primogeniture와 한사 부동산 상속제entail 등을 통해서 그들의 부와 영예는 세대를 넘어 세습되었다. 노예의 절반 이상이 남부의 10퍼센트 정도인 귀족들의 소유였다. 이들은 목화 수출 못지않게 노예 거래에서 수익을 얻고 있었다. 목화 재배의 성공이 노예의 숫자에 절대적인 영향을 받으면서 노예의 가격이 치솟게 되었고, 농장주들이 소유한 노예는 바로 그들의 정치·사회·경제적 표상이 되었다. 한편으로는 더 많은 노예를 얻기 위해서 목화 재배에 공을 들인다고 해도 과언이 아니었다. 북부인들은 산업화에 따라 기계의 발명과 제조업의 활성화를 위해서 총력을 기울이고 있을 때 남부인들은 노예에 투자하고 있었던 것이다.

목화 왕국은 독특한 남부의 귀족 문화를 가속화시키면서 산업화

노예 거래장에서 대기하고 있는 흑인 노예들
남부의 플랜테이션 주인들이 흑인 노예를 선호하면서 수많은 개인이 노예무역에 뛰어들었다. 아이러니하게도 노예무역으로 부를 축적한 자들의 상당수는 북부 상인들이었다.

되고 있는 북부와 극명한 대조를 이루게 되었다. 경제 체제의 차이점은 남과 북의 문화를 고착화시키며 한 연방국가 안에서 서로 다른 문화권을 형성하게 되었다. 그러므로 다가올 남북전쟁은 일종의 문화전쟁인 셈이다. 남과 북이 똑같은 계몽주의 사상에 입각해서, 그러니까 자유와 평등의 사상에 입각해서 식민지를 청산하고 독립국가를 형성했으나 양자가 가는 길은 너무나 대조적이었다. 북부에서는 산업화에 따른 경제적 성장과 함께 계몽주의는 한 단계 더 진보하는 데 반하여 남부는 정체되고 있었다. 오히려 한 단계 후퇴해서 중세 봉건주의적 문화로 되돌아가고 있었다.

물론 진보의 개념에 대해서 남과 북이 가진 시각에는 차이가 있다. 북부에서 진보란 활동의 의미가 강하다. 그들의 관점으로는 사람들은 물질적 충족을 위해 환경에 적응하며 자연에 도전함으로써 인간의 행복을 추구한다. 물질적으로 풍요롭고 더 나은 생활을 영위하기 위해서 인간은 끊임없이 도전해야 한다는 동動적인 의미의 진보인 것이다. 이는 개척자적인 미국 정신을 반영한 것이다. 반면 남부는 인간의 목표가 물질적 생산을 증가시키거나 문화의 척도가 물질적인 부에 있다는 것을 인정하지 않았다. 그들은 안정적이고 평안하며 자연 친화적인 진보를 원했다. 그들은 그들의 전원적인 농경 사회야말로 안정과 진정한 마음의 평화를 가져다준다고 믿었다. 정靜적인 의미의 진보를 내세운 것이다.

진보란 개념을 정치철학적인 면에 대비해도 남과 북에서는 차이가 있었다. 북부 반노예주의자들에게는 인간의 평등이야말로 미국 독립선언서의 핵심으로, 모든 인간은 신 앞에서 평등하게 태어났기 때문에 그 평등의 정반대에 서 있는 노예제도는 마땅히 해체되어야 한다고 주장했다. 이것이 그들이 말하는 진보의 개념이었다.

반면에 남부인들은 생명과 자유와 자산을 지킬 수 있는 것이 진보의 기본이라고 보았다. 로크가 말한 진보의 장애물이란 바로 가부장적인 정부의 권위에 있다는 것이다. 그것이 "군주적이거나, 귀족적이거나, 혹은 간단히 말해서 독재적이든지 간에 그러한 가부장적인 정부 권력에 도전"하는 것이 로크의 진정한 진보 개념이자 동시에 미국 독립선언서의 기본 정신이라고 보았던 것이다.[6]

목화 왕국의 대농장주들 주도하에 남부에서는 독특한 문화가 정착되어갔다. 플랜테이션의 성공으로 부와 영예를 거머쥐게 된 남부의 귀족층은 나름대로의 여흥과 오락을 즐기게 되었다. 카드놀이로 도박을 하는 것은 생활의 일부분이었다. 심지어 조지 워싱턴조차 도박에서 따고 잃은 액수를 꼼꼼히 일기장에 적어 놓았을 정도였다. 3일 밤낮으로 댄스파티·경마·닭싸움·권투·레슬링·사격·격투·통나무 굴리기·옥수수 껍질 벗기기 등 다양한 놀이문화가 이어졌다. 이러한 놀이는 일반 서민들보다는 대체로 돈과 시간이 많았던 귀족층의 주요한 소일거리였다. 특히 경마와 닭싸움, 대농장주의 정원 파티와 사냥 등은 거의 귀족층의 전유물이었다. 이러한 놀이는 단순히 무료함을 달래기 위한 것이 아니라 자신들이 사회 지도층임을 과시하며 그들 사이의 단합을 꾀하기 위한 것이었다.

이러한 남부의 놀이 문화는 북부와 대조적이었다. 갓 이민 온 가난한 식구들이나 공장에서 일하기 위해 농촌을 떠나 도시로 이사 온 북부의 도시인들은 생계를 유지하기 위해 혹은 그들의 아메리칸 드림을 성취하기 위해 쉴 새 없이 일해야 했다. 농가도 상황은 비슷했다. 농기구의 기계화와 운송시설의 확대로 농부들이 농산품을 시장에 팔아서 수익을 극대화하려는 이른바 '시장 경제market economy'가 정착하자 어린이는 물론 노인들도 비지땀을 흘려야 했다.

북부의 어린아이들이 생계를 위해서 부모를 도와 일터에서 땀을 흘리고 있을 때 남부의 어린아이들은 남부의 산등성이에서 말 타는 법을 배웠고 고무총으로 전쟁놀이를 하곤 했다. 뙤약볕에서 일하는 것은 흑인 노예들이나 하는 것이었다. 중세의 기사가 그랬던 것처럼 남자들은 자연을 벗삼아 말을 타고 총을 쏘는 법을 배웠으며 인간관계의 중요성, 정의감, 신뢰감 등 인간 됨됨이를 갖추는 것이 주요한 소양이었다. 그래서 북부에서는 결투 문화가 점점 없어지고 있는 데 비해 남부는 여전히 성행하고 있었다. 결투는 경제적 이해관계나 정치적 마찰보다는 개인적인 명예와 정의감 때문에 일어났다. 남부의 기사도 정신에서 실로 "개인적 명예보다 과대하게 분출된 것은 없었다."[7]

남부인들은 인간관계와 사회성을 중요하게 생각했다. 그래서 남부의 신사 문화가 정착했던 것이다. 특히 남부인들의 친절함은 남부인들의 대표적인 성품이 되었다. 그들은 손님을 극진히 환대했고 사촌이나 먼 친척 사이에도 각별한 정을 나누고 살았다. 북부에 비해서 집과 집 사이의 간격이 넓었기에 외로움을 달래기 위한 이유도 있었고, 남부의 전통적인 농경 사회가 인간의 정을 중히 여기도록 만들었다. 그들의 농가 주위에는 고구마, 수박, 레몬 등 과일들이 풍성했으며 집에서 만든 치즈나 향료 등 갖가지 음식과 음료가 풍부했다. 닭과 돼지가 널려 있었고, 술과 와인도 넘쳐 났다.

남부의 이러한 문화와 남부인들의 품성은 남부를 방문했던 외지 사람들에게 짙은 인상을 남기곤 했다. 알렉시스 드 토크빌, 헤르먼 멜빌Herman Melville, 월트 휘트먼Walt Whitman 등 수많은 문필가는 남부의 이러한 문화를 공통적으로 지적했다. 멜빌은 그의 1857년 작품《확신의 남자The Confidence Man》에서 남부인은 매우 섬세하고 감성적이며 친절함이 몸에 배어 있으며 흠잡을 데 없는 기풍과 풍채의 신사들이라고 묘사했다. 휘트먼도 따스한 정과 자연과의 조화 속에서 살아가는 남부인들에게 깊은 감동을 받았다. 물론 노예제도에 반감을 가지

긴 했지만 그는 훈훈한 남부의 자연과 사람들에게 매력을 느꼈다. 여기서 잠시 휘트먼의 수려한 글로 채색된 남부의 풍광을 음미해보자.

날이 막 어두워지자 조지아 짐 마차꾼들이 모닥불을 지피고 둘러앉아 음식을 장만하고 먹고 있는 백인들과 흑인들. 30개 내지 40개의 훌륭한 짐마차, 그 곁에서 먹이를 뜯고 있는 노새, 소, 말들. 오래된 무화과나뭇잎 아래 어렴풋한 그늘이 높게 드러나고, 타는 소나무 위로는 까만 연기가 뭉게뭉게 하늘로 올라가네.
캐롤라이나의 따스한 공기 사이로 커다란 검은 새들이 나무 위를 한가롭게 날아다니고, 그 아래 넓고 고르게 흩뿌려진 흰 모래 사장 위에 들어 서 있는 붉은 삼목, 소나무, 삼나무들. 강가를 따라 흘러 내려오는 잘 다듬어지지 않은 조각배들, 거대한 나무들 주변에 기생하는 형형색색의 꽃들과 열매들은 다른 수목과 조화를 이루고, 길고 낮게 늘어져 있는 떡갈나무의 줄기가 소리 없이 바람에 나부끼네.[8]

남부의 농경 문화는 교육제도에도 영향을 미쳤다. 남부는 식민지 시대부터 영국의 교육 개념을 그대로 수용했다. 교회 부설 학교나 사립학교가 대부분이었다. 라틴 문법학교가 있었고 부유층들을 위한 가정교사제도, 도제제도, 그리고 가난한 고아들을 하나의 조직으로 묶고 공적인 비용으로 그들에게 최소한 읽고 쓸 수 있는 능력을 가르치는 제도가 있었다. 일반 평민들 자제에 대한 교육은 대체로 영국 국교회의 소속 교구들이 책임졌다. 대농장주와 같은 부자들은 가정에서 교육을 시켰다. 심지어는 영국에서 가정교사를 초빙해서 교육을 시키기까지 했다. 그리고 상당수는 영국의 옥스퍼드나 케임브리지 같은 명문대학에 유학을 보냈다. 특히 눈에 띄는 사립학교가 없었던 사우스캐롤라이나의 대농장주들에게는 영국 유학이 성행했다.

북부에 비해서 남부는 대학이 많지 않았다. 식민지시대에 아홉 개의 대학이 있었는데 그 가운데 윌리엄메리 대학the College of William and Mary 단 하나만이 남부 소재였다. 1693년 버지니아의 윌리엄스버그에 설립된 대학으로, 훨씬 이전에 생겼던 북부의 하버드나 예일 등의 대학보다 규모나 학생수에서 열등했다. 1712년 기록에 따르면 그해 학생 수는 22명에 불과했다. 그러나 식민지 말기에 가서는 윌리엄메리 대학은 북쪽의 대학과 견줄 수 있을 만큼 크게 성장했다. 버지니아뿐 아니라 독립된 미국의 지도자들을 다수 배출했다. 토머스 제퍼슨, 존 마셜, 에드먼드 랜돌프Edmund Randolph, 제임스 먼로와 같은 미국 초기의 내로라하는 인사들이 졸업했다.

그러나 북부에 비해서 남부의 학교와 교육의 성격은 전반적으로 상당한 차이가 있었다. 북부에서는 영국 국교회에 반대하는 자들이 주로 정착하게 됨에 따라 그들의 종교적 신념과 자긍심을 고취시키기 위해 교육에 깊은 관심과 정성을 들였다. 그들의 교리를 가르치고 훌륭한 성직자를 배출하기 위해 대학을 설립했던 것이다. 반면, 남부는 종교적인 혹은 정치적인 것보다는 경제적인 이유로 유럽을 떠나 정착한 사람들이 많았다. 1640년 이후 몰락한 기사 계급, 각종 모험가들,

독일인들, 아일랜드 등 비영국계도 상당수 있었다. 남부의 이러한 종교적·인종적 다양성은 남부의 학교와 교육이 관용적이며 자유롭고, 인간적이며, 모든 계층에게 열려 있도록 했다.

일반 평민들의 교육에도 남부는 북부와 달랐다. 청교도주의와 칼뱅주의의 영향권에 있었던 북부는 대체로 종교적 색채가 강했다. 성경을 읽고 이해함으로써 하느님의 뜻을 알게 되는 것이 생활의 주요한 일부분이었기 때문에 종교의 가르침과 교리, 교회 및 사회 공동체의 규범에 대한 교육이 중시되었다. 그러나 남부의 평민들은 실생활에서 적응할 수 있는 실용적인 문제에 더 관심이 많았다. 농사짓는 방법, 사냥하는 방법, 동물이나 적들로부터 스스로를 보호하는 방법 등 이러한 실제적인 문제가 훨씬 우선이었다.

라틴 문법, 수학, 논리학, 철학 등 엘리트를 위해서 필요한 교육은 대부분 부유한 자들의 전유물이었고, 서민들은 주로 생활에 필요한 실용적인 내용만을 배웠다. 그리고 이는 남부 사회가 지배 엘리트 계층과 비엘리트 계층 간의 간격을 심화시키는 데 보이지 않는 역할을 했으며, 남과 북을 실질적으로 분리하게 만들었던 주요한 요소가 되었다. 북부는 산업화와 그에 따른 인구 증가에 따라 공교육이 활성화되고 있었다. 1836~48년 동안 매사추세츠의 공립학교에서 호레이스 만Horace Mann이 시행했던 공립학교 제도는 하나의 표본으로 북부 전체에 급속히 확산되었다. 모든 사람에게 교육의 기회를 주어서 국민들을 평등하게 하고, 표준화시키려 했던 미국인의 열망이 공교육의 활성화를 낳은 것이다. 반면, 남부는 여전히 농토가 삶의 터전이었고 이민이나 외부 인구의 유입도 거의 없었다. 특별히 교육에 대한 열의를 보일 필요가 없었다.

　물론 남부에 평민들을 위한 교육기관이 전혀 없었던 것은 아니다. 혁명과 함께 영국 국교회가 쇠퇴하게 되자 이들 교구에 속했던 교육기관이 약화되었고 부유층들이 영국에서 가정교사를 초빙하는 일 역시 점차 사라졌다. 그리고 대안으로 아카데미academy들이 생겨났다. 이는 대학보다는 규모가 작지만 고등 교육을 담당하는 일종의 학원이었다. 주로 조지아와 남부 저지대에서 유행했다. 그러나 본래의 취지와는 달리 주로 고급 아카데미만이 부유층 자제의 성공적인 교육기관으로 변하고 말았다.

　토머스 제퍼슨 역시 공교육 실시에 대한 의지를 강하게 표명했다. 그는 가난하지만 영리한 아이들에게 부유층과 똑같이 교육의 기회를 주어야 한다고 주장했다. 그는 각 주들을 수백 개로 나누어서 그곳에 모든 학생들이 매일 출석할 수 있도록 적당한 규모의 학교를 세울 것을 제안했다. 그곳에서 3년 동안 초등학교 과정의 수업을 무료로 받고, 중등학교에서 라틴어, 그리스어, 영어 문법, 지질학, 고급 수학을 배우게 했다. 중등학교는 수업료를 낼 수 있는 사람에게 열려 있었다. 수업료를 낼 수 없을 만큼 가난한 학생들에게는 초등학교의 감독관이 추천해서 무료로 중등교육을 받을 수 있도록 했다. 능력만 있다면 가정의 경제력에 상관없이 똑같은 교육을 받을 수 있게 하자는 제안이었다. 머리가 좋은 아이들인 경우라는 단서가 붙긴 했지만 북부인들이 선호하는 공교육의 개념과 근본적으로 다른 것은 아니었다.

그러나 남부 주들에서는 이러한 교육 이론이 실행에 옮겨지지 않았다. 무엇보다도 부유층이 그들이 낸 세금으로 가난한 자들을 교육시켜야 한다는 것을 꺼렸기 때문이다. 1835년 테네시에서 무료 공립학교를 만들려고 했으나 실패했다. 사립학교에 보낼 여유 있는 서부 저지대 농장주들이 반대하고 나섰던 것이다.

이렇듯 남과 북은 전혀 다른 성격의 교육과 교육에 대한 전혀 다른 사고방식을 지니고 있었다. 이는 정치든 경제든 혹은 다른 어떤 이유에서든 이미 간격이 벌어지고 있었던 남과 북의 관계를 더욱 단절시켰던 보이지 않는 요인이었다.

★ 연방의 결속 시험대에 오른
남북의 정치 갈등

남과 북의 문화적 차이점은 이쯤에서 접어두고 다시 정치적 갈등에 초점을 맞춰보자. 문화적 차이는 길게 보았을 때 양 지역의 분단을 고착화시키는, 서로 다른 문화를 개척하도록 한 지렛대 역할을 했다. 또한 문화적 상이점과 자기 문화에 대한 자긍심은 잠복되어 있는 화약이었다. 그러나 화약에 불을 당긴 것은 결국 정치적인 갈등이었다.

정치적 갈등이란 단순한 정치 집단들의 이해관계에 따른 파벌싸움이 아니다. 정치란 결국 갖가지 문화와 이념, 경제적 이해타산, 그리고 정치가들의 라이벌 의식들이 집결되어 표출된 하나의 현상이다. 1830년대에 들어서면서 이러한 사회 총체적 결집으로서 정치적 갈등이 뚜렷이 나타나기 시작했다. 이번에도 갈등의 근원은 남부였다. 남부의 불만이 다시 표면에 드러났다.

남부에서 무슨 이유로 또 불만을 표출했는가 의아해할 수도 있다. 1800년 정권 교체로 제퍼슨의 공화파, 즉 남부 정권이 들어서지 않았는가? 제퍼슨이 연임했고, 그 뒤에 매디슨이 연임했으며, 뒤따라서 제임스 먼로가 연임하지 않았는가? 모두 열렬한 공화파이며 버지니아의 '귀족'들이었다. 그러니까 제퍼슨부터 시작해서 24년 동안 남부 정권이 미국을 움직였다. 그래서 이 기간을 '버지니아 왕조 시대Virginia Dynasty'라고까지 일컫는다. 오히려 그동안 북부의 불만이 팽배했다. 매디슨 때는 영국과 전쟁을 벌이기도 했다. 1812년 전쟁the War of 1812이 그것이다. 나폴레옹의 프랑스와 영국은 유럽 대륙의 종주권을 놓고 세기적인 전쟁을 벌이고 있었다. 틈새에 끼어 있던 미국에서는 결국 매디슨이 영국과의 전쟁을 결심했다. 친영파 정서가 강한, 영국과의 무역을 중요하게 여겼던 뉴잉글랜드 주들은 심지어 연방을 탈퇴하려는 움직임까지 보였다. 남부 정권이 자기들의 이익에 따라 연방을 영국과의 전쟁으로 몰고 가서 국가를 피폐하게 하고 경제를 마비시킨다는 것이 이유였다.

이 같은 상황에서 1824년 존 퀸스 애덤스John Quincy Adams가 대통령에 당선되었다. 그는 매사추세츠 출신으로 실로 24년 만에 북부인이 대통령이 된 것이다. 게다가 그는 제2대 대통령 존 애덤스의 아들이었다. 그러나 4년 뒤 다시 캐롤라이나 출신이자 평생을 남부에서 보냈던 앤드류 잭슨Andrew Jackson이 대통령에 당선되었다. 이 정도면 남부인들이 불만을 가질 이유가 없지 않은가?

그러나 상황은 그렇지 않았다. 여전히 북부는 산업화가 급속히 이

존 캘훈
그는 연방 부통령으로서 국가 전체의 이익을 대변하는 것 대신 고향인 사우스캐롤라이나의 이익을 위해 부통령직을 사임하고 잭슨 대통령과 정면 대결을 선택했다.

루어지고 있었고, 국가의 부는 북쪽에 쏠리고 있었다. 그에 따른 이민의 집중, 인구 증가에 따라 북부의 연방 하원 수는 갈수록 늘어나고 있었다. 반면 남부의 경제는 여전히 집약적 농업이 중심이었다. 면화를 중심으로 한 '목화 왕국'의 성곽은 갈수록 견고히 구축되고 있었다. 노예의 존재란 '왕족'들에게 절대적인 가치가 되었다. 그러나 북부 자유주의자들을 중심으로 반노예운동은 급속히 확산되었고, 계속된 노예의 유입은 기대하기가 어려웠다. 거기다가 목화 재배의 성공 신화에 따라 목화 농장의 경쟁은 갈수록 치열해졌고, 목화 재배에 필요한 토지의 여분은 갈수록 줄어들었다. 그 결과 목화 가격은 하락했다. 수많은 남부인은 서부로 이주하고 있었다. 1820년대에 사우스캐롤라이나는 거의 7만, 1830년대에는 그 두 배에 해당하는 인구를 잃었다.

갈수록 그들의 입지가 약화되자 남부의 불만은 고조되었고 그 불만은 결국 연방관세법에 초점이 맞춰졌다. 위에서 밝혔듯이 관세법은 해밀턴 시기부터 남부인들의 불만 가운데 가장 컸던 부분이다. 독립된 연방의 제조업을 살리기 위해서 해밀턴은 수입 상품에 높은 관세를 부과했다. 그러나 영국 등 유럽 국가들은 보복 관세를 미국 수출품에 적용했고 가장 큰 피해를 입은 것은 농산물 수출에 의존하던 남부였다. 게다가 존 퀸스 애덤스 대통령 말기에 기존의 관세를 더 높인 관세법이 의회에서 통과되었다. 경제력의 위축, 인구의 감소, 반노예운동 등으로 위축되고 있던 남부, 그래서 뭔가를 노리던 남부에게 그 근거를 제공한 셈이었다.

불만의 중심지는 목화 왕국의 발달로 남부의 뉴욕으로 성장한 찰스턴이 있던 사우스캐롤라이나였고 그 주역은 존 캘훈John Calhoun이 떠맡았다. 그는 1829년 관세법에 항의하면서 부통령직을 사임하며 잭슨 대통령과의 정면 대결을 선택했다. 연방 부통령으로서 국가 전체의 이익을 대변하는 것 대신 고향인 사우스캐롤라이나의 이익을 택한 것이다.

1832년 연방의회는 1828년 관세법과 유사한 관세법을 통과시켰다. 잭슨은 선거 운동 기간에 관세법을 완화시키겠다고 약속했으나 선거가 끝난 뒤 의회의 움직임을 묵과했다. 의회는 1828년 관세법을 영구화시키려는 분위기였다. 이제 사우스캐롤라이나 주민들은 연방 탈퇴를 각오하며 연방관세법의 무효화 선언Ordinance of Nullification을 채택했다. 사우스캐롤라이나 주 안에서 관세를 징수하는 것은 불법임을 선언했다. 선언서를 통해 만약 연방정부가 무효화 선언을 무시하고 강제적으로 관세를 징수하거나 실력 행사를 벌일 경우 사우스캐롤라이나는 연방에서 탈퇴할 것임을 분명히 했다. 이 부분에 대한 선언문을 인용해보자.

우리들 사우스캐롤라이나의 주민은 어떠한 난관에 부딪혀도 이 명령과 선언을 유지할 결심이라는 것과 이 주를 복종시키기 위하여 사용할 연방정부의 강권에 굴복하지 않는다는 것을 선언한다. 만일 연방의회가 이 주를 억압하고, 이 주의 항구를 봉쇄하고, 이 주의 상업을 파괴 혹은 방해하거나, 또는 여기서 무효라고 선언한 법을 이 주의 민사 재판소를 통하지 않고 시행하는 법을 통과시킨다면, 이런 법의 통과는 사우스캐롤라이나가 이 이상 연방에 계속 잔류하는 것과 모순되는 행위로 간주할 것이다. 금후 이 주의 주민은 다른 주의 주민과의 정치적 연관을 유지 또는 보존하는 의무로부터 벗어날 것이다. 그리고 즉시 독자적 정부의 조직을 추진할 것이며, 주권 있는 독립된 국가로서 행사할 권리가 있는 모든 행위와 임무를 수행할 것이다.[9]

바야흐로 미국은 연방의 결속을 시험하는 최대의 위기에 직면하게 된 것이다. 연방이 우선이냐 주가 우선이냐, 그 끊임없는 논란이 마침내 사우스캐롤라이나의 무효화 선언으로 첨예하게 도출되었고, 미국은 이제 이 대립의 해결책을 찾아야 했다.

잭슨 대통령과 북부 연방주의자들의 각오 역시 만만치 않았다. 남부 출신이지만 열렬한 연방주의자인 잭슨은 일개 주가 연방법을 무효화한다는 것을 반역 행위로 취급했다. 1833년 초, 연방의회는 연방법을 시행하는 데 필요하다면 군사력을 사용할 수 있는 권한을 대통령에게 부여하는 '강제법Force Bill'을 통과시켰다. 1812년 영국과의 전쟁에서 일약 미국의 영웅으로 등장했고 수많은 인디언과의 전투에서 명성을 높였던 전사戰士 잭슨은 사우스캐롤라이나의 도전을 가만히 두고 보지 않았다. 잭슨은 실제로 무력 행사할 준비를 하며 사우스캐롤라이나를 압박했고, 연방과 사우스캐롤라이나 사이에는 긴장이 고조되었다.

상황은 사우스캐롤라이나에게 불리하게 전개되었다. 예상과는 달리 남부 주들이 동조하지 않았다. 버지니아와 메릴랜드는 그들 주 내의 운송로 개발을 위한 연방 원조를 원하고 있었고 조지아, 앨라배마, 미시시피 주들은 지역 인디언들을 제거하는 데 잭슨 대통령의 지도력이 필요했다. 그 밖의 다른 주들도 사우스캐롤라이나의 무효화 선언은 극단적이라고 하며 적극적으로 사우스캐롤라이나에 동조하지 않았다. 무엇보다도 연방정부와의 무력 대결에서 이길 승산이 거의 없다는 것을 사우스캐롤라이나 스스로도 잘 알고 있었다. 그리고 전투적인 잭슨 대통령이 쉽게 타협하지 않으리라는 것도 알고 있었다.

결국 1833년 사우스캐롤라이나는 특별 의회를 소집해서 관세법 무효화 선언을 폐기했다. 무효화 선언에 따른 연방과 사우스캐롤라이나의 대결은 연방의 승리로 마무리된 셈이다.

그러나 연방의 승리가 주권에 대한 연방주의의 승리는 아니었다. 사우스캐롤라이나는 주위 정황이 모든 면에서 불리해서 꼬리를 내린 것이지 결코 그들이 주장하는 주권론을 포기한 것이 아니었다. 캘훈은 여전히 연방이란 각 주의 동의하에 성립된 연합체로서 연방이 주를 우선할 수 없음을 주장했다. 헌법에 의해서 연방이 성립될 때 각 주는 연방에 주권을 헌납하지 않았기 때문에 주권을 넘어선 연방법은 위헌이라는 종래의 주장을 계속 펼쳤다. 그래서 사우스캐롤라이나는 무효화 선언을 폐기하는 대신 강제법을 무효화시켰던 것이다. 무효화 선언 폐기에 따른 구겨진 체면을 추스르기 위한, 그들의 최소한의 자존심을 세우기 위한 또 다른 무효화 선언이었지만 그들이 주권 우선주의를 포기하지 않았음을 상징적으로 보여주는 행동이었다.

사우스캐롤라이나의 관세법 무효화 사건은 남북문제가 또 다른 궤도에 들어서 있음을 보여주고 있다. 과연 사우스캐롤라이나가 관세법 자체에 대한 불만 때문에 연방정부와 무력 충돌의 위기까지 몰고 갔을까? 물론 관세문제는 그들의 경제적 이해관계에 지대한 영향을 미치고 있었다. 그러나 그것 때문에 연방에 그토록 강력한 불만을 분출한 것은 아니다.

사건의 핵심은 결국 노예문제였다. 1831년 버지니아에서는 넷 터너 Nat Turner의 노예 폭동이 일어나서 55명의 백인들이 살해되었다. 이미 찰스턴에서는 1822년 덴마크 베시Denmark Vesey에 의한 반란 음모가 있었다. 물론 사전에 발각되어 수습되었지만 노예 반란에 대한 불안은 계속 있었다. 무엇보다도 북부에서는 반노예주의 운동이 급속히 팽창하고 있었다. 반노예주의자들은 노예제도의 도덕적 문제를 거론하면서 북부뿐 아니라 남부 지역에 홍보물을 우편으로 발송했다. 특히 노예무역의 중심지였고 남부 농장주들의 정치 및 사교의 중심지였던 찰스턴은 격문의 홍수를 이루고 있었다.

이러한 상황에서 사우스캐롤라이나의 무효화 사건이 불거졌다. 노예제에 대한 남과 북의 대결은 가시화될 것이 분명했다. 제헌 당시부터 노예문제는 남부의 정체성에 관한 것으로 예민한 사항이었기에 어느 쪽도 섣불리 이 문제를 공개적으로 거론하기를 꺼려했다. 1831년 연방의회는 노예문제 토론 종결Gag Rule을 통과시켰다. 노예문제가 상원이나 하원에 제출되면 의회는 자동적으로 그에 대한 심의를 보류시킨다는 것이다. 노예문제를 심의할 경우, 그에 따른 사회적 파동이 너무 크기 때문에 미리 방지하자는 의도였다. 그러나 이러한 법안은 북부의 반노예주의자들을 자극해서 이들이 더욱 적극적으로 반노예운동을 펼치게 하는 구실을 주었다. 만약 이러한 추세에 따라 북부 주 중심으로 연방의회에서 결국 노예문제를 심의하여 반노예법이라도 통과하는 날에는 남부는 그들의 정체성에 치명적인 타격을 받게 될 것이 뻔했다. 그래서 관세법 무효화 선언으로 선수를 쳐서 연방법 무효화 선언의 선례를 남기려고 했던 것이다.

결과론적인 이야기이긴 하지만 잭슨 대통령이 사우스캐롤라이나의 관세법 무효화 선언의 이면에 내재되어 있는 이러한 의도를 간파했더라면, 그리고 노예문제로 결국 언젠가는 남과 북이 유혈 대결을 할 수밖에 없다는 것을 예견했더라면 좀더 강력하게 이 사건에 대응했을 것이다. 심지어 사우스캐롤라이나가 체면을 세우기 위해서 채택한 강제법의 무효화 선언에 대해서도 강경하게 대처해서 폐기하도록 압박했더라면 훗날 노예문제로 남과 북의 대결하는 것을 방지할 수 있었을 것이다.

물론 이것은 가정에 근거한 추론이다. 그러나 이후에 벌어질 남과 북의 극단적인 대결을 볼 때 의미 있는 가정이다. 잭슨은 남북전쟁이 일어나기 전까지, 전쟁의 직접적인 원인이었던 에이브러햄 링컨Abraham Lincoln이 대통령에 당선될 때까지 대통령으로서 권력을 행사했던 마지막 인물이었다. 잭슨과 링컨 사이의 대통령들은 미국 역사에서 무능력한 인물들로 즐비했다. 아무도 재선에 성공하지 못한 단임 대통령들이었다. 사실 잭슨 이후 미국의 정치는 대통령 중심이 아니라 각 지역에 근거를 둔 몇몇 상원의원이 주축이 된 철저한 지역 구도의 정치였다. 남부는 캘훈, 북부는 대니얼 웹스터Daniel Webster, 서부는 존 클레이John Clay 상원의원이 각 지역의 대표자였다. 잭슨 이후 미국은 이 세 명의 '상원 제왕Senate Kings'이 통치한 것이다.

노예문제로 남과 북은 첨예하게 대립하면서 결국 무력 대결까지 가는 위기를 맞았지만 무능력한 대통령들은 그저 관망할 뿐이었다. 선장이 없는 배는 방향을 잃고 지역 이해관계라는 키에 따라 위험한 항해를 할 뿐이었다. 그렇기에 잭슨은 마지막 희망이었다. 잭슨만이 남북 구도의 그 위험한 갈등을 정리할 수 있는 힘을 가진 대통령이었다. 그러나 잭슨 역시 이러한 역사적 추이에 대한 예견을 하기엔 역부족이었다. 아마도 남과 북의 대결은 예정된 미국의 운명이었는지도 모른다.

★

남북 갈등의 핵심
노예제 폐지론 vs 옹호론

관세 문제 이전에 노예문제가 있었고 노예문제는 바로 남부의 정체성 그 자체에 대한 문제였다. 그렇기에 1833년의 관세를 핑계로 한 사우스캐롤라이나의 불우한 반란은 결국 경제나 정치적인 것보다는 문화적 반란인 셈이다. 또 그 이면에는 관세를 높여서 미국의 상공업과 제조업, 곧 북부의 경제력을 향상시키려는 정치적 이해관계보다는 남부의 제도 자체를, 노예제도를 기반으로 한 남부의 문화 자체를 뒤흔들고 있던 북부의 반노예제 운동이 반란의 실체였다. 남부는 원래부터 돈과 관련된 이해관계에 그리 무게 중심을 두지 않았다. 물질문명이나 자본주의란 북부 양키 문화라고 남부인들은 비판하고 있었다. 그들에게는 그들 문화에 대한 자존심과 긍지, 그리고 그것을 지키려는 의지가 더 중요했다. 남부인에게는 돈보다 명예가 더 중요했다. 돈이 없다는 것에 대한 핀잔은 참을 수 있어도 문화 자체에 문제가 있다는 비판은 참을 수 없는 도전이었다.

그렇기에 1830년대에 맹렬한 속도와 기운으로 치솟고 있었던 반노예제도, 노예해방론자들의 준동은 남부인들을 예리하게 자극하고 있었다. 그동안의 피상적이고 간접적인 정치·경제문제가 아닌 문화와 그 문화를 지탱하는 인간 감정과 정서가 표면에 부상하면서 이제 미국은 본격적인 문화 충돌의 급류에 휘말리게 되었다.

문화와 감정의 그 미묘한 회로를 건드리기 시작한 자들은 북부의 지식인들이었다. 정치인들이 경제적·정치적 이해관계 때문에 회피하려고 했던 남북 갈등의 근원지였던 노예제도에 지식인들이 돌을 던지기 시작했다. 그 대표적인 사람이 윌리엄 개리슨William Garrison이었다.

남북전쟁이 남과 북의 감정 대립이 초래한 결과였다면 그 시작점에는 개리슨이 있었다. 물론 그가 잔잔하게 고여 있던 남부 문화의 평온한 연못에 돌연 파장을 일으킨 것은 아니다. 오래전부터 노예제도와 그것에 의해 파생된 남부의 독특한 문화에 의문을 가졌던 자들이 있었다. 심지어 남부인들 중에서도 노예제도의 정당성에 의문을 제기한 자들이 있었다.

그러나 개리슨의 경우는 이전과는 좀 달랐다. 그는 그의 생각을 숨기지 않고 공격적으로 표현을 했다. 기회가 주어지면 서슴지 않고 남부의 노예제도를 비판했다. 연설은 잘하지 못했지만 그는 글로 사람을 설득하는 재주가 있었고 이를 충분히 발휘했다. 당시 미국 사회에서 신문의 위력이란 대단했다. 1831년 26세의 나이로 향후 미국의 반노예운동의 대명사가 되었던《해방자The Liberator》라는 신문을 발간했

윌리엄 개리슨
남북 갈등의 근원지였던 노예제도에 돌을 던진 대표적인 지식인으로, 선과 악이라는 도덕적인 이유를 들어서 노예제도의 철폐를 강하게 주장했다.

고, 2년 뒤에는 '미국반노예협회American Antislavery Society'를 창설했다.

남북 갈등을 표면화시켰던 개리슨의 행동 가운데 가장 중요한 것은 그가 노예문제를 헌법이나 경제 혹은 정치적 이유를 들어서 공격한 것이 아니라 도덕적인 이유를 들어서, 그것도 선과 악이라는 철저한 이분론적 흑백논리로 비판한 것이었다. 그의 언어는 거칠었고, 전혀 타협이 없었다. 노예제도가 비도덕적인 것이라면 지금 당장 철폐되어야 한다고 주장했다. 도덕에는 분명 선과 악이 존재하며, 그중에서도 노예제도는 악 중에 가장 나쁜 악임을 강조했다. 그는 이 악을 처단하는 것이 '천년 왕국'으로 가는 길이라 믿었다.

개리슨이 노예제도를 악이라고 단정한 이상, 그 악을 조장하는 남부는 악마의 왕국이다. 그는 남부 사회와 그 사회를 지탱하는 남부인들에게 비난의 화살을 집중했다. 그가 묘사한 남부는 그 누가 표현한 것보다 생생했고, 그 이미지는 독자들에게 깊은 인상을 남겼으며, 남부인들은 무책임한 군주이자 위선자들로 그려졌다. 개리슨에게 남부는 기독교적 문화가 아니었다. 똑같은 하나님의 자녀인 흑인들에게 성경의 가르침을 전하기는커녕 그들을 억압하고 강간, 강탈, 살인까지 하며 이를 정당화시키는 악마의 소굴이었다. 노예들은 항상 족쇄에 갇혀 있고 배를 곯으며 멸시받는다. 마치 시장의 상품이나 동물처럼 취급받고 주인의 필요에 따라 매매된다. 그 가족들은 남편과 아내, 부모와 자녀 간의 이별에 눈물을 흘려야 하고 항상 불안해한다. 그의 연설 가운데 한 부분을 들어보자. 1859년 12월 20일, 노예해방을 부르짖으며 무력시위를 불사했던 존 브라운John Brown이 처형당하던 날, 개리슨이 그를 애도하며 했던 연설 중 일부분이다.

노예 소유자의 손은 피범벅이다. 내가 그들과 어떤 계약을 할 수 있겠는가? 어린아이들을 착취하는 그들, 그런 자들에게 내가 "형제여 우리 함께 연합해서 살아보세" 하고 권유할 수 있겠는가? 그의 욕정과 분노를 달래기 위해 땅이 붉은 피로 물들 때까지 여자를 채찍질하는 그들. 내가 그들에게 다가가서 "어서 오게. 우리 함께 영광스러운 합중국을 건설하자"고 할 수 있겠는가? 결코, 결코 그럴 순 없다. "어떻게 그리스도가 악마와 연합하며 노예제도가 존재하는데 우리의 연합이 가능하겠는가?" 냉혹하며 회개할 줄 모르는 남부의 독재자들에게 말한다. 여태까지 존속되고 있는 그들의 상황은 소름끼치도록 비인간적이며 사악한 것이다. 우리는 그 노예제도에 대해 도덕적으로 책임을 져야 한다. 우리는 그들 사악한 도당들을 위해서 그 제도를 계속시킬 순 없다.[10]

이러한 개리슨의 주장은 서서히 북부인들의 양심을 일깨웠다. 개리슨의 비판이 너무 과격하다고 주장하며 미국반노예협회 내에서도 온건파가 생성되기도 했지만, 노예제도의 비도덕성에 대해서는 이제 공감대가 이루어지고 있었다.

개리슨과 함께 북부인들의 양심을 자극했던 이는 웬델 필립스 Wendell Phillips였다. 필립스는 개리슨의 부족한 부분을 메워주었다. 필립스는 글보다는 연설로써 계몽에 나섰다. 글 못지않게 연설도 중요한 전달 수단이던 시기였다. 미국 독립운동 시기부터 글과 연설은 주요한 전달매체였다. 신문과 짧은 전단(팸플릿)은 교회나 학교 등 집회 장소 연설과 어우러졌을 때 그 효과가 극대화되었다. 특히 1828년에는 대중을 위한 연단이 일반화되었다. 잭슨이 대통령 선거에서 성공할 수 있었던 것도 바로 연단 문화를 최대한 이용했기 때문이다. 마을 공동체에서 행한 연설은 정치문제뿐 아니라 교육 개혁, 종교 부흥운동, 기타 사회 개혁운동을 현실화시켰던 주요한 동력이 되었다. 이런 모임은 전염되는 요소를 가지고 있었다. 인기 있는 연사들과 그들의 열띤 호소는 금세 주위 도시까지 전파되었다. 연설가의 입에서 터져 나온 단어들은 예리하게 군중의 마음을 파고들었다. 필립스의 연설 역시 그러했다.

필립스는 개리슨이나 시어도어 파커Theodore Parker, 찰스 섬너Charles Sumner만큼 이론가는 아니었다. 오히려 논리나 도덕성 등에서 이들보다 한 단계 낮았다. 그러나 그의 연설은 청중의 심금을 울렸다. 이론보다는 감성이, 논리의 정연함보다는 행동이 더 중요했던 것이 미국 계몽주의의 특징이었다.

필립스는 미국에서 자유정신과 노예제도의 정신이 결코 공존할 수 없음을 역설했다. 개리슨이 남과 북을 선과 악의 문제로 보았다면 필립스는 빛과 어두움의 문제로 보았다. 북부의 자유 문명과 남부의 반자유적 기형 문화와의 충돌로도 보았다. 또한 북부에서 노예제도에 대한 반대 여론이 일어나지 않는다면 자유로운 미합중국은 그늘이 지고 곰팡이가 피게 될 것이라고 경고했다. 또한 북부가 남부의 노예제도와 무관한, 단지 도덕적인 싸움이 아님을 강조했다. 북부인들이 해야 할 일을 하지 않을 경우 북부도 남부의 유해한 병에 노출될 것이며 이내 미합중국 전체는 이러한 병에 시달릴 수밖에 없다고 했다.

필립스는 남부가 13~14세기의 봉건주의 사회와 다름없음을, 그리고 그 근원지가 노예제도임을 지적했다. 언론인·정치인·종교인 등은 봉건주의 시대의 가신일 뿐이며 만약 이러한 봉건주의가 남부에서 고착될 경우 미합중국은 진보는커녕 퇴행해 미국 문명의 흐름을 역류시킬 것이라고 경고했다. 그렇기에 필립스의 연설은 남부보다는 북부를 겨냥하고 있었다. 그는 북부가 무기력함에서 깨어나야 한다고 주장했다. 그 깨어남이 남과 북, 그러니까 빛과 어두움의 필연적인 무력 충돌을 초래한다 해도 북부는 일어나서 맞서야 한다는 것이다.

개리슨이나 필립스와 같은 반노예제도주의자들의 의지는 북부인들의 의식과 양심을 자극했다. 남부인들에게도 충격이었다. 물론 다른 의미의 충격이었다. 지식인들을 중심으로 한 반노예주의 운동이 북부에 확산되면서 남부 지식인들 역시 방어하지 않을 수 없었다. 사우스캐롤라이나 관세법 무효화 사건 때는 연방법을 해석하는 헌법적인, 그리고 남과 북의 정치적 공방이었지만 이제 북부인들이 노예제도를 중심으로 남부의 도덕과 문화 전체에 대해 공격하는 한 그들도 그들의 문명을 옹호할 필요가 있었다. 역사·종교·철학 등 모든 영역을 동원해서 그들은 노예제도를 옹호해야 했다.

노예제도 옹호론자들의 주장은 대략 세 부류로 구분될 수 있다. 첫째는 철학적 옹호다. 노예제도란 역사의 흐름에서 나타나는 정상적인 질서의 하나다. 그리스와 로마 시대에도 노예제도가 있었고 아리스토텔레스와 같은 철학자도 이를 인정했다. 사회는 어차피 지배자와 피지배자로 양분될 수밖에 없다. 인종적으로나 능력 면에서나 우수한 자와 열등한 자의 구분은 어쩔 수 없는 것이다. 우수한 자들이 열등한 자들을 잘 보살피고 열등한 자들이 우수한 자들의 지배에 순종할 때 그 사회는 질서 있고 안정되며 평화로워질 수 있다. 그렇지 않을 경우 사회는 불협화와 가난, 무질서가 난무하게 되고 종국에는 파경에 이르게 된다. 그렇기에 열등한 노예들은 우수한 주인들의 보살핌과 지배를 인정하고 따르는 것이 그들이나 사회 전체의 평화를 위해서 필요하다는 주장이다. 버지니아 상원의원 제임스 메이슨James Mason은 아프리카 노예들은 버지니아에서 노예 역사상 "최고의 조건"

속에서 생활하고 있다고 자부할 정도였다.[11]

둘째는 종교적 옹호다. 물론 종교라 함은 기독교를 가리킨다. 성경의 그 어디에서도 노예제도를 비판한 곳은 찾아볼 수 없다. 구약 시대 유대인들 역시 노예를 소유하고 있었다. 십계명에도 "종"이라는 단어가 사용되었다. 그리스도 역시 노예를 반대하지 않았다. 사도 바울도 그의 서신에서 노예라는 단어를 썼다. 성경에서도 노예제도를 반대하지 않았는데 굳이 그들이 노예제도를 없애야 할 이유가 없다는 것이다.

남부에서 기독교의 힘이란 가치 절대적이었다. 종교란 남북전쟁 이전이나 그 이후나 변함없이 남부를 남부답게 하는 가장 큰 원동력이었다. 그래서 종교문제는 남부인의 정서와 그에 따른 독특한 문화를 이해하는 데 필수 요소다. 앞의 첫 번째와 곧이어 설명할 세 번째 주장은 남부의 보통 사람들보다는 지식이 어느 정도 있는 계층에게 더 호소력이 있었다. 그러나 교육 수준이 낮았던 보통 사람들에게 교회 강단에서 설파되는 가르침은 그들 삶과 정신에 직접적으로 와 닿았다. 북부와 남부를 막론하고 19세기 미국인들은 현재의 우리들과는 달리 종교와 경제, 정치, 그리고 문화 전체에 대한 구분이 그다지 뚜렷하지 않았던 시대를 살고 있었다. 심지어 "종교와 도덕적 가치는 시민들에게 경제적 이슈에 대한 어떠한 견해[까지도] 영향을 미쳤다."[12]

셋째는 이른바 "긍정적인 선a positive good"에 근거한 옹호. 이것은 노예제도 옹호론자들이 내세우는 가장 주요한 주장이었다. 이는 위의 두 가지 주장을 아우르면서 북부의 자본주의 사회를 비판하며 노예제도를 가장 능동적이고 필요한 제도임을 옹호하는 주장이었다. 그 대표적인 사람이 버지니아의 변호사 조지 피츠휴George Fitzhugh였다.

피츠휴는 북부의 자본주의에 대한 비판에 초점을 맞췄다. 북부의 급격한 산업혁명은 무질서와 혼란을 불러일으켰을 뿐이다. 또한 인간성의 황폐함을 초래했다. 자유 경쟁 체제는 강한 자가 약한 자를 착취하게 될 수밖에 없는데 북부에서 이러한 현상이 나타나고 있다. 공장에서 일하는 수많은 노동자들이, 그것도 여자와 어린아이까지 포함해서, 공장주들의 착취 대상이 되고 기계의 부속물이 되고 있다. 이러한 계급 차별은 사회적 분란의 씨를 제공하며 사회의 가장 주요한 요소인 질서와 평화를 해치는 것이다.

이에 비해 남부는 평화로운 농경 사회를 지탱하고 있다. 귀족, 노예, 그리고 그 중간층이 서로 조화를 이루면서 질서를 유지하기 때문에 경제적 안정과 사회의 평화를 누린다. 인간 사회란 능력 있는 자와 그렇지 못한 자들이 서로의 위치를 인정하고 유기적인 협력 관계를 속에서 사회적 안녕을 이루어야 하는데 남부 사회가 바로 본보기다. 즉 산업화 과정을 피할 수 있도록, 그래서 평화로운 농경 사회를 이룩했던 노예제도는 "건설적인 선"임을 주장했던 것이다. 특히 경제적 공황이 올 때마다 북부의 산업과 사회는 심하게 흔들리지만 농업 중심적인 남부는 그런 충격에서 벗어나 있음을 지적하며 그들 문명의 우수성을 강조했다.[13]

피츠휴와 함께 노예제도의 이론적 방파제 역할을 했던 헨리 휴스 Henry Hughes도 비슷한 논지를 폈다. 사회 현상에서 인종 간의 능력 차이를 기정사실화하면서 휴스는 열등한 노예들은 우월한 주인들의 보살핌이 필수적이며 보살피는 보증인warrantor과 보살핌을 받는 피보증인warrantee 관계가 원만할 때 사회는 안정과 평화를 유지할 수 있다고 보았다. 노예제도가 가장 "이상적인 제도"는 아니지만 그것이 인종 간의 갈등을 조절하는 "효과적인 방법"이라고 주장했다.[14]

노예제도 옹호론자들의 주장이 당시 북부인들 즉 노예해방론자들에게 설득력이 있었겠는가? 사실 남부 지식인들이 그러한 주장을 하면 할수록 북부인들에게는 그러한 주장이 비이성적이며 해괴할 뿐이었다. 오히려 노예해방론자의 주장이 상대적으로 설득력을 얻을 수 있었다. 그럼에도 남부의 노예제도 옹호론자들은 그들의 주장을 계속해야 했다. 북부인들은 비웃더라도 남부인들에게 노예제도에 대한 도덕적 정당성을 주입시켜야 했기 때문이다.

남부의 노예제도 옹호론자들은 그밖에 갖가지 이론을 들이대며 노예제도를 합리화했다. 당시 유럽에서 활개 치던 보수 반동적 철학을 응용하기도 했다. 그러나 유럽의 보수주의는 노예제도와는 거리가 멀었다. 여전히 봉건주의와 근대성에 대한 시각의 차이는 있었지만 봉건제도와 노예는 또 다른 문제였다. 그래서 남부의 노예제도 옹호론은 미국인들의 사고의 역사에서 "가장 이상하고 창조적인 에피소드"의 하나로 남아 있는 것이다.[15]

노예제도에 대한 논쟁, 그 시대적 금기가 1830년대를 기점으로 깨지고 있었다. 미합중국이 시작할 때부터 연방의 단결을 위해서 단단한 철벽 안에 넣어 두었던 그 금기가 깨진 것이다. 그동안 팽팽하게 서로 다른 문화를 일궈나가고 있던 남과 북은 노예제도에 대한 공개적인 논쟁을 계기로 이젠 물러설 수 없는 문화 전쟁으로 치닫게 되었다. 신비에 쌓여 있던 목화 왕국은 북부로부터 거침없는 공격을 받았고 왕국의 가신들은 자신들의 성을 수호해야 했다. 노예해방론자들의 공격이 남부의 어느 일부분이 아니라 남부 사회 전체를 공격하고 있었기에 남부는 이러한 공격이 거세질수록 단합했다.

사실 남부 전체를 하나의 문화권으로 획일화시키기에는 무리가 있다. 사우스캐롤라이나의 관세법 무효화 사건 때 보여주었듯이 그 당시만 해도 남부 주들은 서로 공통의 목적을 갖고 단합한 단일 문화권을 형성하지는 못했다. 한때 남부의 주도적 위치에 있었던 버지니아는 담배와 면화 재배지가 갈수록 줄어들면서 지도력을 상실하고 있었다. 북부와 경계선에 있었기 때문에 북부의 산업 문화에 상당 부분 노출되어 있었고, 그들의 경제 성장을 위해서는 연방의 도움이 필요했다. 버지니아 내에서도 차이가 많았다. 동부 해안지대와 피트먼트 고원 지방 간에는 다양한 이익과 이해관계로 분산되어 있었다. 남부의 기타 다른 지역도 지역적인 편차가 많았다. 한쪽 지역은 면화와 사탕수수를 재배했고, 또 다른 곳에서는 담배와 쌀을 경작했다. 또 다른 지역에서는 해군 군수품과 목재를 생산했다. 노예를 소유한 지역이 있는가 하면 그렇지 않은 지역이 있었다.

그러나 남부만의 공통적인 것들도 여전히 있었다. 주 정부든 연방정부든 간섭을 받지 않고 독립된 자유를 추구하려는 문화였다. 각 지역이 어떠한 경제 구조로 되어 있든지 그들은 서로를 인정했다. 지역적인 자치권은 정형화되고 표준화된 사회와 정부를 조장하지는 않았다. 무엇보다도 그들은 그들의 오랜 전통과 문화에 남다른 자긍심을 갖고 있었다. 노예제도 역시 그들이 당연하게 생각하는 전통 가운데 일부분이었다. 그런데 북부인들이 다시 그들의 전통과 문화를 비판하고 나섰던 것이다. 명예와 의리를 존중하던 기사도적인 남부인들의 기질은 이러한 공격을 그냥 넘길 수 없었다. 남부는 급속도로 단합했다. 개별적이고 자치적인 식민지들이 독립전쟁 때 함께 뭉쳤던 것처럼, 초기 연방파가 득세했을 때 그들이 뭉쳤던 것처럼, 이제 다시 그들은 하나의 공동체로서 뭉치기 시작한 것이다. 이제 그들 사회에서 노예제도를 반대하는 입장을 편다는 것은 "그들 사회에 대한 일종의 범죄 행위"와 같았다. 노예를 소유했는지 그렇지 않은지는 문제가 되지 않았다. 노예제도 그 자체는 백인들의 자유와 평등을 위해서, 아니 남부 전체의 문화를 지키기 위해서 절대적으로 필요한 것으로 간주되었다.[16]

인간은 감정의 동물이며 자존심의 동물이다. 그렇기에 가장 이성적인 동물이자 가장 비이성적인 동물이기도 하다. 인간의 역사도 마찬가지다. 미국의 남북전쟁도 바로 이 점에서 예외는 아니다. 남과 북의 문화적 대립, 그 저변의 배음에 깊게 울려 나오고 있던 감정의 선율을 이해하지 않고는 그 처절한 내전을 이해할 수 없다. 노예제도를 두고 서로 간에 분출한 이러한 감정이야말로 남북전쟁의 보이지 않는, 그러나 엄연한 실제적인 원인이었다.

물론 1861년 전쟁이 발발하기까지 미국은 여러 가지 정치적 분란을 겪었다. 여러 정치적 갈등이 꼬리에 꼬리를 물고 일어났다. 물론 그 원인은 근본적으로 노예문제였다. 그리고 그것에 맞물린 것이 미국의 영토 확장이었다. 영토의 확장이 북부인들에게는 노예제 없는 자유 영토의 확장을 의미한다고 믿었고 남부인들은 노예제 확장이라고 믿었다. 미국은 영토문제로 여러 차례 타협을 이루었다. 그러나 결과적으로 이러한 타협은 남북전쟁 발발 시기를 잠시 미룬 것뿐이지 근본적인 타협은 아니었다. 여기에서 남북전쟁의 발발과 관계 있는 몇 가지 정치적 사안들에 대해서 간단히 짚고 넘어가자.

노예제 비판,
결국 전쟁으로 치닫다

1819년 미주리는 미국 연방에 가입하고자 했다. 그러자 북부와 남부는 예민하게 반응했다. 미주리는 북부 자유주와 남부 노예주의 중간 정도에 위치한 영토로서 이 지역이 어느 주로 연방에 가입되느냐는 것은 향후 서부 영토의 성격을 구분짓고, 결국은 남과 북의 정치적 힘의 균형에 중대한 영향을 미치는 문제였다. 그 당시 미국은 11개의 자유주와 11개의 노예주로 양분되었기 때문이다. 결국 미주리는 노예주로 연방에 가입했고 대신 메인이 자유주로 가입했다. 의회는 앞으로 서부 영토가 연방에 가입할 때는 그 영토의 위치에 따라 결정하기로 타협했다. 위도 36도 30분 경계선을 기준으로 해서 그 북쪽에 위치하면 자유주로 그 남쪽에 위치하면 노예주로 연방에 가입시킨다는 것이다. 이것이 1820년 미주리 타협Missouri Compromise of 1820의 골자였다. 그때까지만 해도 이러한 타협이 가능했다. 아직 노예제도에 대한 비판 및 옹호가 소용돌이를 일으키며 수면 위로 떠오르기 전이었기 때문이다.

그러나 1840년대에 들어서면서 새로운 영토를 노예주 혹은 자유주로 연방에 가입시키는 문제는 남과 북의 첨예한 대립으로 나타났다. 대립의 기폭제는 멕시코와의 전쟁이었다. 1846~48년까지 미국은 멕시코와 전쟁을 벌였다. 텍사스와 멕시코의 경계선 문제로 발발한 전쟁은 사실 미국의 팽창주의 전쟁이었고 전쟁의 승리와 함께 미국은 캘리포니아에서 텍사스에 이르는 방대한 남서부 영토를 획득했다. 갑자기 불어난 영토는 결국 남과 북의 힘의 균형을 저울질하는 각축장이 되었다. 이전의 미주리 타협안에 따른 경계선을 연장시킬 경우 새로운 영토의 대부분이 노예주로 연방에 편입될 가능성이 컸기 때문에 북부에서 그것을 인정할 리 없었다. 1850년 타협의 결과로 캘리포니아는 자유주로 편입되었고 다른 영토는 지역 주민들의 결정에 따르기로 했다. 그러나 이 타협 역시 진정한 의미의 타협이라기보다는 팽팽한 남과 북의 대결을 잠시 유보 상태로 남겨 둔 것에 불과했다.

실로 멕시코와의 전쟁은 남북전쟁으로 가는 길목에서 발생한 가장 중요한 사건이었다. 전쟁이 없었더라면, 그래서 남서부의 방대한 지역이 미국의 영토가 되지 않았더라면 영토문제를 놓고 대결하던 남과 북의 관계가 그렇게 급속히 악화되지는 않았을 것이다. 남북전쟁 때 상당수의 장교들이 멕시코 전쟁 때 함께 어깨를 맞대고 전투에 참가했던 것은 결과적으로 얼마가지 않아서 일어날 남북전쟁에서 서로에게 총구를 겨누는 훈련이 된 셈이었다.

또한 멕시코와의 전쟁은 북부의 반노예주의 운동을 확산시키는 주요한 계기가 되었다. 북부의 많은 지식인들은 멕시코 전쟁을 남부의 노예주의자들이 노예주를 확장시키기 위한 음모로 일어난 전쟁이라 간주하고 비판에 나섰다. 가장 대표적인 사람은 헨리 소로Henry Thoreau였다. 그는 원래 에머슨과 같이 개인주의적 자유를 미국이 추구해야 할 최고의 가치라고 믿고 있었다. 그는 자유주의의 진정한 적은 노예제도가 아닌 모으고 쓰는 데만 전념하는 거대한 물질주의라는 폭군이라고 했다. 그의 비판은 남부보다는 북부의 자본주의에 집중되었다. 그렇기에 그는 북부의 극렬한 노예해방론자들과 거리를 두고 있었다. 그러나 멕시코와의 전쟁으로 말미암아 그는 남부 노예주의자들에 대한 비판에 가세하기 시작했다. 그는 더 이상 노예제도를 묵인할 수 없으며, 노예제도는 자유주의의 적이며 죄악이라고 주장했다. 노예를 소유하지 않는 사람들도 이러한 불명예스러운 죄악의 공범자라며 비난했다.

소로는 노예제도가 미국에 가져온, 그리고 앞으로 가져올 재앙을 설명하는 과정에서 미국을 선박으로 비유했다. 노예 소유주는 선원이고 비노예 소유주는 승객이다. 갑판 아래에는 무고한 400만 명의 사람이 있다. 노예들이다. 노예뿐 아니라 승객들은 배의 항해와 그 운명에 무관할 수 없다. 선박은 이내 침몰할 것이며 탑승한 모든 자들의 운명도 마찬가지일 것이다. 소로의 이러한 비유는 그 어떤 노예해방론자의 논고보다 영향력 있게 북부인들의 생각과 양심을 헤집고 들어갔다.[17]

멕시코 전쟁에 따른 타협이 미봉책이었음이 1854년 캔자스-네브래스카 법에서 증명되었다. 주민들이 스스로 운명을 결정한다는 주민 주권론의 그 위험한 허구가 드러난 것이다. 캔자스, 네브래스카 영토가 연방 가입을 신청하자 연방의회는 주민 주권론에 맡기기로 했다. 그러자 캔자스는 영토를 노예주로 가입시키려는 남부 이주민과 자유주로 가입시키려는 북부 이주민 사이에 치열한 결투장으로 변해 갔고, 유혈이 낭자했다. 소규모, 아니 축소판 남북전쟁이 캔자스에서 발생한 것이다.

1857년에는 남북전쟁을 일으킨 직접적인 사건이 발생했다. 유명한 드레드 스콧Dred Scott 판결이 그것이다. 미주리 출신의 노예 드레드 스콧은 주인과 함께 북부의 자유주에서 오랫동안 기거를 한 후에 고향인 미주리에 와서 그가 이젠 노예가 아닌 자유인이라는 소송을 냈다. 이 소송은 태풍의 눈으로 등장했다. 연방 대법원의 판결은 한 개인의 문제가 아니라 남부 노예주와 북부 자유주에 대한 판결이었기에 전국적으로 비상한 관심을 모았다. 이 소송의 판결이 가져다줄 여파는 실로 어마어마했다. 일종의 노예제에 대한 사법부의 최종 판결과 같았다.

앞에서 지적했듯이 미국은 삼권분립의 정신에 의해서 세워졌지만 입법부와 행정부는 이미 노예문제를 해결할 힘을 잃은 상태였다. 의회는 철저한 지역 구도로 분할되어 있었다. 행정부 역시 잭슨 대통령을 마지막으로 지도력 있는 대통령을 배출하지 못하고 있었다. 각 지역을 대표하는 세 명의 상원 제왕들—북부의 웹스터, 남부의 캘훈,

서부의 클레이—에 의한 분할 통치 상태였다. 미국이라는 선박은 선장이 부재한 가운데 세 명의 갑판장이 서로의 이해에 따라 위험한 항해를 하고 있었다. 이런 상황에서 마지막 남은 것이 사법부였다. 그렇기에 이 소송에 따른 사법부의 판결은 미국의 위태로운 항해의 기로를 정하는 결정적인 것이 될 수밖에 없었다.

판결은 남부의 승리로 돌아갔다. 남부 출신의 로저 태니Roger Taney가 대법원장을 맡고 있던 대법원은 노예는 미국 시민이 아니기에 연방 대법원에 소송을 제기할 수 없으며 시민들의 재산권을 박탈한 1820년 미주리 타협은 위헌이라는 판결을 내렸다. 이 부분의 판결문을 읽어보자.

간단히 말해서 문제는 이렇다. 그[스콧]의 조상이 이 나라에 수입되어 노예로 팔린 한 흑인이 미국 연방헌법에 의해서 만들어지고 존재하게 된 정치공동체의 일원이 될 수 있는가? 그리고 시민에게 그 헌법이 보증하는 모든 권리, 특전 그리고 면책의 자격이 있는가? 그 권리 가운데 하나는 (중략) 미국의 법원에 소송을 제기할 수 있는 특전이다. (중략) "미국의 인민People of the United States"과 "시민Citizens"이라는 어휘는 같은 뜻의 용어이고 동일한 것을 의미한다. 이 두 용어는 우리들의 공화국 제도에 따라서 주권Sovereignty을 형성하고, 그들의 대표를 통하여 권력을 장악하고 정부를 지휘하는 정치 집단Political Body을 의미하는 것이다. (중략) 우리들은 그들[흑인]이 헌법상의 "시민"이라는 단어 아래에 있지 않으며, 포함되지도 않으며, 포함되게 의도되지도 않았다고 생각한다. 그러므로 그들은 그 헌법이 미국의 시민들을 위하여 규정하고, 그들에게 보증하는 권리와 특권들 가운데 어느 것도 요구할 수 없다.[18]

그 결과 북부는 경악을 금치 못한 반면 남부는 축제 분위기였다. 그러나 불안한 축제였다. 남부인들 역시 이미 북부의 반노예주의는 팽창할 대로 팽창해 있었고, 북부가 순순히 이러한 대법원의 판결을 순복하지 않으리라는 것을 잘 알고 있었다.

태니의 대법원은 노예제도에 따른 지역 갈등이 이미 위험 수위를 넘고 있다고 판단했다. 유일한 해결책은 양자 중에 한쪽이 항복하는 수밖에 없으며 그 한쪽이 북부라고 판결한 것이었다. 일종의 도박이었던 셈이다. 그러나 그 도박은 결국 미국을 더욱 양분시키고 말았다. 남부는 이제 사법부의 판결에 따라 그들 제도의 합헌성을 인정받았다고 믿게 되었고, 북부는 이것을 남부의 음모로 규정하고 무슨 수를 써서라도 노예제도는 척결해야 할 과제로 보았다. 남부는 남부대로 북부는 북부대로 더욱더 응집하게 되었다.

결국 3년 뒤, 1860년 대통령 선거에서 올 것이 오고 말았다. 북부는 노예해방론자인 링컨의 깃발 아래 집결했고, 남부는 존 브레켄리지John Breckenridge의 깃발 아래 뭉쳤다. 자유주의 숫자와 인구수에 따라 링컨의 당선은 이미 예상되었다. 사실 18개의 북부 자유주는 한 주의 이탈도 없이 링컨을 지지했다. 수세에 몰린 남부는 링컨

게티스버그 전투에서 전사한 군인들
남북전쟁은 근대 역사에서 그 유례를 찾아보기 힘든 살상극이었다. 북부는 미합중국이 진정한 연방국으로 거듭나기 위해, 남부는 그들의 주권을 지키기 위해 전쟁은 불가피하다고 생각했다.

이 당선되면 연방에서 탈퇴하겠다고 으름장을 놓았지만, 선거의 결과는 예상대로 링컨의 승리였다. 선거 후 사우스캐롤라이나를 시작으로 남부 주들은 하나둘씩 연방을 탈퇴했고, 1860년 12월 말 남부연맹Confederate States of America이 결성되었으며, 새 정부의 수도는 앨라배마의 몽고메리로 결정되었다. 미시시피 출신의 제퍼슨 데이비스Jefferson Davis가 남부 연합의 대통령으로 선출되었다. 그리고 연방 소속인 우체국, 세무서, 병기창 등의 공공시설을 하나둘 접수했다. 1861년 4월 12일 남부군은 섬터Sumter 요새를 공격했고, 마침내 처절한 내전으로 치닫게 되었다.

남북전쟁은 근대 역사에서 그 유례를 찾아보기 힘든 살상극이었다. 미국 백인 인구 여섯 명당 한 명꼴인 약 300만 명이 참전했고 그

가운데 3분의 1은 생명을 잃었다. 연방이 성립되고 반세기 이상을 끌어온 남과 북의 지역주의가 지역감정으로 격화되면서 미국은 운명의 한판 승부를 벌일 수밖에 없었다. 북부는 미합중국이 진정한 연방국으로 거듭나기 위해서 피의 대결을 해야 한다고 생각했고, 남부는 그들이 그토록 주장했던 주권state rights을 지키기 위해서 전쟁은 불가피하다고 생각했다.

그러나 남부로서는 처음부터 승산이 없는 전쟁이었다. 물론 남부인들이 그 당시 그렇게 생각한 것은 아니었다. 다만 객관적인 평가에서 남부의 패배는 예견된 것이었다. 이미 산업화가 정착된 북부는 화력 면에서 월등히 앞섰다. 인구 비례에서 이미 남부의 몇 배에 해당하는 북부는 병력수에서도 절대적으로 우세했다. 남부는 그 어떤 전투에서도 수적으로 우세한 적이 없었다. 북군은 언제나 예비 병력이 대기하고 있었으나 남군은 그럴 만한 여유가 없었다. 철도 및 운송 시설 역시 북부가 우세했다. 병력, 군수, 병참 등 모든 면에서 객관적으로 열세임을 알았다면, 남부는 전쟁을 피하든지 아니면 빨리 항복을 해서 전쟁의 피해를 훨씬 줄였을 것이다.

그러나 이것은 어디까지나 객관적인, 아니 결과론적인 평가다. 남과 북의 문제는 이성적인 판단에 의해서 해결될 문제가 아니었다. 남부가 모든 면에서 북부에 뒤진 것만은 아니었다. 북부보다 분명 우위에 있었던 것은 바로 그들의 정신과 사기였다. 그들의 고향을 지키려는, 그들의 전통을 지키려는 남군의 각오는 북군의 그것과 비교가 되지 않았다.

전쟁이 발발하자 남부의 데이비스 대통령은 수많은 지원병을 집으로 돌려보낼 수밖에 없었다. 그들이 감당할 수 있는 무기 및 군수품에 한계가 있었기 때문이다. 반면 링컨은 지원병을 확보하는 데 어려움이 많았다. 뉴욕에서는 징집제에 반대하는 폭동까지 일어났다. 남군의 군수품이 부족하자 일반 시민들은 각 가정에서 쓰던 귀중품과 기타 금속 제품을 헌납했다. 제대로 걷지도 못하는 노인들까지도 전쟁에 참가하겠다고 지원했다. 남부의 입장에서 전쟁은 일종의 총력전이었다.

하지만 시간이 갈수록 남군은 한계를 느끼게 되었고, 1863년 7월 게티스버그 전투를 기점으로 남군의 패배는 시간 문제였다. 결국 1865년 4월 9일, 아포매톡스Appomattox에서 로버트 리Robert Lee 장군은 항복했다.

★ 전후에도 해결하지 못한 감정, 진보와 보수로 나뉘다

　　남군의 패배로 이제 미합중국은 지역적 갈등을 끝내고 피폐한 역사의 아픔을 뒤로 한 채 새롭게, 단합된 연방으로 재탄생했는가? 결코 그렇지 않다. 남북전쟁은 헌법이나 경제, 기타 정치적 갈등의 결과라기보다는 보이지 않는 감정의 대결이었기에 이러한 감정이나 정서 문제가 해결되지 않은 상태에서는 전쟁의 승패와 연방의 결속은 아무 관계가 없는 것이었다.

　　남부는 그들의 패배가 순전히 물질적·군사적 열세에 기인한 것이었지 도덕이나 정신의 문제였다고는 생각하지 않았다. 오히려 그들의 정신은 더욱 강화되었다. 이런 점에서 남북전쟁의 처절한 대결이 남과 북의 문제를 해결하는 근본적인 해결책이 아니었다.

　　전쟁 후 남부는 10여 년간 연방이 통치했다. 남부의 정치와 경제는 북부 정치인과 그들과 야합하는 남부인들에 의해서 통치되었다. 노예는 해방되었고 헌법 제14조 수정안에 의해서 흑인들도 시민권을 부여받았으며, 제15조 수정안에 의해서 흑인들에게 선거권이 부여되었다. 남부의 교육제도 역시 큰 변화가 있었다. 북부의 공교육제도가 도입되었고 남부인들은 북부인들이 주도하는 교육을 받을 수밖에 없었다. 전쟁의 패배는 많은 면에서 남부인들을 무력화시켰고, 남부의 정치 및 제도는 연방의 주도 아래 재편성되었다. 분명 외형적으로는 전쟁을 계기로 남과 북은 하나의 연방으로 복원되고 있었다.

그러나 남부의 정신은 그대로 남아 있었다. 전쟁이 남부의 정신까지 정복할 수 없었기 때문이다. 오히려 전쟁은 많은 남부인들에게 연방정부와 북부 양키들에 대한 분노의 골을 더욱 깊게 만들었을 뿐이다. 전쟁 말기 북군은 애틀랜타에 입성하면서 그 지역을 완전 초토화시켰다. 남부인들의 의지를 완전히 깔아 뭉개버리려는 의도였다. 남부의 건물과 가옥, 농토는 초토화되었지만 남부인들의 분노는 전쟁의 폐허 속에서도 더욱 활활 타올랐다. 할 수 없이 연방 주도의 재건 정책을 수용할 수밖에 없었지만 마음속에는 복수심이 불타고 있었다.

이런 상황에서 진정한 의미의 재건이란 있을 수 없었다. 실제로 재건 기간 중에 남부인들은 교묘하게 법망을 피해서 남부를 전쟁 전의 남부로 복원하려고 했다. 노예해방은 인정할 수밖에 없었지만 흑인들에게 실질적인 자유를 허락하지 않았다. 남북전쟁 전에는 노예단속법slave codes으로써 노예들의 행동을 옭아매었지만, 전쟁 후 남부의 여러 주들은 흑인단속법black codes을 제정해 교묘하게 흑인들이 실제적인 자유를 누리지 못하도록 했다. 남부 곳곳에서 흑인들에 대한 가혹한 행위는 계속되었다. 큐 클럭스 클랜Ku Klux Klan, KKK 백인 우월주의자 단체가 설립되었고 이는 무서운 속도로 남부 전역에 퍼지고 있었다. 그리고 유사한 비밀 결사 단체들이 우후죽순처럼 생겨났다. 흑인들은 말만 자유인이었지 이들의 위협 때문에 실제적인 자유를 누릴 수 없었다. 투표권도 법적으로는 보장받았지만 그것을 실행에 옮기기란 대단한 용기가 필요했다. 시간이 갈수록 점차 남부의 정치까지도 결국 실제적인 전범이었던 대농장 노예 소유주들의 수중에 들어가고 말았다. 남부 백인들은 남북전쟁 전에는 노예제도를 지키기 위해서 그들의 엘리트층 지도력에 의지했다가 전쟁 후에는 흑인들이 투표권을 행사하지 못하도록 이들 "대농장주 계급이 정치적으로 부상하도록" 만들었던 것이다.[19]

남부의 경제 역시 별다른 변화가 없었다. 연방정부는 남부를 농업 중심에서 탈피해 공업화하도록 유도했다. 그러나 남부에서 공업화는 이루어지지 않았다. 보수적인 남부인들은 여전히 과거 지향적이었고 제퍼슨주의적 농업 중심이 가장 이상적임을 고집했다. 농토는 황폐화되었고 노예는 해방되었지만 그들은 여전히 농토에 대한 애정을 버리지 않았다. 오히려 북부의 공업주의와 그에 따른 비인간적인 태도를 경멸할 뿐이었다. 그들의 눈에는 어두컴컴하고 칙칙한 공장에서 돈을 벌기 위해 혹사당하는 노동자보다는 군데군데 헝겊으로 기워 입은 청바지와 구멍난 셔츠를 입고 조상 대대로 내려오는 토지에서 괭이질을 하는 것이 바로 미국인의 진정한 모습이라고 믿었다. 그들이 미국의 영웅이었다.

전쟁이 남부를 바꿀 수는 없었다. 남부의 외형을 바꿀 수는 있어도 그 내면을 바꿀 순 없었다. 사실 시간이 지나면서 외형마저도 이전의 남부로 환원되고 있었다. 재건 시기 남부는 전쟁 전의 남부보다 훨씬 더 남부적으로 변했다.

전쟁의 패배에 따라 남부는 연방정부의 재건 정책을 어느 정도 수용할 수밖에 없었다. 정치·경제구조의 변화, 혼란스러운 남부의 상황을 이용해서 자신들의 정치 및 경제적 이익을 추구하던 북부인들, 그들과 야합하는 남부인들 등 그 모든 수모를 남부인들은 견뎌내야 했다. 그리고 견뎌냈다. 이들은 외형적인 변화를 유도했을 뿐 그들의 내적 변화를 강요하지 않았기 때문이다. 그러나 한 가지 그들이 참을 수 없었던 것이 있었다. 바로 승리한 북부 위주로 서술된 역사였다. 남부 연맹의 제퍼슨 데이비스 대통령은 만약 남부가 전쟁에서 질 경우, 북부인들이 그 역사를 기록하게 될 것이라고 예측했다.[20]

데이비스의 예측은 틀리지 않았다. 공교육제도가 자리 잡고 있었던 북부는 전쟁 후 남부에 공교육제도를 도입했다. 연방정부 주도의 교육은 당연히 교육의 획일화를 초래했고, 교과서는 기존의 북부의 견해가 반영될 확률이 높았다. 링컨은 위대한 노예해방자로 영웅시되었고, 남북전쟁은 노예제도와 주권을 고집하는 남부의 반란 전쟁이었으며 남군의 장군보다는 북군의 장군이 더 영웅시되었다. 남부는 남북전쟁을 일으킨 악의 세력으로 간주되었고 미국의 소외된 주변지역으로 따돌림을 받았다. 자유와 진보 그리고 산업화는 미국 문명의 유장한 흐름으로 보았고, 그 흐름을 타지 못한 남부는 전근대적인 사회로 치부되면서 남부인들의 패배 의식을 부추겼다. 실제로 남북전쟁 이후 미국은 정치·경제·문화 모든 부분에서 북부화되었다. 남부인들이 그토록 저주했던 북부의 양키 문화가 미국의 문화를 주도하고 있었기에 그들이 갖는 상실감은 이루 말할 수 없었다.

그러나 남부인들은 여전히 그들이 미국 역사와 문화의 중추적인 위치에 있음을 자부했다. 아메리카 식민지가 처음으로 개척된 곳도 북부가 아닌 남부의 버지니아였다. 독립선언문을 쓴 토머스 제퍼슨 역시 남부인이었다. 링컨이 대통령으로 당선되기 전까지 미국 대통령의 3분의 2 이상이 남부 출신이었다. 그들 역시 노예 소유주였다. 하원 의장과 상원 의장도 북부 출신보다 남부 출신들이 월등히 많았다. 남부는 사법권도 장악하고 있었다. 1861년까지 총 35명의 대법원 판사 가운데 20명이 남부 출신이었다. 그런데도 남북전쟁의 패배로 인해 미국 문명의 주변 지역으로, 남부 문화가 문제투성이인 것으로 치부된다는 것은 남부인으로서는 참기 힘든 수모였다.

1930년 루이지애나 주립대학교 출판국에서 한 권의 책이 출간되었다. 열두 명의 남부인들이 남부 문화를 옹호하는 책을 펴낸 것이다. 책 제목은《나는 나의 주장을 펴리라*I'll Take My Stand*》, 부제는 "남부와 농업 전통The South and the Agrarian Tradition"이었다. 제목이 말해주듯이 이 책의 저자들은 경제, 종교, 역사, 예술 등 남부문화 전체에 대한 그들의 입장을 밝혔다. 그들의 입장은 철저히 남부를 대변한 것이었다. 이 책의 내용을 요약하면 이렇다. 남부의 농업문화는 북부의 산업문화에 결코 뒤지지 않는다. 남부의 유구한 문화는 미국 문명의 주요한 버팀목 역할을 했다. 모든 것을 북부문화에 맞춰서 미국을 표준화·획일화하는 것은 가장 비미국적인 것이다. 남부의 문화와 정신은 멈추지 않았고 그래서도 안 된다.

왜 1930년에 이 책이 출간되었을까? 저자들은 출간된 시점에 대해서는 설명하지 않았다.[21] 다만 남북전쟁 이후 북부인들은 남부인들의 전통과 정서를 말살하려고 획책하고 있었으며, 그래서 그들은 더 이상 이러한 음모를 좌시할 수 없어서 분연히 펜을 들었다는 것이었다. 그러나 시기적으로 더 이상 좋을 수 없었다. 대공황이 시작되었던 것이다. 미국 자본주의의 역사에서 가장 중대한 위기가 닥친 것이었다. 남부 지식인들에게 대공황은 국가적 위기와 동시에 농업보다는 산업, 정신보다는 물질을 강조하며 밀고 나가던 북부 양키 문화의 한계를 드러내는 것으로 보였다. 물론 대공황 때문에 그 어느 지역보다도 남부의 경제적 피해가 컸다. 수많은 남부 백인은 황폐한 농토를 뒤로하고 서부로 이주했다. 그렇다고 해서 그들이 남부 정서까지 고향에 남겨두고 떠나지는 않았다. 남부인은 여전히 남부인이었다. 그들의 버거운 현실은 그들의 책임이 아니라 북부 산업주의자들의 책임으로 여겼다. 그렇기에 대공황은 오히려 남부인들이 그들의 농경문화에 대한 우수성을 새삼 확인시켜주었고, 그 기회를 놓치지 않고 지식인들은 그들의 문화를 옹호하는 주장을 인쇄화했던 것이었다.[22]

그러나 남부 역시 급류를 타고 있는 역사의 흐름을 비켜갈 수는 없었다. 대공황과 제2차 세계대전은 역사에서 미국의 위치를 한 단계 높여 놓았다. 세계대전과 함께 미국은 이제 세계사의 주축으로 우뚝 솟아올랐다. 미국은 오랜 고립주의를 벗어버리고 세계 속의 미국으로 거듭나고 있었다. 미국 속의 남부란 이제 무의미했다. 세계대전은 실로 미국 전체뿐 아니라 남부에도 하나의 전환점이 되었다. 특히 남부의 경제구조에 큰 변화가 일기 시작했다. 미국 군사력의 증강과 함께 군 기지가 남부 곳곳에 들어섰다. 군수 산업체도 뒤따랐다. 산업체가 들어선 남부 주들의 실업률은 급속히 떨어졌다. 남북전쟁 이전 남부 주들은 피폐한 경제로 인해 실업률이 높았는데 전후 산업화의 영향으로 실업률이 떨어지고 침체된 남부에 새로운 활기가 돌았다.[23]

돈의 힘은 무서웠다. 남부 주들은 서로 경쟁적으로 북부의 산업체를 유치하는 데 총력을 기울였다. 기업에 대한 세금 혜택, 연구단지 조성, 공업단지 건설을 위한 채권 발행 등으로 공장을 유치하는 데 혈안이었다.[24] 또한 남부의 값싼 노동력은 남부를 새로운 산업지역으로 육성하기에 좋은 조건을 제공하고 있었다. 북부의 산업화 문명을 비판하며 남부의 농업문화를 옹호했던 것이 엊그제였는데 이제 남부는 경제면에서 급속하게 북부화되고 있었다. 그래서 어떤 학자는 이것을 "남부를 팔아서" 북부화했다고 저적하기도 했다.[25]

여기에 재미있는 일면이 있다. 남부의 산업화에 자동차 산업이 지대한 영향을 주었는데 자동차 산업을 활성화시킨 것은 북부가 아니라 외국 기업이었다. 일본의 자동차 산업 진출이 대표적인 예다. 1980년 일본의 닛산Nissan 자동차 회사는 남부 테네시에 대단위 공장을 짓기 시작했다. 닛산 공장은 테네시 역사에서 가장 거대한 공장이 되었다. 닛산의 모델을 본받아서 다른 자동차 공장들이 남부지역에 경쟁적으로 들어서게 되었다. 미국의 제너럴모터스General Motors는 테네시, 곧이어 일본의 도요타Toyota는 켄터키에 공장을 세웠다. 독일의 비엠더블유BMW와 벤츠Benz도 들어왔다. 1994년에 이르러서는 테네시가 미시간과 오하이오에 이어 미국의 3대 자동차 메카로 등장하게 되었다.[26] 최근에는 우리나라의 현대차와 기아차 공장이 알라바마와 조지아에 들어섰다. 수많은 협력업체가 그 지역 곳곳에 흩어져 있다. 공장으로 들어가는 길은 '현대로Hyundai Boulevard'와 '기아로Kia Boulevard'로 명명되었다. 불과 얼마 전까지만 해도 한국은 미국 남부인들에게 생소했으며, 한국인들은 차별의 대상이었다. 이제 그 한국이 남부의 산업화에 일조하게 되었다. 다소 과장될지는 모르지만, 남부는 한국을 통해 세계를 보게 되었다. 그렇기에 남부의 북부화보다는 남부의 세계화라는 표현이 더 적절한 것이라 할 수 있겠다.

남부의 경제력 못지않게 정치력도 급속하게 신장했다. 남북전쟁 이후부터 제2차 세계대전까지 남부는 단 한 명의 대통령도 배출하지 못했다. 우드로 윌슨Woodrow Wilson은 버지니아 태생이지만 대통령 선거 이전에 뉴저지 주지사였다. 미주리 출신 해리 트루먼Harry Truman은 프랭클린 루스벨트Franklin Roosevelt의 죽음으로 부통령에서 대통령으로 승계된 것이다. 그러나 1948년 트루먼은 당당히 선거를 통해 대통령에 당선되었고, 1964년에는 텍사스 출신의 린던 존슨Lyndon Johnson이 당선되었다. 1976년 조지아 출신의 지미 카터Jimmy Carter, 1988년 텍사스 출신의 조지 H. 부시George H. Bush, 1992년 아칸소 출신의 빌 클린턴Bill Clinton, 2000년 조지 W. 부시가 각각 대통령에 당선되었다. 사실 순수한 북부 출신으로 당선된 대통령은 1961년 당선된 존 F. 케네디John F. Kennedy뿐이었다. 미시간 출신의 제럴드 포드Gerald Ford는 리처드 닉슨Richard Nixon이 워터게이트 스캔들로 하야하면서 승계되었지, 선거로 당선된 대통령은 아니었다.

대통령뿐 아니라 의회에서도 남부의 영향력은 막강하게 부상하고 있다. 1932년에서부터 1988년 선거에서 남부 표를 석권했던 당이 예외 없이 선거에서 승리했다. 1994년 중간 선거는 미국 정치사의 획을 긋는 역사적 순간이었다. 남부의 몰표를 얻은 공화당이 상하 양원에서 다수당으로 등장했던 것이다. 프랭클린 루스벨트 이래 최초로 공화당이 민주당을 꺾었다. 혹자는 정치 '혁명'이라고 부를 정도로 미국의 정치 조형도가 급격히 변화하고 있음을 보여준 선거였다. 공화당의 승리는 단연 남부의 결속 덕분이었다. 이민 제한, 공립학교 기도 부활, 낙태 반대 등 보수적 도덕주의와 작은 정부를 지향하며 연방정부의 주 정부에 대한 간섭의 최소화를 부르짖은 공화당이 남부의 정서와 맞아떨어진 것이다.

사실 공화당을 중심으로 남부가 미국 정치에서 다시금 힘을 발휘하려는 징조는 대공황 시기부터 나타났다. 루스벨트는 대공황을 기점으로 미국의 민주주의 성격에 대대적인 수술을 감행했다. 힘 있고 돈 있는 자들을 중심으로 한, 그래서 자유방임적인 기존의 민주주의에서 이제는 힘 없고 가난한 농부, 노동자, 남부 흑인들까지 포용하는 새로운 민주주의를 세우고자 했다. 일종의 사회복지주의적 민주주의를 내세운 것이었다. 남부인들도 처음에는 루스벨트의 이러한 노력에 호응했다. 우선 경제적인 파탄을 수습하려는 애국심이 작용했다. 남부의 경제는 그 어느 곳보다 피폐했다. 루스벨트가 그동안 소외받았던 남부를 포용하려고 했던 것도 남부인들의 호감을 샀다. 그러나 점차 시간이 지나면서 남부는 루스벨트로부터 이탈했다. 이유는 그가 너무 진보적인 정책을 펴나갔기 때문이다.

남부인에게 '진보'란 여전히 가장 혐오스러운 단어였다. 진보적인 북부 세력에 비해 정체적이고 보수적인 남부는 남북전쟁에서 질 수밖에 없었다. 전쟁 후에도 남부는 미국 사회의 진보에 역류해서 경제, 문화 등 모든 면에서 낙후했다. 이런 종류의 비판에 남부인들은 진저리가 났고, 이제 남부인이라는 정체성은 "현대 미국 사회에 그렇게 팽배해 있는 진보적 허구에 항거하는 것"과 동격이 되었다.[27]

루스벨트가 흑인들의 처우를 개선하려는 의도를 보였던 것은 진보 세력들의 갈채를 받았고 바로 그것 때문에 백인 남부인들은 루스벨트에게 등을 돌리게 되었다.

그렇다. 남부는 여전히 흑인문제를 떠나서는 그 정체성을 찾기 힘들다. 미국 사회의 진보적 성향, 그것에 대한 남부인들의 반발은 남부가 민주당을 버리고 공화당으로 선회했던 주요한 이유다. 그러나 근원적인 이유는 흑인문제였다. 남북전쟁의 패배로 남부는 노예를 해방시키고 그들에게 시민권과 선거권을 줄 수밖에 없었다. 그러나 실제적으로 남부, 아니 미국에서는 여전히 인종 차별이 존속하고 있었다. 그렇기에 흑인들은 남부에서 여전히 열등 인종으로 백인 사회의 그늘에 가려져 있었다. 북부도 그런 남부의 독특한 계급 사회에 대해 별다른 비판을 하지 않고 있었다.

그런데 루스벨트의 민주당이 등장하면서 흑인들의 처우에 관심을 보였고, 트루먼·케네디·존슨에 이르는 민주당 대통령들이 본격적으로 민권 운동에 편승하면서 흑인들의 실질적인 자유를 확립하려고 노력했다. 그러자 남부는 다시 연합했고 본격적으로 정치적인 힘을 결집했다. 그들의 선택은 공화당이었다. 남북전쟁을 전후로 민주당에 결속하더니 이젠 공화당에 결속해서 새로운 의미의 남북전쟁을 전개한 셈이다. 그들의 결속을 합리화시키는 이슈는 충분했다. 도덕과 미국의 애국심에 호소하는 것이 가장 대표적인 것이었다. 낙태 반대, 공립학교의 기도 부활, 동성연애에 대한 제약, 이민 규제, 소수민족에 대한 처우 제한, 강하고 힘 있는 미국의 군사력 등 이 모든 구호들과 함께 남부와 공화당은 결속했고, 반대를 외치는 민주당 자유주의자들에 대한 세기적인 투쟁을 전개한 것이다. 남부는 '지역주의regionalism'를 외치면서 미국 연방제도에서 지역의 중요성을 강조했지만, 사실 그것은 '지역 분파주의sectionalism'에 가까웠다. 남북전쟁 이전의 '지역 분파주의'가 '지역주의'의 미명 아래 부활한 것이나 다름없었다.[28]

이제 공화당은 남북전쟁 시기의 그 공화당이 아니었다. 링컨을 당선시키고 노예를 해방시켰던, 인종주의를 타파하며 남부를 재건하고자 했던 그 공화당은 이제 역사의 뒤켠으로 완전히 사라졌다. 그리고 마치 19세기 말 남부 민주당이 새로운 간판을 내건 것처럼 새로운 당으로 탈바꿈했다.

그동안 공화당의 성지나 다름없었던 뉴잉글랜드 지역에서는 공화

프랭클린 루스벨트
그는 남부 경제를 되살리고, 소외받았던 남부를 포용하기 위해 모든 계층의 사람들을 포용하는 새로운 민주주의를 세우고자 했다. 그러나 진보적인 정책에 반감한 남부인들은 그에게서 이탈했다.

당의 입지가 급속히 약화되었다. 1996년 선거에서 공화당은 전체 23석의 뉴잉글랜드 의석 중 단지 네 석만 차지했을 뿐이었다. 중서부나 비남부 지역에서도 마찬가지였다. 1996년 선거에서 공화당은 중서부 위쪽에 있는 미시간, 위스콘신, 아이오와, 오하이오 주에서 패배했고 서부 해안에 있는 주에서 모두 패배했다. 공화당이 북부와 중서부, 그리고 극서부 지역에서 그 세력이 약화된 것은 시대의 흐름에 따른 여러 변수로 다양한 이유가 존재하지만, 공화당이 그동안 민주당의 텃밭이었던 남부에서 급속하게 세력이 확장된 것은 그 이유가 단순하다. 바로 '지역주의'의 부활이다. 물론 남북전쟁 이전과 직후의 지역 분파주의와는 차이가 있다. 하지만 그 근본에는 별다른 차이가 없다. 그 근본은 바로 인종주의다.

민주당의 루스벨트가 뉴딜정책을 통해 흑인차별을 해소하려 하자 백인 남부인들은 심기가 불편했다. 남부는 서서히 민주당을 이탈하기 시작했다. 1960년대부터 민주당이 흑인 민권운동을 지지하면서 백인 남부인들은 이제 민주당에 완연히 고개를 돌렸다. 1970년대에 들어서면서 남부는 이제 공화당의 텃밭으로 변모하기 시작했다. 흑인문제뿐 아니라 이민의 증가에 따른 소수민족문제, 여성해방운동, 동성연애문제 등 도덕적인 이슈들이 복합적으로 사회적 이슈로 등장하면서 남부를 중심으로 미국 보수주의가 결집되기 시작한 것이다. 이러한 이슈들은 그 용어만 보면 다양하지만 그 뿌리는 흑인에 대한 인종주의에 있다.

2000년 대선은 남부 지역주의 부활의 결정판이었다. 민주당 대통령 후보 엘 고어El Gore는 그의 고향인 테네시 주까지 포함해서 남부에서 완패했다. 그는 총득표 수에서는 50만 표 차이로 승리했지만 개표 문제로 논란이 컸던 플로리다 주에서 실패하며 선거인단수에서 부족해 결국 공화당 후보 조지 부시에게 고배를 들었다. 개표 결과를 놓고 미국 지도를 보면 뉴멕시코, 단 한 주를 제외하곤 남부와 남부의 정서권인 서부 내륙 지역은 모조리 부시를 지지했다. 반대로 북동부 표는 고어에게로 갔다. 뉴잉글랜드 지역, 뉴욕, 펜실베이니아 등 '차가운 지성'을 대표하는 진보 성향 지역은 여전히 민주당의 성역이다. 소수민족의 집산지 로스앤젤레스가 버티고 있는 캘리포니아 역시 민주당 편이다. 1860년 링컨과 브레켄리지 대결 이후 미국 역사에서 2000년 선거처럼 남과 북의 지역 대결을 극명하게 보여준 적이 또 있었는가?

하지만 2000년 선거는 뚜렷한 이슈가 없었다. 즉 누가 대통령이 되어도 별 차이가 없었다는 것이다. 미국은 사상 최대의 경제적 호황을 누리고 있었다. 어떤 후보도 미국의 자본주의를 뒤엎을 위험 인물은 아니었다. 프랭클린 루스벨트 대통령이 기초했고, 린든 존슨 대통령이 어느 정도 완성시켰던 사회복지정책에 대해서 대대적인 수정을 가할 후보는 없다. 외교 문제에서도 큰 이슈가 없었다. 냉전cold war은 역사의 다락방으로 밀려난 지 오래되었다. 1996년 대선부터 외교적 문제는 더 이상 국민들의 관심거리가 아니었다. 아수라장인 중동 사태, 한반도의 급속한 변화 등 그러한 정세는 이미 미국인들에게 그리 중요한 관심사가 아니었다. 후보 간의 토론에서도 외교 문제가 차지하는 부분은 지극히 작은 것이었다.

2004년 선거는 이전 선거보다 더욱 지역 구도로 분할되었다. 남부는 한 주의 예외도 없이 전체가 공화당을 지지하며 부시의 재선을 도왔다. 2008년 선거도 마찬가지였다. 뉴멕시코, 콜로라도, 플로리다 주가 민주당 후보 버락 오바마를 지지했을 뿐 전통적인 남부 주들은 공화당 후보 존 매케인John McCain을 지지했다. 2012년 선거에서도 남부 주와 남부 성향의 서부 산악 주들은 4년 전 선거와 똑같이 공화당을 선택했다. 2016년 선거도 크게 다를 바가 없고, 오히려 이전 선거보다 더욱 지역주의 색채가 두드러지게 나타났다. 전통적인 남부 주들은 한 주의 이탈도 없이 공화당 후보인 도널드 트럼프를 선택했고, 서부 해안 주들은 모두 민주당의 힐러리 클린턴을 선택했다. 결과는 남부의 결집된 표를 얻었던 트럼프가 이른바 '경계주Swing States'의 지지를 얻지 못한 힐러리에 승리하게 되었다.

이제 미국은 다시 지역주의로 분할되었다. 진보적인 민주당은 북동부, 중서부, 서부 해안주를 대표하는 당이 되었고 보수적인 공화당은 남부와 기타 산악주를 대표하는 당으로 거듭나게 되었다. 남북전쟁이 끝난 지 한 세기 반이 지났지만 남과 북의 지역주의는 여전히 미국의 전통이 되어 있다. 19세기의 남북 갈등과 대결은 그 수면에 노예문제가 있었고, 그 물밑에는 정서적·문화적 갈등이 들끓고 있었다. 이제 노예문제는 없어졌지만 여전히 인종문제, 이민문제, 가정 윤리 등 도덕문제가 미국을 양분하고 있다. 그 도덕문제는 바로 남부의 정서이기에 이는 남과 북의 문제인 셈이다.

미국의 남부는 미국의 정체성에 대한 담론에서 중추적인 역할을 해왔다. 노예제도 때문인지, 진보적 역사 흐름을 거스른 그들의 보수성 때문인지, 아니면 남북전쟁에서 패배해서인지, 혹은 역사는 줄곧 승자의 점유물이기에 승자인 북부 위주의 역사 해석의 희생자로 남부가 여전히 미국사의 그늘을 벗어나지 못해서인지, 어쨌든 남부가 여전히 미국의 '문제'로 남아 있는 것이다.[29]

그러나 20세기 말부터 남부는 분명 부활하고 있다. 이제 그 남부가 또 다른 미국 문화를 축조하는 주춧돌이 될지 아니면 여전히 미국의 문젯거리로 그 스산한 전통을 이어갈지는 예측하기 힘들다. 한 가지 분명한 것은 남부가 미국사에서 긍정적이든 부정적이든 미국을 미국이게 하는, 즉 미국의 독특함 혹은 특별함을 직조하는 요체로서 남아 있을 것이라는 점이다. 미국 역사 전체에서 남부가 차지하는 이 '특별함'에 대해서는 이 책의 마지막에서 좀더 살펴보기로 한다.

현재 미국의 정당 지지도를 보면, 지역주의는 아직 사라지지
않고 있다고 볼 수 있다. 남부는 여전히 공화당의 성역이고, 북
부는 민주당이 강세를 보인다. 그럼에도 지역주의가 미국에서
별다른 이슈가 되지 못하는 이유는 무엇인가?

선거 때만 보면 미국은 여전히 지역주의를 벗어나지 못하고 있다는 것
을 알 수 있다. 남부는 보수 진영의 텃밭이다. 그렇다면 남부의 몰표를
받는 공화당 후보가 대통령 선거에서 승리할 확률이 높을 텐데, 꼭 그
렇지만은 않다. 그것은 남부만큼 결집되지는 않지만 북부가 진보적 성
향을 갖기 때문이며, 무엇보다도 캘리포니아를 중심으로 서부 해안 지
역이 진보적 색채를 갖기 때문이다.

미국 문명사를 크게 양분하면 남북전쟁 이전과 그 이후로 나눌 수
있다. 미국의 대학에서는 미국사를 '미국사 I'과 '미국사 II'로 나눠서 설
강한다. 그 나눔의 경계가 바로 남북전쟁이다. 그만큼 미국사에서 남북
전쟁이 차지하는 비중이 막대하다. "인간은 감정의 동물이며 자존심의
동물이다. 그렇기에 가장 이성적인 동물이자 가장 비이성적인 동물이기
도 하다. 인간의 역사도 마찬가지다. 미국의 남북전쟁도 바로 이점에서
예외는 아니다." 근대사 최악의 동족상잔의 비극으로 몰아갔던 남과 북
의 지역감정이 쉽게 사라질 리가 없다.

하지만 이제 미국에서 지역감정은 큰 문제가 되지 않는다. 지역 정서
는 분명 존재하지만, 그것이 지역감정으로 격화되지는 않는다. 우리나
라를 포함해서 지역감정의 문제로 골머리를 앓고 있는 나라들에게 미
국의 사례는 매우 중요한 시사점을 던져 줄 것이다. 안타깝게도 지역주

의와 같이 정서와 감정이 개입된 역사적 문제에 대해 명쾌한 답을 찾기란 쉽지 않는 일이다. 여기에는 역사가의 개인적인 경험과 판단이 크게 작용될 수밖에 없기 때문이다.

지역 정서는 존재하지만 그것이 지역감정 혹은 지역주의로 격화되지 않는 이유 중에서 가장 중요한 것은 아이러니하게도 미국인들이 그 지역감정을 대수롭지 않게 생각하는 것이다. 예컨대, 캘리포니아나 뉴욕 사람들은 텍사스를 겨냥해서 왜 그들이 줄곧 공화당 후보를 지지하는지 묻거나 불평하지 않는다. 그 반대도 마찬가지다. 그들은 이러한 지역 정서에 기초한 투표 성향을 그대로 받아들인다. 그래서 선거결과는 이미 구축된 지역 성향보다는 남과 북의 경계주들, 이른바 '스윙 스테이트 swing states'의 향방에 달려 있다.

이는 단순히 최근의 흐름만이 아니다. 남북전쟁 이후 링컨이 미국의 영웅으로 자리매김할 때까지 무려 100여 년의 시간이 흘러야 했다. 북부인들은 남북전쟁이 끝난 지 한참이나 지났지만 왜 남부인들은 링컨을 미국의 영웅으로 받아들이지 않는지 따지지 않았고, 서운해 하지 않았다. 역사적 평가에서도 마찬가지다. 남북전쟁 이후 미국의 역사는 '더 닝 학파Dunning School'가 주도했다. 이들은 '친남부 성향'의 학자들이었다. 이들은 남북전쟁 이후 연방정부의 재건정책에 비판적이었다. 그 정책으로 말미암아 미국적 가치가 손상을 입었으며, 특히 흑인들에게 선거권을 부여한 것은 큰 실수라고 역설했다. 이들은 단순히 역사학계 소수의 목소리가 아니었다. 적어도 1930년대까지 미국 역사학은 이들 '더 닝 학파'가 주도했다. 이들은 남북전쟁뿐 아니라 미국 역사 전체를 남부 보수주의의 시각에서 서술했다. 이들은 1960년까지도 그 세력이 막강 했다. 그렇지만 학계에서 '역사 전쟁'은 발생하지 않았다.

이러한 흐름을 유도했던 것은 링컨과 같이 관용과 포용을 강조했던 지도자들이었다. 근대사 최악의 동족상잔의 비극이었음에도 불구하고 단 한 명도 전쟁의 책임을 지고 처형당하지 않았다. 이는 실로 놀라운 일이다. 남부연합의 대통령이었던 제퍼슨 데이비스는 그가 목숨을 다할 때까지 남북전쟁은 타당한 전쟁이었으며, 남부가 옳았으며, 남부의 정신이 부활해야 한다고 외쳤다. 하지만 누구도 그를 막지 않았다. 남부 총사령관이었던 로버트 리 장군과 함께 그는 지금도 남부의 영웅으로 남아 있다. 미국 남부에는 그들의 이름이 새겨진 학교, 공원, 도로 등을 수없이 만날 수 있다.

미국의 지역감정이 부정적인 방향으로 격화되지 못한 이유 중에 또 하나 중요한 것은 서부와 관련이 있다. 남북전쟁 이후 서부 개척은 본격적인 궤도에 올랐다. 하룻밤 자고나면 새로운 마을이 생길 정도로 서부 개척은 가속화되었다. 대륙횡단 철도가 완성되었고, 수많은 동부와 중부 사람들이 서부로 향했으며, 세계 곳곳에서 '아메리칸 드림'을 위해서 서부 개척에 합류했다. 그리고 유사 이래 최대 규모의 산업화가 미국을 휩쓸아쳤다. 미국은 순식간에 세계 최대의 산업국가로 발돋움하게 되었다.

미국은 더 이상 남과 북의 해묵은 지역 분쟁에 매몰될 여지가 없었다. 국력은 갈수록 신장되었고, 지역주의는 그 설 땅을 서서히 잃어가게 되었던 것이다.

제
4
장

전 세계 모든 인종을
아우르는 포용의 힘
: 다문화주의

여럿으로 구성된 하나, 미국을 만들다

다양한 인종, 민족, 종교가 뒤섞인 미국. 그 미국은 누가 만들었으며, 만들어 가고 있는가? 미국 역사를 움직이는 수레바퀴의 주동력主動力은 어디에 있는가?

"E Pluribus Unum!" 미국 정부의 문장紋章에 새겨진 표어로, "여럿으로 구성된 하나the one from the many"라는 뜻이다. 언뜻 보면, 지금의 미국을 주조했던 마력이 풍기는 매력적인 표어다. 하지만 서로 다른 다양한 구성원이 하나의 목적과 문화를 공유하는 단일 공동체를 만드는 것이 쉬운 일가? '만인이 만인의 적'이 될 수밖에 없는, 인간의 이기심과 비사회성을 꼬집는 토마스 홉스의 냉철한 목소리가 유럽을 뒤흔들 때 미국은 시작되었다. 정치적·종교적 이유이든 경제적 이유이든 유럽을 떠나 신대륙 미국으로 건너온 사람들의 모습과 마음가짐은 제각각이었다. 앞 장에서 거듭 강조했듯이, 이들이 미국행을 결심했던 일차적인 목적은 개인의 성공에 있었다. 하나의 단결된 응집력으로 미국이란 국가를 성공적으로 형성하는 일이란 이차적인 과제였다. 미국은 시작부터 "여럿으로 흩어져 있는 느슨한 하나"일 수밖에 없었다.

"여럿으로 흩어져 있는 느슨한 하나"를 "여럿으로 구성되었지만 강력한 하나"로 만들기 위한 노력이 미국의 역사 속에서 끊임없이 시도되었다. 남성, 백인, 앵글로색슨, 프로테스탄트를 중심으로 가장 미국적인 '새로운 국민'을 만들어 보려는 움직임이 한 고리를 형성하면서 쉬지 않고 연결되었다. 이러한 고리를 끊으려는 움직임도 만만치 않았다. 19세기 내내 아일랜드 가톨릭 이민자들과 유대인들이, 20세기 후반에는 흑인, 아시아계, 히스패닉계, 여성 등의 다양한 세력이 그러했다.

"여럿으로 흩어져 있는 느슨한 하나"는 20세기 초에 "여럿으로 구성된 하나", 즉 도가니melting spot 개념으로 수정되었다. 다양한 종류의 미국인들이 도가니 속에서 용해되어서 새로운 미국인으로 태어난다는 것이다. 그러나 도가니 개념 역시 주로 기존의 WASP(White, Anglo-Saxon, Protestant)의 가치를 반영한 것으로, 1960년대 이후에 비판받게 되면서 "여럿으로 흩어져 있는 느슨한 하나"를 추구하려는 움직임이 강렬해지고 있다.[1]

이 장에서는 미국의 다문화주의에 대해 다룬다. "누가 미국의 주인이고 그 가치는 무엇인가?" 그 질문에 따른 다양한 미국인들 사이의 대결과 갈등, 타협, 그 역동적인 역사의 파노라마를 되돌아보며 미국은 어디에서 와서, 어디로 가고 있는가를 살펴보는 것이다.

영국의 아메리카 식민지는 그 정착에서부터 다양한 인종, 민족, 종교가 존립한 다문화사회multicultural society였다. 물론 초기에는 영국계가 압도적인 우위를 보였다. 그러나 영국계 가운데서도 스코틀랜드, 아일랜드 등의 지역뿐 아니라 정치제도와 종교적 성향이 서로 다른 사람들이 아메리카로 이주했으며, 그들은 한동안 나름대로의 독특함을 유지했다.

런던 회사에 의해서 정착되었던 최초의 식민지는 버지니아였다. 버지니아 식민지가 성공적으로 정착하게 되자 여러 유럽인들이 아메리카에 이주했다. 이후 이주민들의 민족적 다양성은 아메리카 식민지의 특징이 되었다. 식민지 초기부터 무역량이 가장 많았던 뉴욕의 경우에 이러한 다양성을 엿볼 수 있다.

뉴욕에 가장 먼저 정착했던 국가는 네덜란드였다. 1624년 네덜란드는 뉴욕에 무역 연락소를 설치하면서 본격적으로 뉴욕을 대서양 무역의 중심지로 삼았다. 이후 뉴욕은 네덜란드 외에도 스페인, 포르투갈, 벨기에, 프랑스 등에서 건너온 사람들로 북적거리는 인종 시장이 되었다. 그밖에도 매사추세츠 식민지에서 상업적인 이유로 이주해온 청교도인들과 아프리카 흑인노예들이 합류하면서 뉴욕은 그야말로 일찌감치 다양한 인종과 민족, 종교적 성향을 갖고 있는 메트로폴리탄이 되었다.

1664년 뉴욕이 영국령이 되었지만 영국은 거주자들에게 차별정책을 펴지 않았고, 뉴욕의 다양성은 그대로 유지될 수 있었다. 스웨덴

인과 핀란드인들이 건너와서 델라웨어강 유역에 정착했고 독일인들도 아메리카로 몰려왔다. 영국의 퀘이커 교도들이 주축이 되어 건설한 펜실베이니아는 종교적 관용정책을 폈기 때문에 독특한 프로테스탄트 신앙을 갖고 있던 수많은 독일인이 우선적으로 이주했다. 독일 퀘이커 교도뿐 아니라 모라비안Moravian, 메노나이트Mennonite, 던커파 Dunkers 독일인들도 정착했다. 이후 루터파 및 개혁파 독일인들이 합류했다.

물론 초기 식민지 정착 시기에 비영국계 유럽인들이 영국계와 똑같은 대우를 받았다고는 할 수 없다. 미국은 영국의 식민지로부터 시작했고 따라서 미국사회에 주류를 형성했던 민족은 영국계였다. 그렇기에 영국 국교회 교도들이 정착했던 버지니아와 청교도들이 정착했던 뉴잉글랜드가 미국 초기사에서 핵심적인 지역이다. 그러나 뉴욕의 경우에서 보았듯이 미국이 이러한 다양한 인종·민족·종교적 특성과 함께 시작했다는 것은 미국의 국가 형성과 문화를 이해하는 데 중요한 사실이다.

독립혁명 이전까지의 초기 미국 형성에 주도적인 역할을 했던 민족은 영국인, 독일인, 스코틀랜드계 아일랜드인Scots-Irish 등 세 민족이었다.

먼저 영국인 이주자들에 대해서 살펴보자. 17세기 영국은 정치·경제·사회·종교적인 격동기를 맞이했다. 이 기간 동안 수많은 영국인이 이런저런 국가적 분쟁을 뒤로 하고 아메리카 식민지로 이주했다. 튜더 가의 억압을 피해서 청교도인들은 아메리카로 도망쳤는데 보금자리로 매사추세츠를 선택했다. 북유럽에 정착을 시도했던 급진적 청교도들은 정착에 실패하고 1620년 아메리카에 정착을 시도했다. 그들이 바로 유명한 필그림들Pilgrims이다. 1629년을 시작으로 청교도인들의 대대적인 이주Great Migration가 시작되었다. 이들은 새로운 땅에서 종교적 유토피아를 건설하려는 열망에 불탔으며 순식간에 뉴잉글랜드 지역을 그들의 세력권으로 만들었다. 17세기 중반 왕정이 무너지고 리처드 크롬웰Richard Cromwell의 호국 경Lord Protector 시대가 도래하면서 이번에는 영국 귀족인 영국 국교회 교도들이 버지니아의 체서피크만으로 이주해 굴지의 가문으로 자리를 잡았다. 이들 상당수는 버지니아 외에도 뉴욕과 캐롤라이나, 조지아 같은 지역으로 이주했다. 1633년 영국의 가톨릭교도들은 볼티모어 경Lord Baltimore을 중심으로 메릴랜드에 정착했다. 그리고 1681년 영국의 퀘이커 교도들은 윌리엄 펜William Penn의 주도로 펜실베이니아 식민지를 건설했다.

영국인들이 아메리카에 정착한 것은 종교적·정치적인 이유에서였다. 이러한 종교적·정치적 이유는 사회적·경제적 배경과 맞물려 있다. 또한 종교적·정치적 이유만으로는 이주의 한계가 있다. 초기에는 소수의 종교 집단들이 아메리카를 피난처로 선택했지만, 그 식민지를 실제적으로 유지하고 팽창하기 위해서는 일반 평민들의 계속적인 이주가 필요했던 것이다.

16~17세기 영국은 폭발적인 인구 증가를 경험했다. 인구 증가에 따라 화폐 경제와 인플레이션은 사회적 불안 요소가 되었다. 인구 폭등은 심각한 도시문제를 불러일으켰다. 실업자가 늘어나면서 거리의 유

랑자 역시 증가해 사회 혼란의 주요한 원인이 되었다. 농촌의 경우도 마찬가지였다. 인구가 늘어나면서 의복에 대한 수요도 늘어났다. 토지 소유자들은 곡물 재배보다 이윤이 훨씬 많이 남는 양모 생산을 위해서 목축업으로 전환했고, 개방된 공유지에 울타리를 쳐서 사유 재산화, 즉 인클로저enclosure 운동을 벌였다. 소규모 농업이나 소작농에 종사하는 농부들이 시골을 버리고 무작정 도시로 이주하면서 도시문제는 한층 심각해졌다.

한편, 인구증가에 따른 이러한 상업혁명Commercial Revolution은 영국의 중상주의mercantilism와 맞물려서 기업가를 양산하게 되었다. 기업가들은 새로운 투자 대상과 노동 가능한 인구를 찾아야 했다. 이는 국내 경쟁에서 살아 남기 위해서 뿐 아니라 해외 경쟁자들과도 싸워서 이겨야 했기에, 생존에 절대적이었다. 국가적 차원에서는 이미 불붙기 시작한 식민지 쟁탈전에서 우위에 서기 위해서 기업가들에게 적극 후원해야 했다.

여기서 아메리카 식민지 개척과 성공에 필요한 원동력을 찾을 수 있다. 도시의 거리에서 방황하는 수많은 실업자, 이들을 식민지에 정착시켜서 기업의 이윤을 챙기려는 기업가들, 국가적 명예를 위해서 이들 이주자들을 후원했던 정부 등 이 모든 것이 아메리카 식민지를 가능하게 만든 사회·경제적인 배경이었다. 게다가 위에서 언급한 영국의 정치적·종교적 혼란을 무마할 돌파구로서도 새로운 식민지 건설은 그 시대의 필연적인 결과였다.

스코틀랜드계 아일랜드인들 또한 그러하다. 아일랜드는 12세기 후

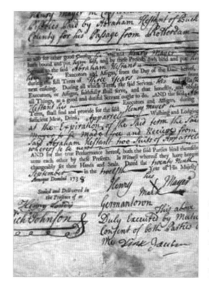

스코틀랜드의 계약 하인 계약서
대부분 가난한 농부들이었던 이들은 이주
주선 회사에게 이주비를 제공받는 대신,
일정 기간 아메리카 식민지에서 하인으로
생활한다는 계약으로 대서양을 건널 수 있
었다.

반부터 영국의 지배 아래 있었다. 그러나 아일랜드인들은 끊임없이 영국의 통치에 저항했고 반란을 일으켰다. 아일랜드는 형식적으로는 영국의 영토였지만 실제 영국이 아일랜드를 통치하기란 어려웠다. 1603년 제임스 1세가 등극하면서 북아일랜드 지역인 얼스터Ulster에 신교도들을 이주시키기 시작했고, 그곳으로 이주한 신교도들의 대부분은 저지역Lowland 스코틀랜드인들이었다. 11세기 중반부터 영국 왕은 스코틀랜드의 종주왕으로 인정받아 스코틀랜드를 통치했지만 아일랜드와 마찬가지로 민족의식이 강한 스코틀랜드인의 반발과 저항으로 골머리를 앓고 있었다. 그러던 차에 제임스 1세가 저지대 스코틀랜드인들이 아일랜드의 얼스터로 이주하도록 유도했다. 그들에게 지대地代를 낮춰주고 장기 임대를 약속했으며, 또한 장로교도들인 그들에게 종교적 자유를 보장해주면서 이주를 부추긴 것이다. 이에 힘입어 스코틀랜드인들은 북아일랜드로 대거 이주했으며, 1610년부터 1640년까지 약 4만 명이 이주했다.

그러나 아일랜드로 이주한 스코틀랜드인과 아일랜드인이 갈등하리란 것은 불 보듯 뻔한 일이었다. 가톨릭 아일랜드인과 장로교 스코틀랜드인 사이의 전쟁은 끊이지 않았으며 엎친 데 덮친 격으로 18세기에 접어들어 영국 경제가 악화되었다. 영국이 자국 상업을 보호하기 위해 아일랜드산 모직 상품에 대한 금수禁輸 조치를 취하자 북아일랜드 경제는 점차 황폐해졌다. 여기에 영국이 약속을 깨고 종교적 관용정책을 철회하고 공직자에게 영국 국교를 강요하자 스코틀랜드인의 불만이 커져 갔다.

결국 1717년 스코틀랜드계 아일랜드인들은 아메리카로 향한 대이주를 시작했다. 대부분 가난한 농부들이었던 이들은 이주비를 댈 수 없었기에 이주를 주선하는 회사에게서 이주비를 제공받는 대신 일정 기간 아메리카 식민지에서 하인으로 생활한다는 계약 하인으로 대서양을 건널 수 있었다. 그들은 대부분 필라델피아로 이주했고, 점차 매릴랜드, 버지니아, 캐롤라이나 지역으로 이주 범위를 넓혀 갔다. 그러나 이 지역들은 이미 영국인이 정착한 지역이었기에 그들은 영국인들이 적게 사는 내륙 지역으로 이주했다. 그래서 셰넌도밸리와 컴벌랜드를 중심으로 동부 해안선 지역에는 영국인들이, 서부 내륙 지역에는 스코틀랜드인들이 정착하게 된 것이다.

수세기 동안 영국과의 갈등을 경험한 스코틀랜드인들은 될 수 있으면 영국인들과의 접촉을 피하려 했고 영국인들 역시 접촉을 꺼렸기에 두 민족은 자연스럽게 거리를 두고 지낼 수 있었다. 결과적으로 보건대, 이는 다행스러운 선택이었다. 이제 양측은 고국에서의 지긋지긋한 투쟁과 갈등 같은 첨예한 대립을 피해서 새로운 땅에서 각자의 운명을 개척할 수 있었다.

마지막으로 독일인들의 경우다. 18세기 초 종교적 박해를 받고 있던 독일 프로테스탄트들은 펜실베이니아 퀘이커 교도들의 종교적 관용정책에 고무되어서 펜실베이니아로 이주를 시작했다. 곧이어 버거운 독일의 경제적 현실에 신음하던 수많은 독일 농민이 아메리카로 이주했다. 토지와 다른 재산이 있는 자들은 그것들을 팔아서 이주비를 충당할 수 있었으나 그렇지 못한 상당수 독일인들은 무임 도항이주자redemtioners로서 대서양을 건넜다. 이들은 일종의 계약 하인으로서 아메리카에서 일정기간 노동을 약속해야 했다. 1776년까지 거의 25만 명 정도의 독일인들이 펜실베이니아를 비롯해 뉴저지, 서부 매릴랜드, 캐롤라이나, 조지아, 뉴욕 북쪽 등지에 흩어져 살고 있었다.

독일인들은 스코틀랜드계 아일랜드인들보다 훨씬 독립적인 생활을 했다. 영국인들이나 스코틀랜드인들은 수출을 위주로 하는 대농장을 선호했던 반면, 독일인들은 자립자족형의 중소형 자작 농업에 종사했다. 이들이 독일에서 익숙했던 농업 형태였기 때문이다. 이들은 자연히 영국계들이 밀집되어 있는 지역을 피해서 한적한 전원 지역에 정착했고, 우수한 농업기술과 아메리카의 비옥한 토양, 그리고 정치적 안정과 종교적 관용 덕분에 빠른 시간에 아메리카 정착에 성

이민선에 탑승하려는 독일인
자립자족형의 중소형 자작 농업에 종사했던 독일인 이민자들은 우수한 농업기술과 비옥한 토양, 정치적 안정과 종교적 관용 덕분에 빠른 시간에 아메리카 정착에 성공했다.

공했다. 게다가 스코틀랜드인들은 영국인들과 같은 언어를 사용했기에 영국인들과 쉽게 융화할 수 있었으나 독일인들은 언어가 달라서 그들 나름대로의 독립된 사회를 형성하지 않을 수 없었다. 이것은 언어뿐 아니라 그들의 전통이기도 했다. 또 그들은 유럽에서 국가라는 근대 형태의 정치제도보다는 수백 개의 공국principalities 형태로 나뉘어 있었기 때문에 독립된 적은 인구로 독립된 사회를 형성하는 것에 익숙해 있었다. 물론 영국인의 텃세와 수세기 동안 정치적 환란에 찌든 그들이 다른 민족과 융화하기보다는 자기들만의 독립된 생활을 선택한 것은 당연했다.

이렇듯 영국의 아메리카 식민지는 각 민족, 종교에 따라 분할되고 분산되어 있었다. 13개 식민지는 서로 다른 13개국으로 나뉘어 있었던 것이다. 이 국가들은 영국의 식민지라는 것 외에는 공통점을 찾기가 어려웠다. 식민지들은 유럽의 13개국이 그대로 아메리카에 이전한 것이나 같았으며, 민족적 정체성이 그대로 유지되었다. 종교적 성향 역시 변함이 없었다. 오히려 종교적 열망이 더욱 고조된 곳이 많았다. 매사추세츠의 청교도들이 그러했고, 펜실베이니아의 퀘이커교도들, 중부 식민지middle colonies에 산재해 있던 스코틀랜드 장로교도들과 독일의 프로테스탄트들이 그랬다. 미국은 시작부터 분명 다문화사회였다. 거기서는 문화적 융합이란 그 필요성도 없었고 그런 강요도 없었다.

그러나 1776년에 이르러서는 이들 사이에 어느 정도의 융합이 이루어졌고 점차 유럽의 전통을 뒤로 하고 미국인이라는 의식을 갖게 되었다. 물론 독립전쟁은 명확하게 통합된 국가관에 의해서가 아니라, 영국이라는 공동의 적에 대한 느슨한 연대감에서 시작되었다. 그러나 이 과정에서 서서히 미국인이라는 하나의 정체성이 형성되었다. 인종·민족·종교적 다양성과 대규모의 참여 민주주의가 복합적으로 어우러진 '근대국가'로서의 국가적 정체성이 형성되기 시작한 것이다.[2]

유럽 이민자들이 획득한
미국인이라는 정체성

그렇다면 무엇이, 그리고 어떻게 이 유럽인들은 미국인이라는 동질적인 정체성을 갖게 되었는가? 이 질문에 대한 대답은 결코 쉬운 일이 아니다. 수세기 동안 유럽인들은 종교적·정치적 문제를 놓고 처절한 투쟁을 벌여왔다. 유럽은 르네상스와 종교개혁을 거치면서 이런저런 이유로 피비린내 나는 대결을 수없이 했고, 각 나라는 마침내 근대적 의미의 국가 체제를 형성하게 되었다. 종교적 박해를 피해서 소수의 민족들이 유럽의 다른 지역으로 이동하는 경우는 있었지만, 대체로 국가의 울타리 안에서 서로간의 문화적 융합이나 타협을 선택하기보다는 각기 독자적인 국가를 형성했다. 그런데 거의 같은 시기에 이런 유럽인들이 각각 다른 종교와 문화적 색채를 그대로 유지한 채 북아메리카 식민지에 정착한 것이다. 그러고 나서 1776년 독립전쟁이 시작되었고 1789년 연방헌법이 비준해 미국이란 독특한 국가가 만들어졌다. 유럽에서는 그렇게 다툼과 분쟁 속에 휘말렸던 그들이 이렇게 빠른 시기에 하나의 국가로 통합되었다는 점은 그 당시 유럽의 상황에 비추어볼 때 가히 기적에 가깝다. 그 이유가 무엇일까? 이 질문에 대한 정확한 해답을 얻기란 어려운 일이지만 미국이라는 다문화 국가의 본질을 파악하기 위해서 여기서 몇 가지 추론을 할 수 있다.

첫째, 신대륙의 광활한 대지가 그 이유다. 제1장에서 살펴보았듯이 아메리카 식민지는 유럽의 이주자들을 수용할 수 있는 충분한 토지를 갖고 있었다. 그렇기 때문에 초기 유럽 이주자들이 서로 충돌을 피해서 분산되어 정착할 수 있었던 것이다. 만약 그렇지 않았다면 아메리카 역시 유럽의 그 서슬이 퍼런 분쟁이 재현될 가능성이 컸다. 일단 서로 충돌을 피하면서 정착에 성공한 후 자연스럽게 융화를 시도할 수 있었던 것이다.

둘째, 유럽 이주자들에게는 공동의 적이 있었다. 공동의 적이 있을 때 어떤 차이점이나 사소한 다툼을 내세우지 않고 연대의식을 가질 수 있다. 그 공동의 적은 인디언이었다. 초기 영국 이주민들은 스페인 이주자들과는 달리 토지에 정착하려는 농부들이 대다수였기에 인디언들과의 갈등을 피하기가 어려웠다. 숙명적인 투쟁에서 유럽인들은 단합할 수밖에 없었고, 그 과정에서 서로간의 동질감을 발견할 수 있었다. 특히 프런티어에 진출했던 이주민들의 경우에는 더더욱 그러했다.

프랑스 역시 북아메리카에 정착했던 유럽인들의 공동의 적이었

프랑스와 인디언과 벌인 7년 전쟁
비교적 자유롭게 자치 정부를 꾸려왔던 북아메리카 지역 식민지인들은 인디언이라는 공동의 적을 물리치고, 프랑스가 전쟁에서 승리하는 것을 막고자 7년 전쟁에 참전했다.

다. 식민지인들은 프랑스의 헤게모니에 대항한 4대 주요 전쟁에 휩쓸리게 되었다. 1689~97년 윌리엄 전쟁, 1702~13년 앤 여왕 전쟁, 1745~48년 조지 왕 전쟁, 1756~63년 7년 전쟁이 바로 그것이다. 물론 이 전쟁들에서는 영국계 식민지인들이 가장 크게 관여했다.

그러나 7년 전쟁(미국에서는 '프랑스와 인디언과의 전쟁')의 경우는 달랐다. 영국계 식민지인들이 아닌 사람들도 영국을 위해서 전투에 참가했다. 일단 인디언이라는 공동의 적이 있었고 북쪽의 프랑스도 부담스러운 존재였다. 영국의 느슨한 식민지 정책으로 비교적 자유로운 자치 정부를 꾸려왔던 식민지인들은 프랑스가 전쟁에서 승리한다면 그러한 자유를 침해하지 않을까 염려했다. 그런 점에서 7년 전쟁은 사실상 미국의 시작이라 할 수 있다. 7년 전쟁을 치르는 과정에서 북아메리카 식민지인들 사이에 연대감이 생겼다. 전쟁 이후 영국의 식민지정책이 억압적인 형태로 바뀌자, 과거 프랑스에 대항했던 연대감이 되살아나서 이젠 영국이라는 공동의 적에 대항해 독립전쟁을 벌이게 된다.

셋째, 식민지인들의 경제적 야망이다. 초기 이주자들의 경우 유럽에서의 종교적인 박해가 신대륙으로 이주하게 만든 주요한 원인이었다. 특히 비영국계의 경우에 더욱 그러했다. 물론 영국인들 가운데 청교도들의 경우는 예외다. 그러나 세월이 지나면서 종교적인 것보다는 경제적인 원인이 훨씬 주요한 이주의 동력이 되었다. 18세기에 들어오면서 북아메리카 식민지는 상업주의의 물결에 쉽게 휩쓸렸고, 식민지의 경제력이 성장하면서 더 많은 유럽인들이 이주했다. 동부 해안 지역은 민족적, 혹은 종교적 다원주의pluralism로 급격히 와해되었고 서서히 이러한 추세는 내륙 지역까지 번졌다. 초기 생존과 자급자족형의 소규모 농업은 수출에 근거를 둔 대규모 농업이 되었고, 이러한 추세는 특히 남부에서 더욱 강하게 나타났다. 또한 서부 프런티어 지역의 모피 산업도 동부 식민지와 유럽 국가를 겨냥한 수출형 사업이었기에 인디언들의 위협에도 아랑곳하지 않고 경제적 이득을 찾아 서부로 진출했던 이들에게 민족과 종교문제는 큰 의미를 갖지 못했다.

독립전쟁은 다양한 유럽계 미국인들을 하나로 묶는 역할을 했다. 각자 민족적·종교적 성향은 분명히 달랐고 그동안 문화적 융화를 이루지 못했다. 사실 그럴 필요도 없었던 그들이 영국이라는 공동의 적을 맞아 싸우는 과정에서 점차 미국인이라는 정체성을 갖게 되었다.

물론 영국계가 아직 지배적인 세력이기는 했지만, 전쟁을 겪으면서 모국인 유럽의 민족적 특성을 버리고 미국인이라는 동질성을 갖게 되었다. 전쟁 중에 영국계 이민자들 사이에는 친영국파와 독립파로 양분되었던 것에 비해, 그동안 영국계로부터 견제를 받아왔던 독일계나 스코틀랜드인들은 적극적으로 독립을 지지했고, 전쟁에 참전했다. 이것은 독립 후 이들이 좀더 미국인이라는 자부심을 갖게 된 주요한 배경이 된 셈이었다.

만약 미국이 독립전쟁을 거치지 않고 영국에게서 쉽게 독립을 인정받았다면 사정은 달랐을 것이다. 독립 후 미국연방을 설립하는 문제는 쉽지 않았을 것이고, 전통적인 민족적 갈등은 독립 후 계속해서 미국이 풀어야 할 과제였을 것이다. 그러나 독립전쟁을 통해서 동질감을 갖게 되었고, 이젠 7월 4일 독립기념일이 미국에 거주하는 유럽계 미국인들 전체의 주요 국경일이 되었다. 다만 그들이 거주하는 지역에 따른 차이점이 서서히 부각되었을 뿐이었다. 상공업에 근거한 북부와 노예제도를 근거로 한 남부, 즉 그들의 독특한 문화를 형성한 두 지역 간의 차별적인 정서가 그동안의 민족적 갈등을 대신하게 되었다.

독립 후 미국은 우여곡절 끝에 헌법을 제정했고, 국가의 틀을 잡아 갔다. 그러나 정치적으로는 영국에서 독립했어도 경제적으로는 진정한 독립국가로서 확고하지 못했다. 그래서 19세기 초반까지 국가의 초점은 경제 부흥에 있었다. 미국 정부는 초대 재무장관 알렉산더 해밀턴을 중심으로 강력한 경제정책을 폈다. 그는 주로 제조업과 상공업에 중점을 두었다. 또한 농업을 중시한 제3대 대통령 토머스 제퍼슨도 해밀턴이 제시한 경제정책의 기조에서 크게 이탈하지 않았다.

1812년 미국은 영국과 다시 전쟁을 치렀다. 나폴레옹의 프랑스와 영국의 세기적인 전쟁에서 미국은 중립을 지키려고 했으나, 영국과 프랑스의 장기간에 걸친 지루한 대결은 미국 경제를 어렵게 만들었다. 드디어 친프랑스 성향의 제임스 매디슨 대통령은 영국과의 전쟁을 결정하게 되었고, 전쟁은 미국의 승리로 끝이 났다. 이것은 사실 미국 군사력의 승리라기보다는 워털루 전투로 나폴레옹이 몰락하자 1815년 영국이 미국과의 전쟁을 포기했다고 보는 편이 정확하다. 영국의 적은 프랑스였지 미국이 아니었기 때문이다.

어떻든 전쟁의 승리로 미국은 어느 국가도 얕볼 수 없는 강한 국가로 인정받게 되었다. 미국은 다시 한 번 강력한 애국심을 바탕으로 결집된 모습을 드러냈고, 경제적으로도 진정한 독립국으로서 번영을 이루기 위해 국력을 결집하기 시작했다. 제조업을 중심으로 경제는 폭발적으로 성장했고, 운하·도로·철도 등 운송시설이 확장되었다. 이에 따라 더 많은 노동력이 필요했고 수많은 유럽인들이 속속들이 미국으로 건너오게 되었다.

그러나 새로운 이민자들이 문제가 되었다. 이들 대부분이 아일랜드인들로 가톨릭교도였기 때문이었다. 이것은 사회적 분란을 일으키는 불씨일 수밖에 없었다. 영국인들과 아일랜드인들은 수세기 동안 반목했고, 더군다나 아일랜드인은 가톨릭을 신봉하여 프로테스탄트 전통을 자랑으로 여기는 미국인들과 갈등을 일으킬 것이 불 보듯 뻔했다.

그래서 1830년대부터 남북전쟁이 시작되기 전까지 프로테스탄트계 미국인, 그러니까 먼저 이민 왔던 영국계 미국인들과 나중에 이민 온 아일랜드인들 사이에 서로 배타적인 문화적 갈등이 벌어지게 되었다. 앞서 이민 온 미국인들이 자신을 토박이라고 부르면서 나중에 온 아일랜드 가톨릭교도들에 대항해서 전통적인 미국의 순수성을 지키려는 이른바 '토착주의Nativism' 운동을 벌였던 것이다. 토착주의의 사전적 의미는 먼저 거주했던 자들이 이민자들로부터 그들의 이익을 보호하려는 운동을 일컫는다. 역사학자 존 히검John Higham은 다음과 같이 정의했다.

> 역사가들이 토착주의를 정의하기란 쉽지 않다. 그것은 독특한 미국적 용어다. 1830년 후반과 1840년 초반에 걸쳐 미국의 동부 도시에서 일어난 일련의 특정한 사건의 산물이었다. 그렇지만 그 의미는 너무 광범위하기 때문에 어떤 때는 그것이 영구적인 인간 경험을 이야기하는 것 같다.
> 미국의 토착주의 정신은 1840년 경 그 용어가 사용되던 오래전부터 나타났고, 그것이 상용어로 거의 자취를 감추게 된 오랜 후에도 깊은 영향을 주었다.[3]

대대로 아일랜드는 유럽에서 가장 경제적으로 낙후된 지역 중에 하나였다. 기근과 질병은 끊이지 않고 아일랜드인들을 따라 다녔다. 나폴레옹 전쟁이 끝나면서 상황은 더욱 처참해졌다. 전후 유럽의 곡물생산이 다시 증가하면서 아일랜드 지주들이 농지를 목축지로 전환했고, 수많은 농민이 농토를 잃고 가난과 굶주림으로 고통받게 되었다. 빈민들은 친척집을 전전하고 버려진 황무지를 개간하거나, 도시의 노동자나 부랑자로 하루하루 생명을 연명할 수밖에 없었다. 사실 그들이 찾아갈 도시도 그렇게 많지 않았다. 아직 아일랜드는 산업화가 되지 않았기에 도시화는 별다르게 진행되지 않았던 것이다. 결국 그들에게 열려 있는 유일한 선택은 미국으로 이주하는 것이었다. 1815~25년 동안 무려 10만 명이 미국으로 건너왔다. 당시 미국은 초기 산업화 단계로 빠른 경제 성장을 하고 있었기 때문에 많은 노동력이 필요했고, 따라서 이민자들을 적극적으로 받아들였다. 그리하여 이민의 수는 크게 증가했다. 1830년대에 아일랜드인들이 미국 전체 이민의 3분의 1을 차지했을 정도였다. 같은 시기 영국계 이민자 수는 75,810명이었던 것에 비해 아일랜드 이민자는 무려 207,654명이나 되었다.[4]

아일랜드 이민자들의 대부분은 동부의 주요 도시에 밀집했기 때문에 토착주의자들과 아일랜드인들과의 갈등은 도시의 새로운 사회 문제가 되었다. 산업화는 반드시 도시 집중 현상을 초래하고 도시문제는 산업화 과정에서 나타나는 필연적인 현상이다. 그런데 가톨릭교도들인 아일랜드인들이 도시에 집중하자 그 갈등은 더욱 증폭되었다. 토착주의자들은 대부분의 도시문제들에 아일랜드 이민자들이 연관되어 있다고 믿었다. 아일랜드인들은 무식하고, 게으르고, 지저분하고, 난폭하고, 사악하다고 여겼으며, 더러운 질병을 전염시키는 도시의 가장 큰 문젯덩어리라고 여겼다. 외국인 노동자들의 파업이나 폭

아일랜드인들의 이주
본국에서 오랫동안 영국과 투쟁하는 동안 형성된 그들의 전통이 미국에 건너와서는 대부분 토착주의자들의 억압에 맞서 정치적인 힘을 키우기 위해 표출되었다.

동은 당연히 아일랜드인들의 소행으로 간주되었다. 또 신교도들이 술 취한 외국인 부랑자들에게 구타를 당한 경우도 아일랜드인의 소행으로 덮어씌우곤 했다.

아일랜드인들에 대한 부정적인 이미지와 함께 토착주의자들을 긴장시킨 것은 정치적인 문제였다. 미국으로 처음 이주해 온 사람들이 그랬듯이 아일랜드인들은 특정 지역에서 집중적으로 거주하며 "국가 내 또 다른 국가"를 만들고 상조회나 비밀 결사단과 같은 조직들을 만들어 그들의 권익을 보호하려고 했다. 가톨릭교회는 그들 생활의 중심지였고, 사제는 그들 공동체의 실질적인 지도자였다. 그들만의 공동체 의식, 비밀결사단, 교회의 영향력, 거기에다 수세기 동안 그들의 가슴속에 사무쳤던 반영 감정은 아일랜드 이민자들을 결집시켰고 이는 곧 정치적 단합으로 연결되었다. 아일랜드인들은 특히 정치적 성향이 강한 민족이었다. 이는 그들이 본국에서 오랫동안 영국과 투쟁을 하는 동안 길러진 전통으로 미국에 건너와서는 대부분 신교도들인 토착주의자들의 억압에 맞서 정치적인 힘을 키우기 위해 표출되었다. 아일랜드 이민자들의 숫자가 폭발적으로 증가하게 되자 그들의 표를 이용해서 정치적 야망을 키워보려는 정치인들이 늘어났다. 토착주의자들은 이러한 아일랜드인들을 미국 정치를 부패하게 하는 암적 존재로 보았다.

종교적인 차이는 토착주의들과 아일랜드인들 사이의 끊임없는 갈등의 원천이었다. 1830년대 반가톨릭 운동이 주요 도시를 휩쓸었다. 토착주의자들은 이른바 '교황의 음모론'을 내세우며 가톨릭에 대한 경각심을 유발하려고 했다. 음모론이란 로마 교황청이 아일랜드인과 같은 가톨릭 신자들을 대량으로 미국으로 이주시켜 신교 중심의 미국 공화주의를 전복시키려 한다는 것이다.

특히 1834년 전신부호를 만들었던 새뮤얼 모스Samuel Morse가 《미국의 자유에 대항하는 외국의 음모Foreign Conspiracy Against the Liberties of the United States》를 출간하면서 이러한 음모론은 더욱 구체적으로 퍼져 나갔다. 각 개신교 교단은 이 책자를 주일학교의 교재로 사용하면서 수백만 명의 미국인이 그 내용에 따른 교육을 받기에 이르렀다.

가톨릭 신자들과 프로테스탄트 신자들 사이의 갈등은 갈수록 심화되었다. 곳곳에서 폭력 사태가 일어났다. 가장 대표적인 사건은 1844년 필라델피아에서 일어났다. 필라델피아 가톨릭교구장이 가톨

교황의 음모론을 풍자한 그림
토착주의자들은 로마 교황청이 가톨릭 신자들을 대량으로 미국으로 이주시켜 신교 중심의 미국 공화주의를 전복시키려 한다는 음모론을 내세웠다.

릭교도 학생들이 신교도 성경인《킹 제임스 판 성서*King James Version Bible*》를 가톨릭교도 학생들이 사용하는 것에 반발하면서 사건이 불거졌다. 미국신교도협회American Protestant Association는 재빨리 가톨릭의 이러한 처사에 항의하는 운동을 전개했다.

미국 토박이 클럽Native American Clubs은 반아일랜드인 소요를 일으켰다. 미국 토박이 클럽은 이민자들이 시민권을 취득하는 데 필요한 기간을 기존의 5년에서 21년으로 연장했고, 미국 시민권자가 아닌 이민자들이 공직에 취임하는 것을 금지하는 법령을 제정하는 운동을 벌였으며, 공립교육기관에서 프로테스탄트 교단이 인정하는 성서만을 사용할 것을 요구했다. 필라델피아 곳곳에서는 실력 행사가 잇따랐고 폭력이 난무했다. 흥분한 토착주의자들은 가톨릭 수도원을 불태웠고 이에 아일랜드인들은 무장해 대항했다. 5월과 7월 두 번의 격렬한 폭동이 일어났고, 30명 가량이 숨지고 100여 명이 부상당했다.

아울러 수십 개의 건물이 불탔다. 미국 독립기념관이 있으며 건국의 아버지들이 미국의 헌법을 제정했던 필라델피아가 이제 신교도와 구교도 사이의 벌어진 폭동의 중심이 되고 말았다.[5] 당시 필라델피아는 북아일랜드 벨파스트Belfast를 그대로 옮겨놓은 것과 같았다.

1846년 미국은 멕시코와의 전쟁에 돌입했다. 나라 전체는 팽창주의에 단단히 포박되어 있었다. 북서부로의 영토 확장에 이어서 남서부로의 확장에 열광해 있었고, 1848년 캘리포니아에서 금광이 발견되면서 미국인들의 관심은 서부로 쏠렸다. 동시에 멕시코와의 전쟁에서 승리하자 멕시코로부터 획득한 영토의 미래를 놓고 남과 북의 첨예한 지역 갈등이 전면으로 부상했다.

국가의 관심이 온통 서부 확장과 남과 북의 갈등이라는 굵직한 문제에 묶이면서 토착주의는 그 빛을 잃게 되었다. 그러나 이것은 어디까지나 일시적인 현상이었다. 서부 팽창과 남북문제가 분명 그 당시 미국의 가장 주요한 관심사인 것은 사실이다. 그러나 동부의 대도시에서 이민에 따른 문제는 항상 문제의 불씨를 안고 있었다. 그리고 그 문제의 초점은 가톨릭계 아일랜드인들에게 맞춰졌다.

1840년대 중반부터 아일랜드는 사상 최악의 경제적 불황을 맞이했다. 그들이 생존할 수 있는 최소한의 양식이었던 감자마저도 계속 흉작이었다. 이른바 '감자 기근potato plight'으로 알려진 역사상 그 유례를 찾아볼 수 없는 기근으로 말미암아 아일랜드인들의 생활은 처참하기 이루 말할 수 없었다. 1847년 아일랜드를 방문한 어느 영국인은 그 참상을 다음과 같이 기록했다.

마을은 그 자체로도 낯설고 두려운 광경이었다. 거리에는 수척한 유랑자들이 어슬렁거리고 있었다. 그들은 자포자기였고 배고픔에 찌든 얼굴이었다. 허기지고 변변한 옷도 걸치지 못한 여자들이 죽soup을 배급받을 식권을 얻기 위해 구빈원 주위에 떼를 지어 몰려 있었다. 우리의 숙소는 일감을 얻기 위한 거지 떼들로 북적대고 있었다. (중략) 내가 방문했던 오두막집의 한 가난한 여자는 "우린 그냥 이렇게 누워서 죽을 수밖에 별 도리가 없다"고 말했다. (중략) 아이들은 고통을 참지 못하고 울었고 어떤 오두막집의 여성들은 거동조차 힘들었다. 소는 한 마리도 남지 않았고 모든 양과 닭들도 죽었다. 지난번에 왔을 때 짖어대던 개도 사라졌다. 곡식도 감자도 없었다.[6]

"감자도 없었다." 당시의 참담한 현실을 압축적으로 설명하는 표현이다. 나폴레옹 전쟁 이후 아일랜드인에게 감자는 생명과도 같았다. 지대가 증가하면서 지주들이 농산물보다는 양모 목축에 치중하자 감자는 그들에게 가장 중요한 곡물이자 생계 수단이었다. 그 감자마저도 아예 흉작으로 구할 수 없게 된 것이다.

그들이 선택할 수 있는 것은 오직 하나, 미국으로 건너가는 것이었다. 1846년부터 수천 수만 명의 아일랜드인들은 고향을 등지고 미국으로 향했는데, 가히 기록적인 수치였다. 1847년 한 해만 해도 23만 4천 명에 이르렀다. 1840년대 동안 78만여 명의 아일랜드인들이 미국에 이민 온 것을 보면, 10년간 전체 이민의 거의 3분의 1 정도가 1847

년 한 해에 미국으로 건너온 셈이었다. 1851년에는 38만 명에 육박했다. 이러한 추세는 계속되었고 1850년대 미국으로 이주한 아일랜드인들의 숫자는 총 914,119명이었다. 10년 단위 총 이민자 수에서 최고수치를 기록했던 기간이었다.

이러한 기록적인 아일랜드인 이민은 미국 토박이들을 긴장시켰다. 대도시에서 아일랜드인의 비율은 갈수록 높아졌다. 문맹률이 높고 가난한 그들이 도시의 빈민가를 더욱 확대시켰다. 도시의 범죄율 또한 높아졌다. 1850년 통계를 보면 범죄에 적발되어 조사를 받은 사람의 반 이상이 이민자였고 그 가운데 반 이상이 아일랜드인이었다. 또한 아일랜드 이주자들은 질병의 원천이었다. 모국에서부터 기근에 시달린 아일랜드인들은 심각한 영양실조에 걸려 있었고, 오랜 항해 중에 상당수가 죽거나 병으로 시달렸다. 발진티푸스·천연두·콜레라·이질이 만연해 있었다. 미국에 도착했을 때 그들의 모습은 처참하기 그지없었다.

그런 모습으로 미국에 도착한 아일랜드 이민자를 바라보는 미국인들이 그들에게 우호적일 수 없었다. 미국인들의 첫 반응은 이주자들에게서 옮겨진 질병이 항구 도시를 황폐화하고 나라 곳곳에 펴져 나갈까봐 두려워하는 것이었다. 이민선이 항구에 도착하면 질병에 전염될까봐 다른 지방으로 피신하는 사람도 있었다. 실제로 이민선과 이들이 임시로 거처하는 항구의 대기소는 유행성 질병의 발원지였다. 필라델피아와 볼티모어에서 발진티푸스가 발병했고 뉴잉글랜드의 항구 도시들도 예외는 아니었다. 이주자들이 한동안 증기선을 떠나지 못하도록 조치가 취해지기도 했고, 매사추세츠 의회는 일시적이나마 1847년 이주를 금하기도 했다.

그러나 시간이 지나면서 질병문제는 해결되었다. 이민자들은 일자리를 찾아나섰고 서서히 체력도 회복되어 만성적인 영양실조에서 벗어났다. 그렇다고 해서 그들이 토박이 미국인들의 편견이나 차별로부터 벗어난 것은 아니었다. 이미 아일랜드인들은 지저분하고 무식하고 난폭하며 위험스러운 민족이라는 온갖 편견이 팽배해 있었다. 무엇보다도 그들이 가톨릭을 믿고 있다는 것은 갈등의 불씨가 되었다. 학교 교육에 대한 시각 차이는 여전히 대도시에서 아일랜드 이민자들과 토박이들 사이에 갈등의 핵심이었다. 경기가 좋지 않을 때 토박이 노동자들의 견제도 무시 못할 갈등이 되었다. 아일랜드 이민자들의 대부분은 특별한 기술이 없는 비숙련 단순 노동자로 토착 미국인들의 일자리를 빼앗고 임금 수준을 하락시키는 주범으로 비난의 대상이 되었다. '미국 기능공 연합회Order of United American Mechanics'는 1844년 필라델피아 폭동 때 창단되었던 가장 강력한 토착주의자들의 집단으로 회원은 값싼 외국인 노동자들을 고용하는 데 반대하는 운동에 참가할 것을 서약해야만 했다. 아일랜드 이민자들이 급격히 증가하면서 그 활동은 더욱 활발해졌다.[7]

미국을 다양하게 변화시킨 이민자의 증가

무엇보다도 늘어나는 아일랜드 이민자의 숫자는 토박이들에게 정치적 부담감을 주었다. 민족적 응집력이 강하고 정치적 성향이 강한 아일랜드인들이 선거에서 변수로 작용할 가능성이 컸기 때문이었다. 도시를 중심으로 한 정치가들은 이민자들의 정착과 일자리를 알선함으로써 이들의 표를 얻으려 했다. 실제로 상당수 민주당원들은 표를 의식해서 아일랜드인들을 호의적으로 대했고, 아일랜드인들도 급속히 정치 세력화되어 갔다. 미국은 노예문제에 따른 남과 북의 지역적 분할이 가속화되고 있었으며, 서부 영토문제 역시 이러한 노예문제에 직·간접으로 연결되어서 혼란스러웠다. 토착주의자들은 이러한 혼란기에 가톨릭계 아일랜드인들이 실리를 챙기며 프로테스탄트 사상에 기반을 둔 미국의 가치를 흐트러뜨릴까봐 우려했다.

1850년 '성조기단Order of the Star Spangled Banner'이 뉴욕에서 탄생했

다. 그 당시 가장 급속한 속도로 토착주의자들을 결집해 나갔던 이들은 체계적이고 적극적인 행동으로 이민자들을 견제하기 시작했다. 이민규제법, 가톨릭교인이나 외국인에게 공직 보유 금지, 문맹 검사를 한 후에 참정권을 부여하는 일, 공립학교에서 성서를 읽고 가르치는 일, 특히 킹 조지 판을 공식적인 성서로 선택하는 일 등 그동안 여러 토착주의자들이 요구했던 사항을 주장하면서 총체적인 이민 배척운동을 전개해나갔다.

성조기단의 움직임이 활발해지면서 회원수가 늘어나고 미국 기능공 연합회도 거기에 합류했다. 보수 성향의 휘그당원들도 속속 성조기단에 가입했다. 순식간에 성조기단은 가장 강력한 제3당으로 세력이 결집되었다.[8] 엄격한 비밀결사 계율을 따랐던 성조기단은 결코 외국인이나 가톨릭 신자 후보에게 투표를 하지 않을 것을 맹세하고, 자기가 속한 직장이나 사업체에서 이민자들과 가톨릭교도를 축출할 것을 맹세했다. 또 결사단의 조직이나 성격에 대해서 일체 공개하지 않는다는 것을 서약해야 했다. 다른 사람들이 결사단에 대해서 물을 때는 "나는 아무것도 모른다 know-nothing"라고 대답해야 했다. 그래서 그 당은 무지당Know-Nothing Party으로 알려지게 되었다.

그러나 언제까지 이름 없는 유령당으로 남아 있을 수 없는 노릇이었다. 당의 세력이 커져가면서 유령당은 1852년 당명을 미국당American Party으로 공식 명명했다. 그리고 각 선거에서 놀라운 성공을 거두었다. 1850년대 중반까지 미국당은 여섯 명의 주지사를 탄생시켰고, 메사추세츠·뉴햄프셔·코넷티컷·로드아일랜드·펜실베이니아·델

무지당을 알리는 포스터
엄격한 비밀결사 계율을 따랐던 성조기단
은 결사단의 조직이나 성격에 대해 "나는
아무것도 모른다"라고 대답하며 일체 공개
하지 않는다는 것을 서약해야 했다.

라웨어·메릴랜드·켄터키·캘리포니아 주 의회를 장악했다.

미국당의 세력은 특히 북동부 지역에서 강했다. 처음에는 남부인들
도 관심을 보였다. 외국인들, 특히 아일랜드 가톨릭 신자들에 대한 혐
오감은 전국적인 현상이었고 오히려 남부가 북부보다 더욱 강했다. 그
러나 새로운 이민자들의 대부분이 북부에 정착했기 때문에 상대적으
로 남부인들은 아일랜드인들을 접할 기회가 그리 많지 않았다. 남부
주로 이민을 간 외국인의 숫자는 전체 이민자의 1~2퍼센트밖에 되지
않았다. 남부인들의 아일랜드인에 대한 감정은 전통적인 반가톨릭 정
서가 반영된 것이지 그들의 생활 경험 속에서 길러진 현실적인 문제
는 아니었다. 무엇보다도 그 당시 남부인들의 가장 큰 관심은 북부와
대항해서 노예제도를 유지하는 것이었기에 미국당에 대한 관심이 크

지 않았다. 더군다나 미국당이 북동부의 한계를 넘지 못하자 남부는 미국당을 북부의 지역 당으로 간주해서 더더욱 후원하지 않았다.

서부 주들 역시 대체로 미국당에 관심이 없었다. 대부분의 아일랜드인들이 북동부에 밀집해 있었고 서부로 이동하지 않았기 때문에 토박이들과 아일랜드인이 맞닿을 가능성은 희박했다. 중서부에서 토착주의가 발생했다면 그것은 아일랜드인이 아니라 독일계 이민자들 때문이었다. 1831년부터 독일계 이민은 계속 증가했다. 1852년과 1854년 사이 독일 이민자는 50만 명이나 되었다. 그러나 대부분의 독일인들은 미국의 중서부에 정착했고, 아직 미국의 중서부는 인구 밀도가 그렇게 높지 않은 농업 사회였기에 토박이들과의 사회적 갈등은 심하지 않았다. 무엇보다도 독일계는 대부분 프로테스탄트 신자들이었기에 가톨릭계의 아일랜드인들과는 차이가 있었다.

그래서 미국당의 성공은 북동부에 국한되었고, 노예문제를 놓고 남과 북이 철저히 갈라지게 된 시대적 배경을 놓고 볼 때 미국당의 성공은 한계가 있었다. 이미 미국의 관심과 정치는 노예문제를 큰 축으로 해서 전개되고 있었다. 미국당이 성공하기 위해서는 바로 이 노예문제에 대한 명확한 입장을 표명해야 했다. 그러나 미국당의 근본적인 목적은 반이민·반가톨릭이었기에 노예문제에 대해선 의견 일치를 보지 못했다.

결국 1854년 공화당이 창당되면서 반노예제도를 표방하는 북부의 대표적인 정당으로 발돋움하게 되자 미국당의 입지는 좁아졌다. 미국당원 가운데에서도 노예제도에 불분명한 입장을 취하는 미국당을 이탈해서 공화당에 가입하는 사람들도 생겼다. 그래서 이제는 "나는 아무것도 모른다"가 아닌 "나는 뭔가 알고 있다"라고 외치면서 그들의 색깔을 정확히 표출하며 공개적으로 반노예제도의 입장을 취했다.

미국은 남과 북의 치명적인 지역감정으로 분단되기 시작했고, 북부는 목적이 명확한 공화당 아래 결집되었다. 한 번 그 기세가 꺾인 미국당은 점차 쇠락해 1856년 선거에서 참패하며 "오직 외국인을 혐오하는 당"이라는 어설픈 당으로만 그 존재를 유지하고 있었다.[9] 결국 1860년 선거에서 공화당의 에이브러햄 링컨이 대통령에 당선되면서 미국이 남북전쟁으로 치닫게 되자 미국당은 전쟁의 포화 속에서 자취를 감추고 말았다. 그 형체가 사라졌다고 정신마저 완전히 자취를 감춘 것은 아니었다. 그 정신은 이미 미국인들의 내면에 각인되어 있었다. 앵글로색슨 우월주의, 가톨릭에 대한 혐오, 열등 이민자들이 순결한 미국의 정체성을 파괴한다는 믿음, 미국은 프로테스탄트-앵글로색슨계 미국인이 지켜야 한다는 의지, 이러한 사고는 결코 사라지지 않은 것이다. 남북전쟁이라는 국가적 위기에 잠시 그 활동을 유예했을 뿐이었다.

미국의 남북전쟁은 실로 미국사의 분기점에 해당하는 사건이었다. 1776년, 13개의 서로 다른 식민지가 독립이라는 하나의 목표를 위해서 결집했고, 그것을 성취했다. 그러나 그동안의 다양성을 고려할 때 새로운 공화국이 강한 연방체제를 구축하기란 그 시작부터 어려움이 많았다. 점차 노예문제로 남과 북이라는 극한적 지역 대결로 압축되더니 결국 내전의 비극으로 치달았던 것이었다.

남북 갈등 시기에 대통령에 당선된 링컨
1860년 선거에서 링컨이 당선되면서 미국
이 남북전쟁으로 치닫게 되자 미국당은 전
쟁의 포화 속에서 자취를 감추고 말았다.
그러나 그 정신은 미국인들의 내면에 각인
되었다.

　어느 국가든 위기는 있게 마련이다. 그리고 그 위기는 대체로 국가
가 성립되는 과정이나 그 초기에 일어난다. 그런 점에서 미국은 예외
였다. 초대 대통령 워싱턴을 중심으로 의외로 단단한 결집을 보여줬
기 때문이었다. 그리고 1800년 제3대 대통령으로 제퍼슨이 당선되면
서 평화스러운 정권 교체가 이루어졌다. 이 모두가 미국으로서는 행
운이었다. 1812년 영국과의 전쟁에서 승리해 이제 강력한 국가로 인
정받을 수 있었고, 더불어 국민의 강한 애국심을 고취시킬 수 있었다.
그러나 그 행운의 뒤편에는 노예제도라는 어두운 구름이 드리워져
있었으며, 결국 갈수록 짙은 먹구름이 되더니 폭풍우로 연방을 휩쓸
기에 이르렀다. 승승장구하던 연방은 남북전쟁으로 두 동강이 나던
지 아니면 좀더 강한 연방으로 거듭날 최대의 고비를 맞게 되었다. 근

대 역사에서 가장 처절한 내전으로 기록되는 남북전쟁에서 북부는 승리하고 연방은 유지되었다. 그러나 한 번 조각난 연방을 다시 추스르는 것은 쉽지 않은 일이었다. 제3장에서 살펴보았듯이 북부의 승리로 연방은 유지되었으나 깨진 국민의 마음을 치유하는 것은 전쟁에서 이기는 것보다 더 어려운 일이었다. 남부인의 적개심과 분노는 더욱 깊어갈 뿐이었다. 미국이 진정으로 새로운 출발을 하기 위해서는 새로운 계기를 필요로 했다.

그 계기는 경제였다. 전쟁 후 미국은 사상 유례 없는 폭발적인 산업혁명을 경험했다. 지금의 미국 자본주의를 가능하게 했던 급격한 경제 부흥기를 맞이한 것이었다. 그것은 새로운 미국을 건설해야 한다는 시대의 요청이었고 그 노도와 같은 흐름은 전쟁이 남긴 후유증을 저만치 밀어낼 수 있었다.

이미 서부로의 팽창은 속도가 붙어 연방의 몸체 중에서 가장 숨가쁜 맥박이 고동치고 있었다. 그 몸체를 연결해주는 혈관과 같은 철도는 미국을 하나의 시장 공동체로 묶어주었다. 전쟁 전 고작 3만 마일 정도였던 철로는 19세기 말까지 무려 19만 마일로 확장되었다. 이는 전세계 철도망의 40퍼센트에 해당하는 것이었다. 철강, 석탄, 석유 등과 같은 기간 산업은 세계 굴지의 산업으로 성장, 발전했다. 석탄 생산은 10배, 철강은 수십 배 증가했다. 산업혁명을 가장 먼저 시작했던 영국을 능가하는 수준이었다.

이러한 폭발적인 경제 성장은 전 세계 사람들을 들뜨게 만들었다. '미국에 가면 뭔가 좋은 일이 있을 것이다.' '미국에 가면 일확천금을 얻을 수 있다.' '미국에 가면 적어도 여기보다 더 나은 생활을 할 수 있다.' 미국의 식민지 시대부터 유럽인들의 의식 속에서 맴돌던 기대가 19세기 말에 가장 현저하게 유럽인들을 사로잡았다. 특히 아직 산업화가 되지 않는 낙후된 지역이나 오랜 가난으로 찌들었던 지역에서 이러한 '미국의 꿈'은 그들을 강하게 유혹했다. 유럽의 남동부 지역이 그 대표적인 곳이었다. 그리고 이제는 아시아까지 영향을 주었다. 중국인 이민이 그것이다. 멕시코를 비롯한 중남미 지역도 마찬가지였다.

1870년대는 280만 명이, 1880년대는 약 520만 명의 이민자가 미국에 도착했다. 1890년대는 경제가 침체했음에도 불구하고 약 370만 명이나 도착했다. 불황이 끝나면서 이민자의 수는 더욱 폭발적으로 늘어났다. 제1차 세계대전으로 치닫게 되는 유럽의 어두운 형편까지 겹쳐서 1889년부터 1915년까지 무려 2천만 명이 넘는 숫자가 미국으로 건너왔다. 이는 미국 전체 인구의 4분의 1을 차지하는 것이었다. 20세기 초 미국 인구의 4명 중 적어도 1명은 외국 태생인 셈이다.

19세기 후반부터 20세기 초까지 미국은 '이민의 나라'임을 가장 극명하게 보여주었다. 그리고 그 이민의 나라가 새로운 얼굴로 다시 태어나고 있음을 보여주었다. 식민지 시기 미국의 초기 이민은 그래도 정치적·종교적 이유가 경제적 이유 못지않게 중요했지만, 19세기 후반에 이르면서 거의 전적으로 경제적 이유가 압도적이었다. 물론 유대인의 경우는 극히 이례적인 경우였다. 또한 인종으로는 앵글로색슨계가, 지역으로는 서유럽이 초기 이민을 주도했다면, 이제 비앵글로색슨 및 남동부 유럽인들이 이민을 주도하기 시작했다. 여기서 몇 가지

구체적인 통계자료를 살펴보자.

1882년 788,999명의 이민자 중 250,630명이 독일계였다. 당시 이탈리아(32,159명), 오스트리아-헝가리(27,935명), 러시아와 기타 발트 해 연안 국가(16,918명)에서의 이민은 소수에 불과했다. 그런데 1907년 1,285,349명이라는 사상 최고의 이주 기록을 낳은 해에 독일계는 고작 37,807명에 불과했다. 반면 이탈리아에서는 285,731명, 오스트리아-헝가리 제국에선 338,452명, 러시아와 발트 해 주변에서는 258,943명이 미국에 건너온 것이다.[10]

불과 30년 동안 이민자의 국적 비율은 크게 바뀌었다. 1870년까지는 이민의 90퍼센트가 영국계 지역, 독일, 스칸디나비아, 캐나다 지역에서 왔으나 20세기에 들어서면서 유럽의 남동부 지역이 과반수를 차지하게 되었다. 1860년에서 1870년까지 총 이민의 불과 1퍼센트를 차지하던 오스트리아-헝가리, 러시아, 이탈리아 이민자 수가 1890년에서 1900년까지 무려 50.1퍼센트를 차지하게 되었다. 그리고 1901년에는 이들이 전체 이민자 수의 무려 4분의 3을 차지하게 되었다. 그밖에도 그리스인, 아르메니아인, 시리아인들이 새롭게 이민 왔다.

과거에도 그랬듯이 여전히 대도시는 이주자들로 들끓었다. 1900년 보스턴은 인구의 70퍼센트, 뉴욕은 80퍼센트가 외국 태생이었다. 밀워키는 무려 86퍼센트를 차지했다. 미국의 도시 중에서 전통적으로 가장 토박이들이 많았던 볼티모어의 경우에도 미국 태생의 비율이 40퍼센트였다. 도시와 근교의 공장 노동자들도 새로운 이주자들이 대부분을 차지했다. 한때 아일랜드인들과 스코틀랜드계 아일랜드인들이 대다수를 차지했던 매사추세츠 면방직 공장에서는 이제 이탈리아인이 일하게 되었다. 이탈리아인들이 장악하고 있던 과일 상점은 이제 그리스인들이 차지했다. 아일랜드인들을 비롯한 영국계들이 주요 노동자들이었던 석탄 광산에서는 이제 헝가리, 폴란드, 슬라브족, 혹은 핀란드인들이 일하기 시작했다.

새로운 이주자들로 미국의 얼굴이 바뀌었을 뿐 아니라 언어도 다양해졌다. 시카고를 예로 들어보자. 당시 시카고는 중서부 산업의 중추 도시였다. 철도의 심장부로서 미국에서 가장 빠른 시간 내에 성장한 도시 중에 하나였다. 인구 증가 역시 뚜렷했고, 갖가지 언어를 사용하는 이주민들로 북적거렸다. 또한 서로 다른 10가지 언어로 신문이 발행되었다. 언어 사용의 다양성을 고려해보면 시카고는 세계 두 번째 보헤미안 도시였고, 세 번째 스웨덴 언어 사용 도시였으며, 네 번째 폴란드 언어 사용 도시였고, 다섯 번째 독일어 사용 도시였다. 4천 명의 고용인을 둔 어느 회사에는 24개국의 다양한 민족들이 어깨를 맞대고 노동을 하고 있었다.

다른 도시들도 비슷한 상황이었다. 보스턴의 경우, 아일랜드의 수도 더블린 인구의 3분의 2 정도의 아일랜드인이 살고 있었다. 부모가 아일랜드 출신인 아이들까지 계산한다면 보스턴은 세계 제일의 아일랜드인 거주 도시였다. 약 50만 명의 이탈리아인들이 살고 있는 뉴욕은 로마보다 더 많은 이탈리아인들이 살고 있었다. 유대인의 경우도 마찬가지였다. 러시아에서 정치적 박해를 피해 이주해 온 80만 명의 유대인이 살고 있는 뉴욕은 세계 제일의 유대인 도시가 되었다.[11]

    19세기 말에 이르러 미국은 거대한 인종 시장으로 변해갔다. 다양한 민족과 언어가 섞여 있는 세계의 축소판이 되었다. 발칸 반도의 그 복잡한 인종, 종교의 얽힘을 미국에서 그대로 볼 수 있었다. 또한 오스트리아-헝가리 제국의 모형을 볼 수 있었고, 이탈리아의 복사판도 볼 수 있었다.

☆ 토착주의를 잠재운
다문화주의의 열망

숨 돌릴 틈도 없이 급변하는 미국은 분명 변화와 흥분으로 가득 찬 희망의 나라였다. 그러나 그러한 추세를 낙관만 할 수는 없었다. 바로 앵글로색슨인과 프로테스탄트인들, 이른바 토착주의자들의 불만과 우려가 들끓었기 때문이다. 과거 남북전쟁 이전 아일랜드인들의 급격한 증가에 대해 방어 본능을 표출했던 그들이 가만 있을 리 없었다. 아일랜드인뿐 아니라 유럽의 남동부인들의 이민 홍수는 다시 토착주의자들이 방어 태세를 갖추게 했다.

여러 형태의 토착주의 운동이 부활했다. 그 대표적인 것이 1887년 3월 아이오와주의 클린턴Clinton에서 창설되었던 미국보호협회American Protective Association, APA였다. 그들은 반가톨릭주의를 표방하며 가톨릭을 신봉하는 이민자들에게 강한 경계심을 보냈다. 토박이들은 가톨릭 이민자들이 미국의 공교육 기관에 침투해서 미국의 교육제도를 붕괴시키고, 부패 정치인들이 이민자들의 선거권을 이용해서 미국의 정치까지 뒤흔들려고 하니 음모를 봉쇄해야 한다고 믿었다. 남북전쟁 이전 토착주의자들이 내세웠던 전형적인 운동의 연장이었다.

APA는 중서부와 로키 산맥 주변 주들에서 강한 호응을 얻었다. 250만 명이 넘는 프로테스탄트 신자들이 APA에 호응했다. 대다수 회원들이 공화당원이었기에 APA의 후원을 받지 않고는 지역 선거에서 승리하기가 힘들었다. 특히 미국이 사상 최악의 경제 공황을 맞고 있었던 1893년과 1894년에 그 세력은 정점에 이르렀다. 경제적 불안과 혼란은 주로 농토를 거점으로 생활하던 중서부 토박이들에게 미국의 문제는 새로운 이민자 때문에 발생한 것으로 믿게 했다.

그러나 1896년 선거를 기점으로 APA는 그 세력을 점차 잃어가기 시작했다. 공화당 대통령 후보인 윌리엄 매킨리William McKinley가 대통령에 당선되었기 때문이었다. APA는 한때 매킨리를 후원했고 그가 1893년 오하이오 주지사에 당선되는 데 지대한 역할을 했다. 그러나 매킨리가 APA가 요청한 대로 가톨릭 신도들을 공직에서 물러나게 하지 않자 불화가 조성되었고, 매킨리가 1896년 대통령 선거에 출마하자 APA가 그에게 등을 돌렸다. 하지만 APA의 반대에도 불구하고 매킨리는 대통령에 당선되었고, APA의 입지는 급격히 축소된 것이다.

APA가 정치적으로 큰 힘을 발휘하지 못하고 그 세력이 시들

KKK의 부활
1910년대 유행처럼 번진 반가톨릭 운동의 흐름을 타고 조지아에서 새로 출범한 KKK은 사상 유래 없는 강력한 반가톨릭, 반이민운동을 주도했다.

어버렸지만 APA가 주창하는 정신은 이미 미국 전역에 깊게 스며들어 있었다. 특히 침례교와 감리교를 중심으로 근본주의 fundamentalism 사상이 깊게 뿌리내리고 있었던 남부, 그리고 일부 중서부 지역에서 APA의 정신은 계속 이어져 갔다. 그중에 가장 대표적인 인물이 조지아 주의 톰 왓슨Tom Watson이다. 그는 1910년부터 1917년 사이 신문《제퍼슨주의자the Jeffersonian》를 통해서 강력한 반가톨릭 운동을 전개했다. 이에 고무되어 1915년 조지아에서 새로 출범한 KKK단은 사상 유래 없는 강력한 반가톨릭·반이민운동을 주도했다.¹²¹

19세기 후반의 토착주의 운동이 그 이전의 운동과 비교해서 한 가지 특이한 점이 있다면 이 운동에 지식인들이 참여하고 있다는 것이다. 19세기 후반은 찰스 다윈Charles Darwin의 시대였다. 다윈의 자연 도태·생존 경쟁의 법칙은 이민의 홍수와 함께 다양한 민족 집단체를 형성하고 있던 미국에서 가장 호소력이 있었다. 우수한 특질을 가진 동식물만이 자연 경쟁에서 살아 남고 그렇지 못한 것들은 자연히 도태될 수밖에 없다는 다윈의 주장은 그대로 인간 세상에 적용이 되었고, 이러한 사회진화론은 여러 학자들의 글을 통해서 일반인들에게 전달되었다. 앵글로색슨의 우수성에 대한 학문적 확증을 얻는 데 목말라 하던 토박이들에게는 더더욱 다윈의 이론이 호소력 있었을 것이다.

다윈이 직접적으로 토착주의 운동에 영향을 주지는 않았지만 다윈의 글 군데군데 드러나는 앵글로색슨의 우수성에 대한 언급은 토착주의자들에게 깊은 인종적 우월감을 갖게 하기에 충분했다. 1871년에 출간된 다윈의《인간의 후손The Descent of Man》중 일부분을 인용해보자.

> 미국의 놀라운 발전과 국민의 특질은 자연선택의 결과라고 믿는 것은 명백한 진리다. 왜냐하면 지난 10 혹은 12세대 동안 유럽의 각처에서 미국으로 건너간 생기 넘치고 들떠 있으며 용감한 자들이 가장 성공했기 때문이다.[13]

다윈주의는 미국의 여러 학자들에게 깊은 영향을 미쳤다. 존 피스크John Fiske나 존 버지스John Burgess와 같은 당대의 유명한 역사학자들은 앵글로색슨족이 지구상에서 가장 우수한 인종으로서 그들이 만들어낸 제도, 전통, 언어 등은 세계에서 으뜸가는 것이기에 인류 문명의 진보를 위해서 앵글로색슨족이 주도적인 역할을 해야 한다고 역설했다.

적자생존론에 근거한 사회진화론이 종교권의 후원을 받을 때 그 논리는 더욱 강력해지고 영향력은 배로 커졌다. 그런 점에서 조합 교회 목사였던 조시아 스트롱Josiah Strong은 그 당시 영향력이 대단했던 인물이다. 그가 쓴 《우리나라: 우리의 가능한 미래와 현재의 위기Our Country: Its Possible Future and Its Present Crisis》는 그 당시 팽배했던 앵글로색슨 우월론을 가장 압축적으로 정리해 많은 사람들의 주목을 끌었다. 스트롱은 앵글로색슨족이야말로 시민의 자유와 순수한 기독교 정신을 겸비했기에 고도의 문명을 창출할 수 있었고 그러한 능력을 바탕으로 인류의 미래를 위해서 주도적인 역할을 해야 한다고 설파했다.[14]

스트롱과 같은 사회진화론자들이 앵글로색슨의 우월성을 강조했다는 점은 당시 물밀듯 미국으로 건너오고 있던 새로운 이민자들에게 반감을 가지고 그들을 경멸했다는 것을 뜻한다. 그러나 여기서 지적해야 할 것이 있다. 그들이 앵글로색슨족의 우월성은 강조했지만 이민을 제한하려는 의도는 아니었다는 것이다. 스트롱의 경우를 보더라도 그는 세계의 다양한 민족들에게 미국은 이민 문호를 개방해야 한다고 주장했다. 어떤 민족이 미국에 온다 해도 결국 우수한 앵글로색슨족이 사회를 이끌 것이라는 확신이 있었기 때문이었다. 그래서 이들 지식인들의 생각과 APA와 같은 토착주의 조직과는 약간의 차이가 있었다.

　19세기 말 토착주의 운동이 있었지만 생각만큼 그렇게 거센 것은 아니었다. 1900년에 이르러서 인구 4명당 1명 정도가 외국인 태생이라는 것은 미국 창건 이래 처음 있는 일이었고 놀라운 사회적 변화였다. 남북전쟁 전 아일랜드 이민에 놀란 토박이들이 무지당을 만들어서 가톨릭 이민을 제한하려는 움직임을 벌였고, 정치적으로 어느 정도 성공하기도 했다. 그런데 전쟁 이후 이민자 수는 그 이전과 비교할 수 없을 정도의 엄청난 숫자였다. 그들 대부분도 그동안 유럽인들이 미개한 민족으로 취급했던 남동부 사람들이었다. 물론 이들 대부분이 가톨릭 신자들이었다.

　미국의 대도시는 아일랜드인들 뿐 아니라 이탈리아인·오스트리아–헝가리인·러시아인·그리스인·유대인 등으로 북적거렸다. 그들은 언어가 달랐고 생활 풍속이나 전통 역시 달랐다. 그리고 주로 다른 민족과 융화하기보다는 자기들 집단별로 응집해서 생활했다. 아일랜드의 수도 더블린, 이탈리아의 수도 로마, 세계 최대의 유대인 거주지가 함께 공존하는, 즉 압축된 유럽을 그대로 옮겨 놓은 곳이 뉴욕이었다. 보스턴·필라델피아·시카고 등 다른 대도시 역시 상황은 비슷했다. 캘리포니아의 경우에는 중국인까지 가세해서 인종 모자이크는 더욱 다양했다.

　유럽 민족 간에 벌어진 갈등은 전혀 새로운 것이 아니었다. 19세기 말 민족주의와 제국주의가 발흥하면서 민족 간의 갈등은 극에 달해 있었다. 발칸반도는 그러한 민족·인종·종교 간의 갈등이 폭발한 장

아일랜드인들이 생활하던 거주지
미국의 대도시는 아일랜드인들 뿐 아니라 다양한 인종으로 북적거렸다. 그들은 다른 민족과 융화
하기보다는 집단별로 응집해서 생활했다.

소였으며 결국 제1차 세계대전의 빌미를 제공해주었다. 그런데 19세
기 말 미국이 이러한 민족 간 갈등을 그대로 떠맡게 되었다. 미국은
이제 진정한 의미의 다문화국가로 거듭나게 되었다. 미국은 그 출발
부터 여러 모양의 세계사적 시험대였다. 세계 최초로 대통령이라는
행정부의 수반을 중심으로 입법부와 사법부의 삼권분립을 시도하며
견제와 균형의 민주주의 이론을 실행에 옮기게 되었다. 그리고 그것
은 대체로 성공적이었다. 이제 미국의 새로운 도전은 이러한 다문화
주의를 어떻게 성공적으로 이끌어갈 수 있는가 하는 것이었다.

　세계 역사에서 다문화주의가 성공적으로 마무리된 적은 없었다.
민족·인종·종교 간의 갈등은 인간 역사에 상처만 남기고 결코 순탄
하지 못하게 마무리되었다. 19세기 말 미국의 다문화주의는 그 규모

면에서 사상 유래 없는 것이었다. 토착주의자들은 미국은 곧 가톨릭 세력권에 흡수될 가능성이 있다며 엄포를 놓았고, 어떤 이들은 미국이 얼마 가지 않아서 발칸화될 것이라고 걱정했다. 그래서 유럽의 전통적 갈등이 미국에서 폭발적으로 재현될 것이라고 우려했다. 게다가 미국은 흑인문제가 항상 수면 밑 폭풍으로 도사리고 있었다. 흑백 간의 갈등은 남북전쟁이 끝나고 노예가 해방되었다고 해결될 문제가 아니었다. 인종 차별과 편견은 여전했으며 아직 흑인들은 실제적으로 법의 보호를 받지 못하는 반노예와 같은 생활을 하고 있었다.

그러나 우려했던 발칸화 현상은 나타나지 않았다. 뚜렷한 인종 폭동도 없었다. 가장 심한 고통을 당했던 민족은 제1장에서 보았듯이 서부의 중국인이었다. 유럽 이민자들이 집중되었던 동부에서 민족 간의 대결은 그렇게 심하지 않았다. 토착주의자들의 공격도 의외로 강하지 못했다. APA가 동부 해안 지역보다는 중서부 지역에서 강하게 나타났을 뿐이었다.

미국의 반유대인 운동도 유럽에 비하자면 그다지 심하지 않았다. 유대인 이민은 19세기 말 미국 이민 중에서 가장 예외적인 것이었다. 이민자들의 대부분은 경제적인 이유로 미국에 건너왔지만 유대인의 경우에는 대부분이 정치적인 이유 때문이었다. 그들에 대한 뿌리 깊고 집요한 차별과 편견을 견디다 못해 유대인이 미국행을 결심한 것이었다. 특히 러시아의 알렉산더 2세 암살을 계기로 1881년 유대인에 대한 대대적인 핍박으로 이어지자 수많은 유대인이 미국으로 건너갔던 것이다. 유대인들은 미국에 간 지 채 한 세대도 지나기 전에 미국의 경제·문화면에서 두각을 나타냈다. 1905년 뉴욕 시의 의사, 배우, 작곡가, 지휘자 등 반 이상이 유대인이었으며 판사, 변호사의 경우에도 마찬가지였다. 반유대인의 정서가 미국에서도 유럽처럼 나타났다면 결코 생각할 수 없는 일이었다.

그러나 갈등이 없었던 것은 아니었다. 가톨릭 신도에 대한 토박이들의 싸늘한 눈초리는 여전했으며 유럽 이주자들 사이의 아귀다툼은 도시 이곳저곳에서 발생했다. 반유태주의는 유럽과는 그 정도의 차이가 있었을 뿐 미국이라고 해서 예외일 수는 없었다. 집단적인 행동은 없었다 하더라도 유대인들에 대한 불편한 심기는 토박이들 뿐 아니라 이민자들에게도 팽배했다. 노동 분쟁이 있을 때마다 새로운 이민자들이 우선적으로 비난을 받았다. 급진적 사회주의나 노동운동의 배후에는 비앵글로색슨 이민자들의 음모가 있다고 여겼다. 살인 사건이나 폭력이 있을 때에는 마피아와 연관시켜 일단 이탈리아인 소행으로 혐의를 두기가 일쑤였다.

사실 이러한 현상은 충분히 일어날 수 있는 것이었다. 서로 다른 인종과 이질적인 문화가 빚어낼 수 있는 어쩔 수 없는 현상이기 때문이다. 미국 역시 마찬가지였다. 다만 유럽의 역사에 비교해볼 때, 분명 미국은 다문화주의의 그 피할 수 없는 홍역을 상대적으로 완만하게 넘어갈 수 있었다.

☆ # 도가니 문화,
혁신주의를 가져오다

무엇이 다문화사회가 필연적으로 겪게 되는 그 홍역을 미국이 상대적으로 완만하게 넘어갈 수 있도록 했을까? 우선 미국 인구의 유동성을 지적할 수 있다. 상당수 미국인들은 한 곳에서 오래 정착하지 않았다. 인구의 지리적 유동성이 높았던 것이다. 1900년 인구조사에 따르면 미국 태생의 4분의 1정도는 태어난 주를 떠나 다른 주로 이동을 했다.

오클라호마 주의 경우가 가장 대표적인 예다. 거의 대부분의 주민들은 다른 주에서 이주해 온 자들이었다. 그중 53퍼센트는 캔자스 주 출신이었다. 주의회 의원들 가운데 단지 9퍼센트만이 오클라호마 주에서 출생한 사람들이었다. 전통적으로 가장 인구 유동성이 낮았던 중서부의 아이오와 주에서도 그 인구의 3분의 2는 다른 주 출신들이었다. 산업체를 끼고 있는 대도시에서는 이러한 유동성이 더욱 두드

러졌다. 보스턴의 경우, 50만 명 가운데 단지 6만 4천 명만이 그 도시 태생이었다.[15]

미국이란 나라는 사람들을 뭔가 들뜨게끔 만드는 곳이었다. 미국의 시작부터 인구의 유동성은 미국의 독특한 특성 가운데 하나였다. 자국을 떠나온 자들에게 타향이기는 미국뿐 아니라 어디나 마찬가지였으리라. 언제든지 새로운 기회와 희망을 포착하면 그곳을 향해 미련 없이 떠날 수 있는 사람들이 미국인들이었다.

여기에 남북전쟁이 끝난 후 서부의 팽창과 폭발적인 산업혁명이 미국인들을 더욱 들뜨게 했고 인구의 이동을 가속화시켰다. 민족 간의 갈등은 한정된 지역에 정착하는 과정에서 정착민들이 서로 부대끼면서 더욱 심화된다. 그렇기에 미국의 이런 유동성은 민족 간의 갈등을 완화시킬 수 있는 주요한 요소 가운데 하나였다.

또 하나는 철저한 다문화주의 혹은 다원주의의 정착이다. 몇몇 손에 꼽을 수 있는 수의 민족들만이 모였다면 미국은 이등분 혹은 삼등분될 가능성이 높았을 것이다. 그러나 19세기 말 미국은 온갖 다양한 민족·인종·종교·언어의 집합체였다. 어느 한 집단이 하나의 이념으로 미국을 통합하려는 시도는 결코 성공할 수 없었다. 남북전쟁 이전에 토박이들은 아일랜드인들이 홍수처럼 몰려오자 대대적인 반가톨릭, 반아일랜드 이민 배척운동을 전개했다. 그런데 이에 반해서 19세기 말에는 아일랜드인뿐 아니라 수많은 민족이, 그것도 짧은 기간에 급격히 이주해 왔음에도 이전과 같은 결집된 행동은 보여주기가 힘들었다.

수많은 민족이 짧은 기간에 급격히 이주해 왔다는 것은 사실이 중요하다. 다시 말해서 너무 많은 사람들이 너무 짧은 기간에 미국으로 건너왔기에 기존의 미국인들은 이들에 대해서 어찌할 바를 몰랐다고 할 수 있다. 서부에서 황금이 발견됐다는 소문은 수많은 미국인을 매료시켰고, 하루가 멀다고 여기저기로 이어지는 철로는 미국을 좀더 가깝게 했다. 갈수록 공장의 연기는 하늘 가득 덮으며 이미 들떠 있을 대로 들떠 있는 미국인들에게 희망의 상징이 되었다.

19세기 말 미국은 실로 유래 없는 산업혁명을 겪으면서 숨 가쁜 맥박의 고동으로 두근거렸던 시기였다. 여기에서 미국의 정체성은 무엇이며 미국은 어떤 민족이 중심이 되어서 어떤 국가로 만들어져야 하는지에 대한 사상적 혹은 이념적 논쟁은 대부분의 미국인들에게 아무런 의미가 없었다.

또한 시대적 흐름이 반이민운동의 확장을 막고 있었다. 19세기 후반의 경제 성장은 군사력의 신장을 가져왔고, 1898년 스페인과의 전쟁Spanish-American War을 계기로 미국은 과거 고립주의 국가에서 국제주의 국가로 발돋움하게 되었다. 매킨리에서 시어도어 루스벨트 대통령으로 이어지면서 미국은 중남미와 태평양을 향한 팽창을 시도했고, 국민들의 관심도 여기에 쏠리고 있었다.

국내는 혁신주의 열풍에 휩싸여 있었다. 20세기 시작부터 제1차 세계대전까지를 혁신주의 시기라고 일컫는데, 이는 "어떠한 혁명적, 사회적 무질서와 불안을 수반하지 않고 미국이 그의 기본적 가치와 체제를 전반적으로 수술하고 재정립하는 시기였다."[16] 개혁의식을 갖고 있던 중산층 전문인들이 주축이 된 혁신주의 운동 기간에 반이민 운동이 환영받을 리 없었다. 이민을 계속 수용하되 그들을 미국 사회에 동화시켜서 공통적인 미국의 문화를 만들어가야 한다는, 이른바 '도가니Melting Pot' 문화를 창출해야 한다는 믿음이 싹트고 있었다. 그것은 영국계 유대인인 이스라엘 장윌Israel Zangwill의 1909년 연극 〈도가니The Melting Pot〉에서 유래했다.

각종 이질적인 인종이나 문화가 서로 뒤섞여 융화한다는 도가니 개념은 많은 미국인들에게 설득력이 있었다. 새로운 이민자들의 인종이나 문화는 다르지만 평등한 입장에서 그들의 다양한 요소들을 미국의 도가니 속에 던져 넣고 기존의 미국적인 것과 함께 도가니 속에서 용해시키면 가장 미국적인 고유한 것이 생성되리라고 믿었다. 이 도가니 개념은 미국의 가치를 가장 잘 설명하는 대표적인 상징이 되었다. 그리하여 향후 미국 다문화주의 담론은 도가니라는 상징적인 예표의 축을 바탕으로 전개되었다.

그러나 역사에서 상징이라는 것은 그 주체에 따라 실제적인 의미가 다르다. 적어도 20세기 초까지는 그 상징의 주체가 앵글로색슨계 미국인들이었다. 이들은 새 이민자들의 문화를 기꺼이 수용하여 그들과 함께 도가니 속에서 용해되어 새로운 미국을 창출해보려는 것이 아니었다. 오히려 그 반대였다. 새 이민자들이 그들의 다양성을 포기하고 미국의 도가니에 적극적으로 용해되어 새로운 미국인으로 다시 태어나야 한다는 것이다. 그리고 그 새로운 미국인은 기존의 앵글로계 미국인의 전통과 가치관을 유지해야 한다고 믿었다. 다시 말해

연극 〈도가니〉 포스터
이스라엘 장윌이 연출한 1909년 연극 〈도
가니〉에서 유래한 '도가니 문화'는 이민을
계속 수용하되 그들을 미국 사회에 동화시
켜 공통적인 미국의 문화를 만들자는 운동
이었다.

미국의 도가니에 들어와서 각자의 전통과 특색을 녹여내야 하는 주
체는 새 이민자들이었지 기존의 미국인이 아니었다.

사실 이러한 도가니의 개념은 전혀 새로운 것은 아니었다. 도가니
라는 용어는 사용되지 않았지만 연방정부의 19세기 말 인디언 정책
에서 그 의미는 이미 적용되었다. 미국 원주민이면서 '미국인 아닌 미
국인'들, 즉 인디언들을 어떻게 취급해야 하는가 하는 문제는 미국 역
사의 시작부터 하나의 과제였다.

1830년대 중반에 이르러서 인디언 보호구역을 설치하며 인디언의
독특함을 인정하고 그들을 백인 사회로부터 분리시키고자 했다. 그
러나 19세기 말 정부는 그들을 '미국화'하려고 시도했다. 그 결과가
1887년 의회에서 제정된 도스 법Dawes Severalty Act이었다. 인디언 가

족 당 160에이커의 땅을 주고 인디언 부락에 연방에서 관리하는 공립학교를 설치하는 것이 이 법의 주요 내용이었다. 인디언 사회에 사유재산제를 도입하고 미국식 교육을 시킴으로써 인디언들이 점차 미국의 문화 속으로 융화되도록 유도하자는 것이었다. 공동체 생활에 근거를 둔 인디언 문화의 근거를 뿌리째 뽑으려는 시도였다. 인디언 사회를 참담하게 뒤흔들어 놓고 말았던 도스 법은 결국 1930년대 프랭클린 루스벨트의 뉴딜 개혁의 일환으로 폐지되었다.

앵글로계 미국을 모델로 한 도가니 개념은 혁신주의 시대에는 분명 호소력이 있었다. 앵글로색슨 프로테스탄트 미국 문화가 도가니의 주성분이 되리라는 확신이 기존 미국인들에게 설득력이 있었고, 새로운 환경에 적응해야 하는 새 이민자들은 이러한 도가니 개념이 이민 유화 정책으로 이어지리라고 믿었기에 반대할 이유는 없었다.

도가니 이론에 대해서 한 가지 더 첨가한다면, 그것은 다분히 유럽의 새 이민자를 염두에 둔 것이지 다른 유색인종까지 겨냥한 것은 아니라는 것이다. 흑인, 인디언, 아시아계, 히스패닉계는 도가니 담론의 일차적인 관심에서 제외되었다. 20세기 초 문화 융화주의는 미국의 정체성을 놓고 벌어진 백인들 사이의 문화 씨름이었다.

도가니 이론은 인기가 높았지만 모든 사람에게 환영받았던 것은 아니었다. 지식인들 중에 그러한 도가니 개념에 의문을 품은 사람이 있었다. 그리고 도가니 문화 융화보다는 문화적 다원주의를 주장하는 사람이 있었다. 바로 호레이스 칼렌Horace Kallen이다. 그는 1915년 〈민주주의 대 도가니Democracy versus the Melting Pot〉라는 일련의 논문

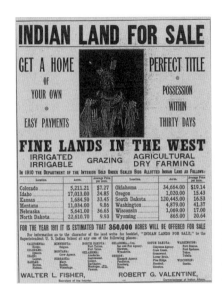

INDIAN LAND FOR SALE

GET A HOME OF YOUR OWN

EASY PAYMENTS

PERFECT TITLE POSSESSION WITHIN THIRTY DAYS

FINE LANDS IN THE WEST

IRRIGATED IRRIGABLE   GRAZING   AGRICULTURAL DRY FARMING

IN 1910 THE DEPARTMENT OF THE INTERIOR SOLD UNDER SEALED BIDS ALLOTTED INDIAN LAND AS FOLLOWS:

Location	Acres.	Average Price per Acre.	Location.	Acres.	Average Price per Acre
Colorado	5,211.21	$7.27	Oklahoma	34,664.00	$19.14
Idaho	17,013.00	24.85	Oregon	1,020.00	15.43
Kansas	1,684.50	33.45	South Dakota	120,445.00	16.53
Montana	11,034.00	9.86	Washington	4,879.00	41.37
Nebraska	5,641.00	36.65	Wisconsin	1,069.00	17.00
North Dakota	22,610.70	9.93	Wyoming	865.00	20.64

FOR THE YEAR 1911 IT IS ESTIMATED THAT 350,000 ACRES WILL BE OFFERED FOR SALE

For information as to the character of the land write for booklet, "INDIAN LANDS FOR SALE," to the Superintendent U. S. Indian School at any one of the following places:

WALTER L. FISHER,
Secretary of the Interior.

ROBERT G. VALENTINE,
Commissioner of Indian Affairs.

도스 법 홍보 포스터

19세기 말 미국 정부가 실시한 인디언의 '미국화'에 따라 도스 법이 제정된 후 인디언 사회에 사유재산제의 도입, 미국식 교육 등 인디언 문화는 점차 미국 사회에 동화되었다.

들을 발표하고 1924년에 이를 엮어 단행본으로 출간했다. 칼렌은 도가니라는 개념을 동원해서 강제적으로 문화적 융화를 시도하는 것은 미국의 민주주의에 상반되는 것임을 지적했다. 이민자들이 그들의 문화적 유산을 포기하고 당시 미국의 지배적인 문화에 융화하도록 강요하는 것은 그들의 자유를 침해하는 것으로 미국의 건국 정신에 어긋난다는 것이다.[17]

그 당시 칼렌이 주장한 문화적 다원주의는 주목받지 못했다. 혁신주의 시대에는 도가니 이론이 지배적이었다. 그러나 나중에, 좀더 정확하게는 제2차 세계대전 이후에 이는 재조명을 받게 되며, 도가니 이론에 대항하는 주요한 담론의 축이 되었다.

도가니 이론으로 상징하는 문화 융화주의는 그 주체가 무엇이든 간에 새 이민자의 문화를 받아들였다는 것에서 나름대로 그 의미가 크다. 19세기 말, 반이민 정서에 견주어볼 때 분명 진일보한 것이다. 그것이 혁신주의 정신의 가장 큰 시대적 공헌이기도 하다. 그러나 그러한 정신은 오래가지 못했다. 가장 직접적인 원인은 제1차 세계대전의 발발이었다. 전쟁은 혁신주의뿐 아니라 도가니 대 다원주의 논쟁의 싹마저도 잘라버리고 말았던 것이다.

☆ 전쟁 히스테리,
적색 공포를 깨우다

전쟁 때는 본디 이성보다는 비이성적인 히스테리가 만연하기 쉽다. 유럽은 연합국과 동맹국으로 양분되어서 1914년 전쟁에 돌입했다. 미국은 중립을 지키기 위해 노력했으나 1917년 봄, 결국 전쟁에 참전했다. 독일은 이제 미국의 적이 되었다. 그리고 독일계 미국인들은 미국에 대한 충성심을 의심받았다. 학교에서 독일어 과목이 폐쇄되고 독일계 음악가나 예술가들의 공연이 금지되기도 했다. 독일의 전통 음식조차 독일어 대신 영어로 사용되기도 했다. 일련의 보안법이 통과되어서 적국에게 이로운 행동이나 어떠한 비애국적인 행동도 처벌대상이 되었다. 독일계 미국인들이 일차적인 의심의 대상이었다.

전쟁의 히스테리는 확산되어 독일계뿐 아니라 사회주의자들이나 급진적인 노동운동가 및 지식인들까지 점차 확대되었다. 1912년 대통령 선거에서 약 100만 표를 획득했던 사회당의 유진 데브스Eugene

Debs는 징집에 반대하는 '경향'의 연설을 했다고 20년 징역형을 선고받았다. 그는 복역 중이었던 1920년 감옥에서 대통령 선거에 출마해서 또다시 100만 표를 얻기도 했다.

전쟁 중 독일계 미국인들이 가장 피해를 입었던 것은 사실이다. 그러나 전반적인 반외국인 감정으로 확산되지는 않았다. 전쟁 승리를 위해서 국력을 모아야 했기 때문이며, 아직 혁신주의 정신이 어느 정도 남아 있었기 때문일 것이다. 그렇지만 국론을 통일하고 국력을 결집해야 한다는 전쟁의 히스테리는 심각한 여운을 남겼다. 가장 대표적인 것이 1919년에 발생한 인종 폭동과 적색 공포였다.

1919년 여름은 흑인들에게 잔인한 시기였다. 전쟁은 흑인들의 신분에 큰 변화를 가져왔다. 40만 명이 넘는 흑인들이 군대에 복무했고, 50만 명 정도는 전쟁과 관련된 취업의 기회가 주어졌던 북부와 중서부의 산업도시로 이주했다. 그러나 흑인들이 군대에서나 직업 전선에서 백인들에게 환영받을 리 없었다. 그동안 흑인들과 어깨를 맞대고 생활할 기회가 별로 없었던 백인들은 갑자기 늘어난 흑인들에게 불편한 심기를 드러내며 온갖 편견과 폭력을 행사하기 시작했다.

전쟁이 끝나면서 흑인들에 대한 갖가지 소문과 유언비어가 나돌았다. 전쟁 중에 흑인 병사들이 볼셰비키 공산주의자들이 되었다는 것, 흑인들이 백인 여성을 겁탈했다는 것, 낮은 임금에도 기꺼이 일자리를 받아들이는 노동자들 때문에 백인 노동자들의 실업이 증가한다는 것 등이 널리 퍼졌다. 여러 도시에서 흑인들에 대한 폭력 행사도 잇따랐다. 이러한 공포 분위기는 결국 그해 7월 시카고에서 대규모 인종 폭동으로 확대되고 말았다. 시카고는 일주일 동안 사실상 전쟁 상태에 빠졌다. 결국 38명이 사망하고 537명이 부상당했다. 사망자 가운데 15명이 백인이었고 23명이 흑인이었다.

도시뿐 아니라 농촌 지역에서도 마찬가지였다. 아칸소 주 일레인 Elaine에서 발생한 인종 폭동에서는 5명의 백인과 25명의 흑인이 목숨을 잃었다. 이것은 공식적인 사망자 집계였다. 어느 백인의 증언에 따르면 적어도 100명의 흑인들이 죽었다고 한다. 1919년 한 해만 해도 무려 25차례의 인종 폭동이 발생했다.

1919년은 또한 적색 공포Red Scare의 해이기도 했다. 전쟁이 마무리되면서 미국 사회는 뒤숭숭해졌다. 전쟁 중 국민 통합과 애국심이라는 명목 아래 노동자들이 별다른 불만을 표출하지 못했다. 그런데 전쟁이 끝나면서 그들의 불만이 터져 나왔고 곳곳에서 노동 쟁의가 일어났다. 소수이지만 급진주의자들의 소요도 발생했다.

1919년 4월, 지도적 인사들이 수취인으로 되어 있는 약 4개의 우편 폭발물이 우체국에서 발견되었다. 6월에는 검찰 총장 미첼 파머 Mitchell Palmer의 집으로 배달된 우편물이 현관문에서 폭발했다. 이것이 이후 미국 전체를 적색 공포로 몰아가는 직접적인 계기가 되었다.

파머는 정보총국General Intelligence Division 국장에 에드거 후버Edgar Hoover를 새로 임명해서 급진주의적 과격파에 대한 전국적인 색출 작전에 들어갔다. 수백 명의 혐의자들을 검거했고 재판에 회부했다. 미국 시민권이 없던 사람들을 본국으로 강제 추방했다. 이런 적색 공포는 대체로 국민들의 호응 속에서 진행되었다. 1917년에 발생한 러시아

"COME UNTO ME, YE OPPREST!"

적색 공포를 풍자한 삽화
전쟁 이후 인종 폭동에 불만을 갖고 있던
노동자들과 급진주의자들은 과격한 소요
를 일으켰다. 순수한 미국인은 누구인가에
대한 정체성 논쟁이 시작된 계기였다.

의 볼셰비키 혁명에 불안해하던 국민들은 1919년 미국 사회의 불안
이 과격분자들과 연관된 것으로 간주했던 것이다. 그러나 시간이 지
나면서도 과격분자들과 우편물 사이에 특별한 관련이 있다는 증거가
나타나지 않자, 노동쟁의도 한풀 꺾였고 인종 폭동도 점차 안정되었
다. 결국 1920년 여름에 이르러 적색 공포의 히스테리도 잠잠해졌다.

그러나 1919년의 인종 폭동과 적색 공포가 미국인의 기억에서 완
전히 사라진 것은 아니다. 전쟁 후 급속도로 휘몰아치던 히스테리는
분명 시들해졌지만 이러한 사건들을 통해서 미국에서는 또다시 이민
반대 운동이 고개를 들기 시작한 것이다. 일련의 사회적 혼란기를 겪
으면서 미국은 누가 순수한 미국인인가에 대한 정체성 논쟁을 벌였
고 이러한 순수한 미국인을 중심으로 한 미국의 발전을 저해하는 비

非미국인에 대한 경계를 강화해야 한다고 믿었다. 당연히 19세기 말부터 급속히 불어났던 새로운 이민자들, 즉 남동부 유럽 이주자들이 그 일차적인 경계 대상이 될 수밖에 없었다.

전후 히스테리가 새로운 이민자들에게 불리하게 전개되는 또 하나의 국가적 움직임이 있었다. 1919년 1월 16일에 의회에서 통과된 금주법이었다. 이는 술의 제조, 판매 및 유통을 금지하는 법이었다. 금주법을 제정하려는 움직임은 미국의 역사에서 전혀 새로운 것은 아니었다. 19세기 전반 산업화의 과정에서 도시를 중심으로 이러한 금주법 움직임이 있었고, 특히 아일랜드인과 독일인 이민자가 밀집된 지역에서 더욱 심했다.

20세기에 들어서면서 이러한 운동은 더욱 힘을 얻게 되었다. 급속한 산업혁명에 따라 도시의 음주 문화는 많은 기독교 보수주의자들의 눈에 거슬렸고 그것은 서부에서도 마찬가지였다. 서부의 매춘, 무질서, 그 밖의 모든 사회적 문제는 술 때문이라고 믿었다. 기독여성 금주연맹Women's Christian Temperance Union과 술집반대연맹Anti-Saloon League은 가장 대표적인 금주운동 단체였다. 이들은 금주에 대한 사회적 운동에 그 한계가 있음을 깨닫고 금주를 입법화하려고 노력했다. 1910년대에 술집반대연맹은 미국에서 가장 열성적이며 효과적인 사회단체로 우뚝 솟았다. 그 뒤에서는 개신교회가 후원하고 있었다. 음주 문화와 그에 관련된 사회 혼란은 가톨릭 이민자들에게 우선적인 책임이 있다고 믿었기에 개신 교회가 후원했고, 특히 남부 근본주의자들의 후원은 절대적이었다. 게다가 전시 곡물로서 술을 빚기보다는 음식을 만들어서 군인들에게 보내자는 애국심은 독일계 미국인 양조업자들을 향한 비판으로 이어졌다. 이러한 분위기 속에서 1919년 1월 금주법이 의회에서 통과된 것이다.

인종 폭동, 적색 공포, 금주법 등 전쟁이 끝나면서 1920년대 보수주의의 부활을 위한 사회적 분위기는 한층 무르익어 가고 있었다. 보수주의자들은 미국 사회를 어지럽히는 근본적인 문제가 이민에 있다고 보았다. 전쟁 중에 잠시 주춤했던 이민의 물결은 전쟁이 끝나면서 다시 계속되었다. 1920년 6월부터 그 다음해 6월까지 80만 명이 미국으로 건너왔고, 그 가운데 65퍼센트는 여전히 남동부 유럽인들이었다. 이민 규제 움직임은 이러한 보수적 흐름에 맞추어 다시 부활했고 미국은 사상 최초로 유럽 이민을 겨냥한 반이민법을 제정했다.

1921년 의회는 긴급이민법Emergency Immigration Act을 통과시켰다. 어느 민족이든 1910년을 기준으로 해서 1910년 당시 해당 미국 거주인의 3퍼센트를 초과해서 미국에 이민 올 수 없도록 한 법이었다. 남동부 유럽인의 이주를 규제하려는 법이었다. 어느 정도 효과는 있었으나 토착주의자들은 여기에 만족하지 않았다. 그래서 1924년 이민법은 다시 개정되었다. 국적별 이민할당제National Origins Acts가 그것이다. 이 법에 의해서 기준 연도는 1890년으로 앞당겨졌고 비율도 2퍼센트로 줄어들었다. 기준 연도가 앞당겨졌다는 것은 남동부 유럽 이민을 줄이는 대신 북서부 이민의 비율을 높이려는 것을 의미하는 것이었다. 남동부 유럽인들이 1890년 이후에 급속히 증가했기에 이들이 가장 피해를 보았다. 또한 이 법으로 인해서 동아시아로부터의 이민은 완전히 금지되었다.

이러한 이민 쿼터제의 도입은 물밀듯이 밀어닥치는 남동부 유럽인들의 이민을 어느 정도 규제하는 데 성공했다. 그러나 새 이민법에는 중남미 이민에 대한 조항이 없었기에 멕시코를 중심으로 한 히스패닉계 이민을 부추기는 결과를 낳았다. 역시 가톨릭 신자들이었던 이들 중남미 이민은 미국의 이민을 주도하게 되었고, 향후 미국 이민과 그에 따른 반발의 가장 주요한 쟁점으로 부각되었다.

이민 규제 운동을 비롯한 1920년대의 보수주의 부활은 실로 거센 파도와 같은 시대적 흐름이었다. KKK가 부활했고 남부를 중심으로 그 세력이 급속도로 확산되었다. 중서부 지역이나 서부 해안 지역 할 것 없이 하얀 두건을 쓰고 십자가를 든 KKK는 공공연히 앵글로색슨–프로테스탄트를 기반으로 한 미국 보수주의의 부활을 부르짖었다. 한때 반흑인운동에 초점을 맞추었던 그들이 이제는 반가톨릭, 반유대인, 반이민을 외치며 사회 전반에 걸친 도덕운동으로 확산시켰다. 여기에 남부 근본주의자들이 합세하면서 그 세력은 절정에 달했다. 가장 피해를 보았던 사람들은 말할 것도 없이 남동부 유럽 출신의 새 이민자들이었다.

1920년대의 보수주의는 미국 역사에서 가장 강력한 것이었다. 19세기 중반의 무지당 운동에서 시작한 반이민운동이 끈질긴 생명력을 보이더니 결국 1920년대에 이르러서는 그 총체적이고 결집된 힘을 보이는 듯했다. 미국에서 그 주인이 누구이며, 정체성은 무엇인가를 확인하는 사회·문화적 대혁명을 시작하는 듯했다. 미국의 보수주의자들은 "100퍼센트 미국주의"를 외치면서 그것에 상충되는 집단에 대해서는 결연한 성전聖戰을 선포한 것이다. 그 기세는 대단했다.

그러나 결과적으로 미국사에서 유례 없었던 그 문화 전쟁은 결국 "전통적 토착주의자들의 마지막 저항"[18]으로 판명되었다. 그 전쟁은 채 10년을 넘지 못하고 승패를 가리지 못한 채 역사의 뒤편으로 사라지고 말았다. 1929년 미국 자본주의 전체를 뒤흔드는 사상 초유의 국가적 위기를 맞게 된 것이다. 이것은 토착주의자들뿐 아니라 미국인 모두가 함께 넘겨야 할 역사적 위기이자 과제였다. 대공황, 그리고 얼마 지나지 않아 제2차 세계대전이 발발했던 것이다. 미국이 참전하게 됨에 따라 미국은 공동의 적에 대항하기 위해서 다시 국력을 결집해야 했다.

대공황과 제2차 세계대전은 미국사의 또 다른 주요한 분기점이었다. 초점을 맞추고 있는 이민, 인종, 그리고 다문화주의 문제 역시 이 분기점을 기준으로 새로운 차원으로 넘어가게 된다. 세계대전 이후, 그러니까 현대 미국을 다루기 전에 몇 가지 짚고 넘어갈 것이 있다. 위에서 도가니 이론에 근거한 문화 융화주의는 백인들 간의 문화 씨름이었고, 흑인, 인디언·아시아계·히스패닉계는 거기에서 제외되었다고 지적했다. 현대로 들어오기 전에 이들에게는 어떠한 변화가 있었는가를 여기에서 잠시 살펴보자.

남북전쟁의 핏값으로 흑인 노예는 해방되었다. 그러나 이것은 어디까지나 법적인 해방일 뿐이었다. 경제적으로 자립하지 못한 상황에서 흑인들은 실제적인 권익을 얻을 수 없었다. 남부의 인종 편견은 여전히 그 뿌리가 깊었다. 노예단속법slave codes은 흑인단속법black codes으로 이름만 바뀌어서 다시 흑인들의 삶을 실질적이고 집요하게 속박하고 있었다. KKK라는 이름만 들어도 흑인들은 불안에 떨어야 했다. 백인들은 교묘하게 법을 유린해서 흑인들의 권리를 박탈했고 철저한 흑백 분리 정책을 고수했다. 노예시대의 흑인에 대한 이미지, 즉 게으르고, 나약하며, 어리석고, 순종적이며, 의존적인 노예근성은 여전히 흑인들에게 꼬리표처럼 붙어 다녔다. 흑인들은 무력감과 절망감에서 헤어 나오지 못하고 있었다.

제1차 세계대전은 흑인들에게 돌파구를 제공했다. 전시 경기가 활성화되면서 흑인들을 고용하는 업체들이 늘어났던 것이다. 수많은 흑인들이 남부를 떠나 북쪽으로 이주했다. 이러한 추세는 전쟁이 끝난 이후에도 계속되었다. 1920~30년까지 남부 흑인의 8.2퍼센트가 북부 지역으로 이주했다. 주로 도시 밀집 지역에 거주하게 된 흑인들은 백인들의 경계 대상이었고, 결국 1919년 디트로이트를 비롯한 여러 도시에서 인종 폭동이 발생하게 되었다.

그러나 북부로 이주한 흑인들의 수가 증가해 도시에서의 정치력을 조금씩 신장시켰고, 전쟁에 참가했던 20만 명 정도의 흑인 병사들은 흑인들에게 자부심과 애국심을 불어넣어주었다. 또한 흑인 예술가들과 문학가들을 중심으로 흑인의 자의식을 고양시키는 운동이 전개되었다. 이것이 1920년대에 등장한 '할렘 르네상스'였다. 할렘 르네상스는 "넓은 의미에서는 인종 간의 관계 개선과 흑인에 대한 긍정적인 이미지를 구축하기 위한 모든 예술 활동을 의미한다."[19] 흑인들은 진정

마르쿠스 가비
흑인들의 인종적 자부심과 단결, 흑인 문화의 독특성을 강조한 그는 백인들의 인종편견은 결코 사라지지 않을 거라고 지적하면서 흑백 분리주의를 표방했다.

한 평등과 자유를 얻기 위해 정치적·경제적인 투쟁보다는 먼저 자신들에게 흑인 문화에 대한 자부심을 고취해서 한층 더 당당하게 미국 사회에서 적극적인 주체가 되기 위한 심리적 토대를 쌓고자 했다.

흑인들의 인종적 자부심과 단결, 흑인 문화의 독특성을 강조한 사람은 마르쿠스 가비Marcus Garvey였다. 가비는 백인들의 인종 편견은 결코 사라지지 않을 거라고 지적하며 흑인들이 그들의 독자성을 유지하기 위해서는 그들의 고향인 아프리카로 돌아가는 것이 최상의 선택이라고 주장했다. 흑인들의 미래를 백인 미국 사회와 함께 생각할 수 없는 결연한 흑백 분리주의를 표방한 것이다.

할렘 르네상스와 가비주의는 그 성격이 상반되었다. 전자는 흑인의 자의식을 중심으로 흑인들이 미국 사회에서 능동적인 역할을 하도록 유도한 일종의 인종 융화 성향이 있었던 데 반해 후자는 철저한 분리주의를 내세운 다분히 다원주의의 성향이 강했다.

어떻든 멀게는 남북전쟁 이전 노예해방운동의 흑인 지도자였던 프레드릭 더글러스Frederick Douglas, 가까이는 경제적 흑인 민족주의를 표방했던 부커 워싱턴Booker Washington과 문화적 흑인 민족주의를 내세웠던 듀보이스W.E.B. Du Bois를 이어받아 그 어려운 시대적 상황에서도 흑인들의 자의식을 일깨워 미국 사회에서 그들의 권익을 찾으려고 시도했다. 그것은 훗날 본격적인 흑인 민권운동과 블랙 파워Black Power 운동을 일으켰던 귀중한 불씨를 제공했다는 점에서 그 역사적 의의가 크다. 1920년대에 몰아쳤던 보수 반동의 흐름에 따라 새 이민자에 대한 이민 제한정책과 KKK의 부활, 그리고 근본주의의 조악한 문화 전쟁 틈새에서도 미국의 주체란 앵글로색슨 백인들이 아니라는 것을 흑인들 나름대로 드러내고자 했던 것은 미국의 다원주의 전통에서 상징적이나마 의미 있는 것이었다.

제1·2차 세계대전 사이에 미국 인디언들의 위치에도 변화가 있었다. 루스벨트는 1934년 인디언 재조직법Indian Reorganization Act을 제정했다. 인디언뿐 아니라 미국 다원주의 전통에 획기적인 사건이었다. 앞에서 지적했듯이 연방정부는 19세기 말 도스 법을 적용하여 인디언들에 대한 대대적인 인종 융화 정책을 시도했다. 그러나 이것은 인디언의 입장에서 보면 융화보다는 말살 정책에 가까웠다. 사유 재산 제도의 도입은 인디언들에게 받아들여지지 않았고, 일부 백인 투기자들은 갖가지 술책을 동원해서 인디언들의 땅을 조금씩 갉아먹고 있었다. 인디언 보호구역에서 실시했던 연방교육정책도 성공할 수 없었다. 인디언 사무국the Bureau of Indian Affairs은 부패의 온상이었다. 인디언들을 미국의 주류 사회에 융화시킨다는 미명 아래 인디언 사회를 황폐화시켜 갔다. 인디언의 불만과 일부 백인 동조자들의 항의는 받아들여지지 않았다.

그러던 차에 뉴딜을 계기로 루스벨트는 인디언 재조직법으로 기존의 도스 체제를 파기하고 다시 인디언의 독특함을 인정하는 정책을 펴게 되었다. 그것은 융화주의에서 다시 다원주의로 되돌리는 것이었다. 인디언들이 백인 주류 사회에 동화하지 않고도 그들의 독특한 전통을 지키며 미국 문화의 한 부분을 지탱하는 것, 그 자체가 미국의 다문화주의를 윤택하게 한다는 믿음에서였다.

그 믿음을 실행에 옮긴 사람은 루스벨트가 인디언 업무국의 새로운 감독관으로 임명한 존 콜리어John Collier였다. 그는 남서부 지역의 푸에블로 인디언들의 생활상을 직접 체험한 경험을 바탕으로 인디언 문화의 상대적 독특성이란 결코 무너뜨릴 수 없는 인디언들의 고유한 전통이며 그것을 선택해서 유지하는 것은 인디언들의 자유이며 연방정부는 그것을 존중해야 한다고 주장했다. 그는 일종의 다원주의 신봉자로서 "19세기 말과 20세기 초에 등장했던 개인주의와 산업혁명에 도전하는 전통적 사회에 대한 낭만"을 재현하고자 했다.[20]

일본계 미국인의 경험은 미국 이민과 다문화주의에서 가장 독특한 영역을 차지하고 있다. 1941년 12월 일본의 진주만 공습으로 미국은 제2차 세계대전에 참가했다. 미국 내 일본인들은 적국敵國의 이민자로 낙인 찍혀 온갖 폭압적인 편견에 시달려야 했다. 그 결정판은 1942년 2월 19일 대통령 포고령에 의해서 일본계 미국인들이 미국 서해안 지역에서 내륙 안쪽 지역으로 강제 격리된 사건이었다. 이는 미국 역사상 이민자들에게 행해진 탄압 가운데에서 가장 강도 높은 것으로서 미국 다문화주의 전통에 가장 치명적인 오점을 남긴 사건 이었다.

미국 역사상 최초로 특정 민족 전체에 대해 규제가 가해진 1882년 중국인 배척법은 중국인 노동자의 이민을 금지한 것이다. 이후 동양인 이민의 주류는 일본인이었다. 중국인에 대한 차별과 편견은 이들 일본인에게 전이되었다. 1906년 샌프란시스코는 미국 사상 최악의 지진으로 아수라장이 되었다. 어수선한 분위기에서 반아시아인 감정은 드디어 폭발했고 이번에는 일본인이 피해를 보았다. 일본계와 한국계 어린이들은 백인 학교를 다닐 수 없고 차이나타운에 있는 동양인 학교로 전학 가야 한다는 운동이 일어났다. 극동 아시아에서 서서히 그 세력을 키워가던 일본과의 외교적 마찰을 피하기 위해서 루스벨트 대통령은 중재에 나섰고, 다음 해 이른바 '신사협정Gentleman's Agreement'을 체결했다. 캘리포니아는 일본인에 대한 편파적인 차별을 중단하는 대신 일본 정부는 미국으로의 노동 이민을 자발적으로 금지한다는 내용이었다. 그러나 백인 토박이들이 보기에 일본인은 계속 눈엣가시였다. 30년대에 들어서면서 미국 내에서는 반이민의 기류가 한풀 꺾였지만 일본인에 대한 차별은 계속되었다. 결국 진주만 공습을 계기로 캘리포니아 토박이들은 일본인 격리운동을 벌이기 시작했다. 이런 전쟁의 히스테리 속에서 일본계 미국인들은 생활의 근거지를 포기하고 내륙 지방의 집단 수용소로 가는 열차에 몸을 실을 수밖에 없었던 것이다.[21]

어느 나라의 역사에서와 마찬가지로 전쟁은 미국의 사회적 혼란을 야기했다. 그러나 적국 출신의 이민자라고 해서 격리 수용을 했던 극단적인 예는 없었다. 먼 과거로 가지 않고 제1차 세계대전의 경우만 보더라도 그렇다. 물론 앞에서 서술했듯이 독일인들도 어느 정도의 편견과 차별에 시달렸다. 그러나 미국의 적이라고 해서 독일계 미국인들이 제2차 세계대전 중 일본인이 겪었던 피해를 보지는 않았다. 여기에서 동양인들이 미국에서 겪었던 경험은 미국 이민사에 독특한 면을 보여주고 있다는 것을 알 수 있다. 토박이들에 의한 반이민 정서는 미국의 출발 지점에서부터 있었던 미국사의 한 기류였다. 그러나 19세기 말 유난히 중국인들만이 이민금지법의 피해자가 되었다. 이번에는 일본인이 최초로, 아마 처음이자 마지막으로 강제 격리의 피해자가 된 것이다. 이것은 다문화주의의 융화냐, 다원주의냐 하는 범주가 아닌 철저한 분리주의의 극단이었다.

흥미로운 사실은 19세기 말 이후 새 이민자들 가운데 일본인 이민자들이 주류 사회에 동화하려고 했던 가장 대표적인 부류 가운데 하나라는 점이다. 적어도 동양인 이민자들 가운데에서는 일본인 이민자들이 가장 적극적으로 동화정책에 호응했다. 일본인들은 일본의 전통 의상 기모노보다는 양복을, 스모보다는 야구를, 일본어에 대한 고집보다는 영어를 강조했다. 1930년에 결성된 '일본계 미국인 시민연맹the Japanese American Citizens League'은 제2차 세계대전이 발발하고 미국과 일본의 관계가 극도로 악화되자 미국의 군사 당국과 접촉하면서 미국 정책에 적극적인 협조를 했다. 진주만 공습 이후 일본계 미국인들은 더더욱 미국에 대한 그들의 애국심을 증명하려 했다. 하지만 미국인들의 의식 속에 각인되어 있던 일본계 미국인에 대한 편견은 쉽게 사라지지 않았다.

한편 제2차 세계대전 중 또 하나의 적이었던 독일인에 대해서는 편견을 보이지 않았다. 그 시점에 이르러 그동안 토박이들의 공격 대상이었던 동구권 이민자들에 대한 편견은 상당 부분 시든 후였다. 그렇다면 19세기 말 중국인들이, 그리고 20세기 전반 일본인들이 인종 편견의 대상이 되었던 이유는 무엇일까?

간단한 대답하기는 힘든 문제이지만, 결국 피부 색깔이 아니겠는가? 가톨릭, 동유럽인, 유대인 등 종교나 민족 간의 차이는 시간이 흐르면서 의미를 잃었다. 이제 아일랜드인에 대한 이전의 극단적인 혐오는 그 흔적을 찾기가 어려워졌다. 유대인에 대한 혐오도 현저하게 줄어들었다. 이는 다들 유럽 출신의 백인들이었기 때문이었다. 그러나 흑인, 히스패닉, 아시아계는 다른 범주였다. 이제 대결은 하얀 부류와 거무스레한 부류, 피부 색깔이 가져다주는 어쩔 수 없는 차이로 좁혀지게 되었다. 그리고 이러한 차이는 19세기뿐 아니라 20세기 후반에도 극명하게 나타났고, 거무스레한 부류 중에서도 차이가 나타났다.

전후 보수주의의 부활과
매카시즘의 등장

　　제2차 세계대전을 경계선으로 유럽 출신 이민자들 간의 갈등은 마무리되었다. 1960년 아일랜드 이민계이며 가톨릭 신자였던 존 F. 케네디가 대통령에 당선된 것은 상징하는 바가 크다. 약 2세기에 걸친 반가톨릭 정서에 종지부를 찍은 것이다. 물론 KKK나 극렬 인종차별주의자들의 준동이 완전히 사라졌다고는 할 수 없다. 1984년 대통령 선거에서 민주당 부통령 후보였던 제럴딘 페라로 Geraldine Ferraro는 이탈리아계라고 해서 마피아 연계설로 곤욕을 치렀다. 1988년 선거에서는 조지 부시 공화당 선거 진영에서 민주당 후보 마이클 듀카키스 Michael Dukakis가 그리스계라는 것을 부각시켜 그를 정통 미국인이 아니라고 여론을 몰고 가려고 했다. 2000년 대선에서도 유대계인 조셉 리베르만 Joseph Lieberman을 민주당 부통령 후보로 지목했는데, 이는 결과적으로 선거에서 유리하게 작용하지 않았다.

그럼에도 미국 사회의 전반적인 추세는 이제 그가 어떤 지역 출신이냐, 어떤 종교를 가졌느냐에 따라 편견과 차별을 받지 않게 되었다. 앞에서 언급했던 사람들이 앵글로색슨-프로테스탄트의 '토박이' 범주에 들지 않음에도 대통령 선거에 나올 수 있었다는 것 그 자체가 유럽계 백인들에 대한 구분이 희미해지고 있다는 증거일 수 있다. 20세기 전반부의 상황에 비추어볼 때 분명 진일보한 것이다. 그러나 아시아계와 히스패닉계의 경우는 다르다. 20세기 후반 미국의 인종 차별은 이들을 대상으로 한 것이었다. 물론 흑인들에 대한 차별은 또 다른 것이다.

전후戰後에 보수주의는 다시 극성을 부리기 시작했다. 제1차 세계대전의 경우와 마찬가지로 전후 사회 전체의 불안감과 혼돈은 보수주의자들에게 그들의 주장을 펼쳐가도록 분위기를 조성했다. 1919년의 '적색 공포'와 같이 1950년에는 매카시즘McCarthyism이 등장했다. '제2의 적색 공포'인 셈이었다. 그러나 1960년대에 들어오면서 진보·개혁의 역공이 시작되었다. 민권운동, 베트남 반전운동, 여성해방운동 등 미국 역사에서 가장 강력한 진보적 움직임이 나타났다. 정치적으로도 케네디-존슨 민주당 정권은 사회적 분위기에 동승했다.

이러한 분위기에서 이민법에도 변화가 있었다. 1965년 새로운 이민법이 의회에 통과되었다. 1920년대부터 시행되고 있었던 이민의 국가별 인원 할당, 즉 쿼터quota 제도가 폐지된 것이다. 국적에 따라 구분하지 않고 모든 이민자들에게 공평한 기준을 적용해 이민을 받아들인다는 것이다. 그리하여 그동안의 차별적인 이민법의 굴레에서 훌쩍 벗어난다는 새로운 시도였는데, 이는 거의 동시에 채택된 민권법Civil Rights Acts과 함께 진보적 시대의 상징이 되었다.

새로운 이민법에 의해서 가장 큰 혜택을 입은 사람들은 아시아계와 히스패닉계였다. 이론적으로는 유럽 이민자들과 동등한 자격에서 이민을 신청할 수 있었지만 실제적으로는 아시아와 중남미 지역에서 미국으로 이주한 자들이 압도적으로 많았는데, 이들이 총 이민의 80퍼센트 이상을 차지하게 되었다. 거기에다 쿠바와 베트남 난민들이 포함되었고 무엇보다도 지리적으로 미국과 접경을 이루고 있었던 멕시코의 불법 이민은 이민문제의 가장 큰 논란거리가 되었다.

아시아계와 히스패닉계 이민의 숫자가 폭발적으로 늘어나면서 유럽계 미국인들의 우려는 커졌다. 1970년 백인 인구는 전체 88퍼센트였고, 히스패닉과 아시아계는 합해서 고작 1.4퍼센트였다. 1980년 인구조사에 의하면, 백인은 83퍼센트로 약간 감소되었고 히스패닉과 아시아계는 7.1퍼센트로 증가했다. 여기서 히스패닉은 6퍼센트로 거의 다섯 배의 증가를 보였다. 1995년에 이르러서는 백인은 73퍼센트로 급격히 줄었고, 히스패닉은 11퍼센트, 아시아계는 4퍼센트를 차지했다. 히스패닉은 거의 두 배, 아시아계는 세 배 이상 증가한 것이다. 2010년 조사에 의하면 백인은 72퍼센트, 히스패닉은 15퍼센트, 흑인은 13퍼센트를 차지했다.

2050년 예상치는 백인은 53퍼센트, 히스패닉은 24퍼센트, 아시아계는 9퍼센트로 나타난다. 즉, 백인은 가까스로 과반수를 넘고 인구 4명당 1명은 히스패닉계인 셈이다. 흑인의 숫자도 꾸준히 늘어나고 있으나(1995년 통계로 전체 13퍼센트) 히스패닉과 아시아계의 증가에 비교해볼 때 그리 큰 폭의 증가는 아니었다.[22] 2010년에는 히스패닉계가 흑인들을 앞질러서 미국 내에서 두 번째 민족이 되었다. 이것은 불법 이민자들의 숫자가 포함되지 않은 것인데, 이들의 숫자까지 포함한다면 특히 히스패닉계의 인구 증가율은 더욱 높을 것이다.

1980년대의 레이건-부시 공화당 집권과 신보수 세력의 준동, 그리고 기독교 근본주의자들의 도덕 정화운동의 보수주의 시대에 이민문제는 또다시 미국의 주요한 논쟁이 되었다. 보수주의자들의 가장 큰 표적은 히스패닉계 이민자였다. 그들이 가톨릭 신도였으며 대체로 빈곤하고 교육 수준이 낮았기에 미국의 문화에 이질적이며 동화하기 힘든 사람들이라고 여겼다. 게다가 그들이 스페인어를 고집했고 심지어는 영어-스페인어 공용을 주장하고 나서 보수 세력들의 우려는 높아만 갔다.

19세기 아일랜드계를 중심으로 한 가톨릭 이민자 수의 급증이 사회·문화적인 문제일 뿐 아니라 정치적인 문제였던 것처럼 20세기 말 히스패닉계 이민의 근본적인 문제는 정치적인 것이었다. 특히 히스패닉계 이민이 몰렸던 남부 접경 지대 주에서는 이러한 정치적인 문제가 심각한 현실이었다. 캘리포니아, 플로리다, 텍사스 등과 같이 미국 선거에 결정적인 영향을 미칠 수 있는 주들에 히스패닉계 이민이 집중되어 있었기에 백인 보수주의자들의 입장에서는 히스패닉계 이민에 촉각을 곤두세우지 않을 수 없었다. 캘리포니아에는 미국 이민 인구의 3분의 1이 집중되어 있었고 히스패닉 전체 이민의 2분의 1을 차지하고 있었다. 캘리포니아 전체 인구에서 히스패닉계가 차지하는 비율은 무려 31퍼센트였다. 텍사스도 인구의 28퍼센트가 히스패닉계였다. 이것은 1995년 기준으로 해가 지날수록 이러한 추세는 갈수록 가속화되고 있었다. 백인 미국인들은 미국의 남부가 '퀘벡화'되지 않을까 우려했다. 즉 캐나다 내의 퀘벡에서 프랑스계 후손들이 결집해서 영어보다는 프랑스어를 고집하며 캐나다 안에서 일종의 독립국가와 같은 정치력을 발휘하는 것처럼 미국 남부가 그렇게 되지 않을까 하고 우려했다.

결국 이러한 우려는 1994년 중간 선거에서 가장 중대한 정치적 화제의 하나로 등장했다. 그리고 그 화제의 발원지는 캘리포니아였다. 중간 선거에서 캘리포니아는 주민발의안 187Proposition 187을 통과시켰다. 이는 캘리포니아에 거주하는 불법 이민자들이 긴급한 응급 처치를 제외한 모든 의료 혜택이나 공립학교의 입학 등 사회보장 혜택을 금지하는 것이었다. 이것은 불법 이민자들이 많은 아시아와 히스패닉계, 특히 멕시코를 겨냥한 것으로서 캘리포니아뿐 아니라 전국적인 이슈로 급속히 번져갔다.

정치권에서도 캘리포니아 주민발의안 187과 그에 따른 이민문제가 쟁점화되었다. 뉴트 깅그리치Newt Gingrich 하원 의장을 비롯한 의회 내의 보수주의자들은 의회 내에서 이 문제에 대한 집중적인 논의를 준비했다. 1992년과 1996년 선거에서 이민문제는 선거의 주요한 이슈로 등장했다. 오랫동안 KKK단의 젊은 기수였던 데이비드 듀크David Duke와 극보수 언론인 팻 뷰캐넌Pat Buchanan은 이민을 규제하지 않는다면 앵글로-프로테스탄트 중심의 미국 전통이 붕괴될 것이라고 경고했다. 뷰캐넌은 현재 상태로 이민이 계속된다면 백인은 미국 사회에서 과반수를 유지하지 못할 것이기에 이민에 대한 '일시정지time out'가 필요하다고 역설했다.[23]

학계에서도 이민문제는 주요 논쟁점이 되었다. 가장 큰 반향을 일으켰던 책은 찰스 머레이Charles Murray와 리처드 헌스타인Richard Herrnstein의 《벨 커브The Bell Curve》였다. 이들은 얼굴색에 따른 인종 간의 유전적 능력을 비교·분석함으로써 백인과 비백인 사이의 인종적 능력을 차별화시켰다. 19세기 말, 20세기 초의 유럽 남동부 출신 이민자들과 20세기 후반 이민자들을 비교하면서 이전의 유럽 이민자들에 비해서 최근의 이민자들이 지적 능력이 떨어지고 미국 사회의 적응력이 열등함을 부각시켰다. 이들의 주장은 결국 히스패닉계 이민자들이 미국 사회의 발전을 저해하는 위험한 인종임을 논리적으로 증명하는 것이었다.[24]

《벨 커브》의 논쟁이 막 달아오르기 시작한 시점에 피터 브리멜로Peter Brimelow는 《외국인 국가Alien Nation》를 펴내면서 반이민 열기를 가열시켰다. 그는 이민의 경제적 영향에 주목했다. 최근의 이민자들이 결국 저임금 백인 노동자들의 일자리를 앗아갈 것이라는 주장이다. 새로운 이민자들은 기존의 미국인들보다 노동 기술이 떨어지고 세금도 훨씬 덜 내지만 사회 복지 혜택을 더 많이 누리고 있다고 지적했다. 그래서 미국 내 빈부의 격차를 더욱 악화시킬 것이라고 진단했다.[25]

일자리를 구하러 나온 이민자들
불경기의 근원이 이민자들이라는 주장은 수많은 중하층 백인 미국인들에게 호소력이 있었다. 이 논리는 캘리포니아 주민발의안 187과 같은 반이민 정서로 표출되었다.

브리멜로의 주장이 발표된 직후 새 이민자들이 미국 경제에 득인가 실인가 하는 논쟁이 뜨거워졌다. 브리멜로우의 반대편에 섰던 학자들은 오히려 이민자들이 새로운 일자리를 창출하며 최저 임금의 상승에 방파제 역할을 하기 때문에 물가를 안정시키며 결국 미국 경제의 활성화에 도움이 된다고 주장했다. 또한 아시아계 이민자들은 상당 부분 기술직에 종사하고 미국의 첨단 산업에 중추적인 인재라고 주장했다. 그리고 미국 첨단 산업의 메카로 등장한 실리콘밸리의 두뇌들 상당수가 아시아계임을 지적했다.

경기가 좋지 않았을 때 그 문제의 근원이 이민자들이라는 주장은 수많은 중하층 백인 미국인에게 분명 호소력이 있었다. 복잡한 경제 이론을 이해할 수 없는 보통 사람들, 경제적 문제가 급작스럽게 불어난 이민자들과 무관하지 않다고 믿는 중하층 백인 미국인들에게는 솔깃한 논리였고, 그것이 캘리포니아 주민발의안 187과 같은 반이민 정서로 표출되었다.

경제적 이유만이 보수주의자들과 신토착주의자들neo-nativists이 노리는 근본적인 목적은 아니었다. 근본적인 것은 이민자들의 숫자였다. 19세기 전반 아일랜드인의 결집된 정치력을 토박이들이 가장 경계했던 것처럼 20세기 말의 경우도 마찬가지였다. 미국은 선거를 통해서 변화하는 나라다. 이민자들의 수가 늘어난다는 것은 그들의 투표권을 이용한 정치력의 신장을 의미하는 것이다. 보수당인 공화당과 진보당인 민주당과의 팽팽한 대결에서 이민자들의 변수는 막대할 수밖에 없다. 대체로 흑인, 유대인과 대부분의 히스패닉계는 민주당 성향을 갖고 있다. 한때 열렬한 민주당 지지자였던 아일랜드계 미국인들은 반대로 공화당으로 선회했다. 이제 가톨릭은 토박이들의 공격 대상이 아니며 유럽계 백인이라는 것, 그리고 미국에서 경제적으로 어느 정도 성공했다는 것은 기존의 앵글로색슨-프로테스탄트 세력 중심의 주류로 편입하는 것을 의미한다. 아시아계는 아직 무엇이라고 판단하기 힘들다. 그러나 다른 새 이민자들보다 경제적으로 안정되며 학력이 높기 때문에 공화당 성향이 더 강한 편이다.

그렇다면 결국 히스패닉계가 문제다. 예상대로 2050년 이후 백인들이 인구의 과반수를 차지하지 못할 경우 미국은 인종의 주류가 없는 말 그대로 다문화·인종에 근거를 둔 다원주의 국가가 될 것이다. 그럴 경우 미국 문화는 크게 백인과 히스패닉계로 양분될 것이며 흑인들과 아시아 및 기타 민족들로 세분화될 것이라는 것이 백인 보수주의자들의 우려다. 세계 역사에서 주류 민족이나 인종이 없는 상황에서 서로 다른 인종·종교·민족으로 나누어질 경우 그 나라의 운명이 비극적으로 마감할 가능성이 많다는 것이 그들의 걱정이었다. 오스트리아-헝가리 제국의 해체에 따른 발칸 반도의 문제가 그것이며, 구소련의 문제가 그것이다.

반면에 독일이나 일본처럼 미국과 함께 세계 질서를 주도하는 국가들은 민족적 동질감을 기반으로 국력이 결집되어 있기에 이런 다문화사회의 갈등에서 벗어날 수 있다는 것이다. 그래서 21세기에 미국은 민족과 인종 간의 갈등으로 국력이 분산되고 국내의 사회·문화적 혼란기를 맞아 미국의 부흥기가 마감되는 것은 아닐까 하는 우려다. 즉 제2의 로마 제국의 운명을 답습하지 않을까 하는 것이다.

과연 그럴까? 멕시칸을 중심으로 한 히스패닉계는 남부에서 미국의 '퀘벡'을 만들 것인가? 미국은 제2의 발칸반도가 될 것인가? 서로 화합할 수 없는 인종과 민족 간의 갈등은 미국을 공중분해하고 말 것인가? '도가니' 속의 융화는 완전한 구시대의 이상이요, 다문화주의·다원주의는 서로 부딪치고 깎아 내려 미국의 도가니는 결국 깨지고 말 것인가?

미국의 미래, 차이와 편견의 극복에 있다

분명 21세기 미국은 미국 역사상 전무후무한 문화 전쟁에 휩싸이게 될 가능성을 다분히 가지고 있다. 냉전 구도가 무너지면서 이러한 가능성은 현실적인 문제로 대두되고 있다. 1992년 선거부터 국제 및 외교문제는 그렇게 큰 이슈가 되지 못했다. 낙태, 동성연애와 같은 사회적·도덕적 문제, 그리고 이제는 이민이 미국의 주요한 논쟁으로 대두되고 있다. 흑인문제는 영원히 그 해결책을 찾을 수 없을 것처럼 보인다. 흑인들은 이제 백인뿐 아니라 새로운 이민자들에게도 경제적으로 눌리고 있다. 흑인들과 다른 소수민족들 간의 갈등은 계속 증폭되고 있다.

아시아계와 히스패닉계의 갈등 또한 어제오늘 문제가 아니다. 아시아계 가운데에서도 편견과 갈등은 존재한다. 베트남 난민들을 비롯한 기타 동남아시아 이민자들과 기존의 한국, 일본, 중국 등 극동 아시아 출신들 간의 불협화음이 그것이다. 히스패닉계도 마찬가지다. 멕시코계가 주류를 이루고 있지만 쿠바와 기타 중남미 지역 출신과의 갈등도 그들의 역사만큼 확연한 것이다.

백인들의 숫자가 과반수를 넘지 못한다 하더라도 미국의 정치·경제·문화는 쉽게 발칸화되기가 현실적으로 어려울 것이다. 그래서 미국은 기존의 미국 전통을 중심으로 다시 한 번 국력을 결집하면서 동시에 여타 소수민족들이 동등한 입장에서 그들 고유의 문화를 꽃피울 수 있도록 해야 한다는 주장이 설득력을 얻고 있다. 즉 도가니의 융화정책과 다문화·다원주의를 함께 아우르며 다문화주의의 위기를 극복하자는 것이다. 이것이 이른바 '진보적 국민주의liberal nationalism'다.[26]

그러나 미국의 구성원들이 미국에 대한 애국심이나 단결심을 바탕으로 당장 진보적 국민주의를 꽃피우기에는 어려움이 많다. '진보적 국민주의'가 어느 정도 현실성이 있는가 하는 문제를 판단하는 것은 어려운 일이다. 미국 다문화 구성원들 사이에 간극과 갈등이 갈수록 고착된다면 이것도 이룰 수 없는 하나의 이상에 불과할 가능성이 크다. 그렇지만 미국이 다문화주의의 부정적인 면을 해결하지 못하고 당장 발칸화되기가 어려울 것이다. 역사 속의 다른 다문화 국가들과는 달리 미국의 다문화 경계의 구분은 그렇게 절대적이지 않기 때문이다.

미국 정부는 미국의 민족-인종을 다섯 가지로 분류하고 있다. 유럽계 미국인(백인), 아시아계 미국인, 아프리카계 미국인(흑인), 히스패닉계, 토착민(인디언)으로 구분된다. 미국 시민권을 신청하거나 기타 서류를 작성할 때 공식적으로 위의 다섯 가지 유형에서 하나를 선택해야 한다.

그러나 미국인의 유형을 분류할 때 위의 다섯 가지가 절대적인 기준이 되기는 어렵다.[27] 위의 다섯 가지 유형들 사이에 민족, 인종 간 결혼을 통해서 구분이 흐려지고 있는 추세이기 때문이다. 2018년 통계에 의하면 신혼부부의 17퍼센트가 서로 다른 인종으로 구성되었다. 이는 1967년에 비해 무려 다섯 배가 늘어난 수치다. 다른 인종을 배우자로 선택하는 비율은 아시아계와 라틴계가 각각 29퍼센트와 27퍼센트로 가장 높다. 흑인들도 18퍼센트를 차지하고 있다. 1980년 통계에서 흑인의 5퍼센트만이 다른 인종과 결혼했던 것에 비하면 엄청난 변화라고 할 수 있다. 백인은 11퍼센트에 그치지만, 특정 인종간의 결혼 중에서는 백인과 히스패닉과의 결혼이 무려 42퍼센트로 압도적인 우위를 차지하고 있다. 유대인이 비유대계와 결혼하는 비율도 놀랍도록 높아졌다. 1940년 유대인이 비유대계와 결혼했던 비율은 고작 3퍼센트였지만 1980년대 이르러서는 50퍼센트에 이른다. 이러한 추세는 지금까지 유지하고 있어서 유대인의 절반이 비유대계와 결혼하고 있다.[28]

이러한 수치는 놀라운 것이다. 이러한 추세가 계속된다면 얼마 가지 않아서 기존의 민족이나 인종의 경계선은 더욱 희미해질 것이다. 이것은 미국의 전통에서도 이례적인 것이 아니다. 19세기 아일랜드계와 다른 유럽계와의 갈등, 특히 앵글로색슨-프로테스탄트와의 갈등은 그리 오래 지속되지 않았다. 20세기로 넘어오면서 아일랜드 후손들은 모두가 유럽계 미국인, 즉 백인으로 융화된 것이다. 19세기 말과 20세기 초 토박이들의 편견의 대상이었던 기타 동구권 이민자와 그 후손들도 급속히 백인으로 합쳐졌다. 이제 이탈리아계 혹은 그리스계라고 해서 미국에서 편견의 대상이 된다는 것은 드문 일이다.

이것은 세계 역사에서 분명 이례적인 추세다. 먼 과거를 들추지 않고 벨기에, 인도, 캐나다, 인도네시아 등 수많은 국가를 보더라도 다민족·다문화로 융화하지 못하고 사회문제로 계속 안고 있는 것과 비교해도 미국의 융화력은 놀라운 것이다. 가장 대표적으로 유대인의 경우를 들 수 있다. 수세기 동안 유대인들이 받았던 인종 차별, 그리고 하나의 자기 방어로서 유대인끼리 결속해왔던 것에 비해 미국에서 그들의 50퍼센트 이상이 비유대인과 결혼했다는 것은 분명 획기적인 현상이다. 미국의 정치·경제·예술·문화·학문 모든 분야에서 유대인은 두드러진 역할을 해왔다. 학문 영역을 보아도 유대계의 성향은 각양각색이다. 미국 극우파의 대표적인 학자들과 극좌파의 대표적인 학자들 중에도 유대인들이 다수 끼어 있다. 유럽에서는 찾아볼 수 없었던 파격적인 일이다. 그만큼 사상의 다양성이 미국의 개방성을 잘 대변해주고 있다.

히스패닉을 중심으로 한 남부의 퀘백화도 현실적으로 그리 가능한 것 같지 않다. 최근 선거에서 나타난 히스패닉계의 경향만 보더라도 이것을 잘 증명하고 있다. 히스패닉계는 여전히 민주당 성향을 보이기는 하지만, 대통령 후보에 따라 다소 유동적이다. 2000년 선거에서 조지 부시는 공화당 후보였지만 히스패닉계를 공격하거나 이민문제를 거론하는 등의 비판을 가하지 않았다. 그래서인지 1990년도에 뜨거웠던 이민문제는 2000년 선거에서 그 꼬리를 감추었다. 히스패닉계를 자극하지 않으려는 부시의 선거 전략은 그의 당선에 적지 않은 영향을 주었다. 부시는 히스패닉계의 35퍼센트 표를 획득했다. 4년 뒤에는 40퍼센트나 획득해서 재선에 성공했다. 2004년 선거에서 히스패닉계는 총 유권자의 8퍼센트를 차지했고, 2008년 선거에는 9퍼센트, 2012년 선거에서는 10퍼센트까지 육박했다. 하지만 2012년 대선에서 공화당 후보 미트 롬니Mitt Romney는 히스패닉계의 영향을 과소평가했다. 롬니는 불법 이민문제 등을 내세우며 극우 보수 진영의 호감을 얻었지만, 히스패닉계에게 불만과 불신을 주고 말았다. 결국 히스패닉계 중 27퍼센트 표만 확보한 최악의 결과를 초래했고, 대선에서 패배했다. 갈수록 늘어나는 히스패닉계의 숫자와 그와 비례해서 증가하는 유권자 수의 증가는 선거에서 결코 무시 못 할 변수라는 점을 롬니는 간과한 것이다.

이렇듯 갈수록 증가하는 히스패닉계의 영향을 고려할 때 공화당은 히스패닉계 유화 정책을 펼 수밖에 없을 것이다. 갈수록 그들의 숫자가 늘어가고 있으며 그들의 표를 얻어야 선거에서 승리할 수 있기 때문이다. 히스패닉계는 분명 민주당 성향을 갖긴 하지만 흑인들의 일방적인 민주당 성향과는 다르다. 아직은 이들이 하나의 결집된 정치 블록political bloc을 형성해서 선거에 절대적인 영향력을 발휘하지는 않았다. 플로리다의 쿠바계는 오히려 공화당 성향이 강했고 텍사스에서도 마찬가지였다. 캘리포니아의 멕시칸들과 뉴욕의 푸에토리코계들은 여전히 민주당 성향이다. 갈수록 히스패닉계의 인구가 늘어나고는 있지만 그들의 정치적 성향에는 큰 변화가 없다. 2016년 대선도 마찬가지다. 공화당의 트럼프 후보가 멕시코와 국경에 장벽을 설치하겠다는 공약 등 강력한 반이민정책을 내세웠지만, 히스패닉계의 투표는 이전의 투표와 큰 차이가 없었다. 2012년 선거에서 71퍼센트의 히스패닉계가 오바마에게 투표했는데, 오히려 2016년에는 66퍼센트만이 힐러리에 투표했다. 이는 트럼프의 이민정책이 히스패닉계에게 선거의 중대한 이슈가 되지 못했다는 방증이다. 실제로 멕시칸들조차도 트럼프의 이민정책에 항의하는 결집된 행동을 보이지 않았다. 이들은 대체로 이민보다는 경제적 이슈에 더 큰 관심을 보였다. 게다가 경제적으로 성공한 멕시칸들은 공화당 성향을 띠어가는 추세다. 시간이 지나 그들의 경제적·사회적 적응력이 높아가면서 이러한 추세는 더 늘어날 것이다.

그렇다면 향후 다문화주의는 별다른 문제가 없을 것인가? 서로 다른 인종과 민족이 별 마찰 없이 미국을 결속시키며 미국의 전통을 계속 이어갈 것인가? 여기에 대한 정확한 예상은 할 수 없다. 역사의 흐름이 어떤 식으로 방향을 틀지 알 수 없기 때문이다. 1930년대와 같은 사상 최악의 대공황을 맞게 되어 그 책임을 둘러싸고 민족과 인종 간의 잠재된 갈등이 순식간에 폭발하고, 그것이 걷잡을 수 없는 상황으로 치달을 수도 있을 것이다. 그러나 미국의 전통이나 지금의 추세를 볼 때 그러한 가능성은 극히 희박하다.

그럼 문제는 무엇일까? 두 가지로 예상할 수 있다. 첫째는 흑백문제다. 미국 다문화 전통에서 흑인은 여전히 도외시되고 있다. 갈수록 미국 사회에서 적응력이 높아지는 다른 이민자들에 비해 흑인들은 여전히 사회의 외곽에서 벗어나지 못하고 있다. 향후 아시아계와 히스패닉계에게 수적으로도 열세에 놓일 것이고, 그렇기 때문에 정치 지도자들의 관심 대상에서도 점차 벗어날 것이다.

물론 아직도 그들이 밀집되어 있는 대도시 정치에서는 예외다. 아시아계와 히스패닉계의 백인들과의 결혼을 통한 인종 융화는 갈수록 높아질 것이다. 즉 미국의 '백인화'는 가속이 붙게 될 것이다. 아직도 백인, 아시아계, 히스패닉계와 흑인들 간의 결혼이 미미한 상태이기 때문에 흑인들은 영원한 소수민족으로 남게 될 확률이 높은 것이다. 여러 차례 강조했지만 미국의 다문화 역사에서 민족, 종교, 기타 그 어느 것보다도 피부색을 통한 구분은 어쩔 수 없는 현실로 남아 있다. 아직도 경제, 교육 등에서 다른 미국인들보다 최하층인 흑인들이 미국의 시한폭탄이 될 것이다. 만약 이들에 대한 차별이 계속되고 흑인들의 좌절감이 팽배할 때, 그래서 분노가 일거에 폭발할 때, 미국은 심각한 사회적 혼란을 맞게 될 것이다.

둘째는 민족·인종간의 갈등은 사회·경제적 문제보다 우선하지 못할 것이라는 점이다. 이전의 아일랜드계, 동구권, 아시아계, 히스패닉계들의 궁극적인 융화를 볼 때 민족·인종 간의 문제보다는 빈부 격차가 가장 극명한 사회문제로 드러날 것임을 예측할 수 있다. 마이클 린드Michael Lind의 주장은 예리하다. 린드는 향후 미국의 문제는 발칸화에 대한 우려보다는 브라질화Brazilianization에 초점을 맞춰야 한다고 주장했다. 즉 인종에 의한 문화적 분리와 갈등보다는 계급에 의한 인종의 분리라는 것이다. 브라질처럼 백인 위주의 경제적으로 성공한 계층과 그렇지 못한 이들, 즉 대체로 흑인이거나 거무스레한 인종으로 양분될 가능성이 있다는 것이다.[29]

린드의 이러한 예측은 시간이 갈수록 그 설득력이 커지고 있다. 앞에서 언급했듯이 2016년 선거를 보더라도 히스패닉계의 정치적 성향이 그 인구의 가파른 증가에도 불구하고 민주당의 지지가 올라가지 않고 있는 것은 경제·사회적으로 성공한 히스패닉계의 공화당 지지도가 높아가고 있다는 방증이다. 이것은 아시아계도 마찬가지다. 경제적으로 성공한 히스패닉이나 아시아계는 갈수록 부유한 백인들이 거주하는 도시 근교에 거주하고 있다. 특히 이들은 교육에 남다른 투자를 하고 있기에, '부의 대물림'은 더욱 가속화될 가능성이 크다.

경제적 이유로 인한 빈부 격차는 자본주의 국가들이 겪을 수밖에 없는 공통적인 문제다. 잠시 동안 미국의 하층은 히스패닉계와 흑인들이 차지할 것이다. 히스패닉계 중에서도 경제력이 있거나 교육 정도가 높은 사람들은 쉽게 미국의 주류에 편입될 것이다. 그러나 그들 대다수는 한동안 미국의 하층 구조를 이룰 것이다. 끊임없는 히스패닉계 불법 이민자들을 고려할 때 이것은 피할 수 없는 미래다. 그렇다고 그들이 사회·경제적 위치에 불만을 품고 다른 하층 흑인들과 연계할 가능성은 희박하다.

과연 미국의 다문화주의의 미래가 어떻게 전개될 것인가? 세계는,

그리고 역사는 이것에 관심을 두지 않을 수 없다. 만약 별다른 탈 없이 다문화주의의 약점을 극복하며 계속 미국의 힘을 결집한다면 미국은 세계 역사를 다시 쓰게 된다. 세계 역사에서 가장 예외적이고 독특한 영역을 미국이 차지할 것이다. 민족, 인종, 지역, 기타 서로 다른 차이점의 편견을 극복하지 못하는 인류에게 희망 섞인 좌표를 제시해줄 것이다. 역으로 미국이 결국 다문화주의의 피할 수 없는 역사적 숙명에서 좌초할 경우, 그것도 우리에게 유용한 교훈을 남겨줄 것이다.

결국 주사위는 미국인들에게 쥐어졌다. 개인의 운명도 마찬가지겠지만 국가의 운명도 그들의 태도에 달려 있다. 할 수 있다는 긍정적인 사고방식을 택하고 꾸준히 다문화주의의 장점을 살리면서 새로운, 그러나 전통에서 어긋나지 않는 미국을 만들려고 하는 의지가 미래를 여는 열쇠가 될 것이다.

최근까지도 미국 대통령 선거의 주요 쟁점은 다문화주의와 큰 관련이 있다. 공화당 후보는 앵글로색슨−프로테스탄트 가치관에 의한 미국의 재건을 외치고, 민주당 후보는 다문화에 근거한 미국의 통합을 외친다. 이런 현실을 고려할 때 과연 미국의 다문화주의가 성공적으로 정착할 수 있을까?

2016년 대통령 선거에서 공화당의 도널드 트럼프 후보는 "다시 미국을 위대하게Make America Great Again"라는 슬로건을 내세웠고, 민주당의 힐러리 클린턴은 "함께 더욱 강한 미국Stronger Together"을 슬로건으로 내걸었다. 트럼프는 노골적으로 반이민 정책을 표방했고, 특히 미국 대통령 선거에서 처음으로 강한 반이슬람 정서를 표출했다. 그는 또한 한 동안 대통령 선거에서 크게 부각되지 않았던 히스패닉 이민 문제를 환기시켰고, 당선 후 이들 불법 이민들을 제지할 '장벽 정책'을 밀고 나갔다.

이는 19세기 '토착주의' 선거의 부활이라고 해도 과장이 아니다. 200여 년 동안 미국은 과연 누가, 그리고 무엇이 미국을 형성해야 하는지를 놓고 크고 작은 문화 전쟁을 치렀다. 하지만 2016년 선거가 보여주듯이 그 전쟁의 그루터기는 쉽게 사라지지 않고 있다. 미국은 세계 역사에서 가장 광범위하고 독특한 다문화주의를 경험하고 있지만 그 다문화주의의 미래는 그리 밝지 않다고 할 수 있다. 과연 그 미래를 밝은 것으로 바꾸기 위한 해법은 무엇일까?

인간 역사를 되돌아보면, 안타깝게도 우리는 서로 다른 민족·인종·종교·지역 등에 관대하지 못했다. 그리고 이에 대한 차별과 편견을 극복하지 못했다. 이른바 다문화주의에 근거한 연방은 모두 와해되었으며, 그 과정에서 정도의 차이는 있지만 대체로 쓰라린 상처를 남겼다. 그리고 그 상처는 쉽게 아물지 않았으며, 또 다른 비극을 잉태하곤 했다. 이런 역사적 현실을 직시할 때, 미국의 다문화주의는 그 많은 난관에도 있음에도 불구하고 이토록 오랫동안 지속되고 있다는 점이 특이하다. 미국인들은 바로 이러한 시각을 갖는 것이 중요하다. 모든 일이 그렇듯이 어떤 사안을 긍정적으로 보느냐, 부정적으로 보느냐는 그 결과에 절대적인 영향을 미치기 때문이다.

또한 미국의 본질과 가치에 대한 기준에서 너무 다문화주의에 초점을 맞추는 것은 곤란하다. 과연 누가, 그리고 무엇이 미국을 구성하는 주축이 되어야 하는지에 대한 논쟁에서 다문화주의가 주요 기준이 되면 곤란하다는 이야기다. 과연 무엇이 '미국적' 본질이며 가치인가에 대한 해답을 찾는 데 집착하는 것이 오히려 더 큰 문제를 유발하며 미국을 분열시킨다. 앵글로색슨-프로테스탄트의 보수주의자들이 믿고 있는 '미국적' 가치와 그 외의 미국인들이 믿는 '미국적' 가치에는 상당한 차이가 있다. 이것은 그 접점을 찾기가 거의 불가능해 보인다.

한 국가의 가치관과 전통을 세우고 발전하는 데 교육만큼 중요한 것이 없다. 하지만 그 교육 또한 지역에 따라 '미국적'인 것에 접근하는 방향과 방법이 다르다. 예컨대, 앵글로색슨-프로테스탄트 학생들이 주류를 이루고 있는 학교와 흑인들 혹은 히스패닉계가 주류가 되는 학교는 미국의 가치와 본질에 대한 교육이 다르다. 미국 대학들은 학생들에게 다문화주의 의식을 고취시키기 위해서 학생들이 이른바 '다문화과목'을 필수과목으로 수강하도록 한다. 하지만 원래의 의도와는 달리 '아프리카 문화사'는 주로 흑인들이, '중남미 문화사'는 주로 히스패닉계가, '아시아 문화사'는 아시아계 학생들이 수강하고, 마찬가지로 '서구 문화사'는 백인들이 수강한다면 어떤 의미가 있겠는가. 오히려 다문화주의 교육은 '여럿으로 구성된 하나'의 미국을 세우기보다는 '여럿으로 구성된 여섯'의 미국을 공고히 하고 말 것이다.

그렇다면 과연 무엇이 '미국적' 가치인지에 대해 추구하지 말아야 한다는 말인가? 물론 그것은 아니다. 자칫 그 의도와는 달리 그것을 추구하는 주체에 따라 서로 다른 목소리를 내게 되며 결국에는 서로가 서로를 불신하는 방향으로 치달을 수 있는 위험성을 경계해야 한다. 이러한 문제를 해결하며 미국이 하나의 국가로서 공통적인 가치를 공유하기 위한 하나의 해법은 바로 그 '미국적'인 것을 찾는 것을 유보하고, 무엇이 '인류 보편적'인 것인가에 대한 교육이 우선되어야 한다.

우리 인류는 역사 속에서 오랜 시행착오를 거치면서 과연 인간에게 가장 중요한 가치가 무엇인가에 대한 공감대를 형성하고 있다. 어느 한 민족·인종·종교·지역에 근거한 가치가 '인류 보편적'인 것과 궤를 같이 하면 다행이지만, 그렇지 않을 경우에는 그들이 믿는 그 가치를 다시 생각해봐야 한다. 예컨대, '다문화과목'이 특정한 집단의 우수성을 증명하려고한다면 그것은 문제다. 다만, 그것을 통해 우리 인간은 본질적으로 같은 가치를 추구한다는 확신을 갖도록 유도한다면, 그것은 건실한 다문화주의를 뿌리내리는 데 중요한 역할을 할 것이다. 그런 점에서 현재 미국에서 미국사 못지않게 '세계사'가 강조되고 있는 것은 바람직한 방향이다.

무엇이 미국을
미국답게 만드는가

★ 미국을 특별하게 바라보는 몇 가지 조건

　　이제 마지막 정리를 하고자 한다. 책을 마감하는 일종의 긴 후기다. 먼저 미국의 예외주의exceptionalism라는 용어의 개념부터 정리할 필요가 있다. 우리말 사전에서 'exception'에 해당하는 단어는 '예외'다. '예외'라는 말은 문자 그대로 보통의 예에서 벗어난 것, 혹은 일반의 원칙에 해당하지 않은 것을 뜻한다. 그렇다면 이 용어는 긍정적인 것이 될 수도 있고 부정적인 것이 될 수도 있다. 즉, 어떤 것이 '예외적'이라 함은 일반적인 예나 원칙에 턱없이 못 미쳐서 예외적일 수 있고 그 반대로 다른 것보다 월등히 우수하기 때문에 예외적일 수도 있다. 그럼 미국은 긍정적인 의미의 '예외'인가 부정적인 '예외'인가? 그 답은 긍정적인 의미의 '예외'다. 이것은 객관적인 평가에 의한 정의가 아니라 미국인들이 자국에 대한 주관적인 평가를 따른 것이다.

　　그래서 나는 'exceptionalism'을 '예외주의'보다는 '특별 의식'이란 용어로 사용하고자 한다. 우리말에서 특별함은 보통보다 훨씬 뛰어난 것, 즉 긍정적인 것을 더 부각시키기 때문이다. 그래야만 미국인들이 갖는 그들 나라에 대한 정서가 더욱 강하게 묻어날 수 있다.

지금까지 살펴본 네 가지 주제는 이러한 미국의 특별 의식을 염두에 둔 것이다. 다시 정리하면, 첫째는 미국의 서부다. 미국을 가장 미국답게 했던 서부의 의미에 대한 총체적인 조감을 해보았다. 둘째는 미국의 초기 민주주의에 초점을 맞춰서 미국의 정치·제도·종교에 대해 생각해보았다. 그 분석 도구는 토크빌의 《미국의 민주주의》다. 셋째는 미국의 남북전쟁을 정점으로 한 남과 북의 지역주의다. 정치·경제적인 것은 물론이고 이데올로기·문화·감정과 같은 미국인의 의식 구조를 다루면서 그것의 역사적 의미를 살펴보았다. 넷째는 미국의 다문화주의에 대한 분석이다. 이민의 나라인 미국이 갖는 다양한 인종, 민족, 종교가 어떻게 서로 부딪치고 아우르고 타협하면서 그 멈추지 않는 미국 정체성 찾기가 진행되고 있는지를 알아보았다.

물론 위 네 가지 주제가 미국의 '특별 의식'을 총괄하는 절대적인 요소라고 할 수는 없다. 보는 사람의 각도에 따라 특별한 시기가 강조될 수도 있고, 또 특별한 세부 주제에 초점이 맞춰질 수도 있다.[1] 그러나 이 네 가지 주제들은 여러 가지 다양한 미국의 '독특성'을 서로 아우르고 중첩시키면서 시대를 초월하여 지속적이고 뚜렷한 역사적 반향을 일으켰다. 그 반향이 때론 정연하고 일관성이 있었지만, 때론 균열되었거나 뒤틀렸다. 어떤 모습으로 미국의 정체성 찾기가 계속되었든지 간에 위의 네 가지 주제는 미국의 '특별 의식' 담론에 기본적인 준거準據를 제공한다.

과연 미국은 특별한 나라인가? 이에 대한 뚜렷한 대답을 하기란 쉽지 않다. "그렇다"라고 대답한다면 대체로 미국에 대한 우호적인 시각이 그 배경을 이룰 것이며 "그렇지 않다"라고 할 경우에는 미국에 대한 비판적인 시각이 크게 작용했을 것이다.

어느 한 나라의 역사를 전체적으로 조망하는 일이 다 마찬가지겠지만 미국의 경우도 예외는 아니다. 결국은 미국 역사를 들여다보는 사람이 미국에 대해서 우호적인가 그렇지 않은가에 따라 그 대답이 좌우될 것이다. 예를 들어 미국에 비판적인 사람의 경우 미국 서부에서부터 다문화주의 논쟁까지 이른바 '미국의 주류' 계층으로부터 억압과 박해를 받았던 부류에 초점을 맞출 것이다. 아메리카 인디언, 흑인, 기타 소수민족이 그들의 주요한 주제가 될 것이다. 그래서 미국 역시 여느 국가의 역사처럼 지배 계층과 피지배 계층 간의 그 지긋지긋한 갈등의 역사 속 한 부분일 뿐이라고 주장하며, 오히려 미국이 그러한 역사의 대표적인 나라임을 강조할 수도 있을 것이다. 따라서 그들은 미국의 '특별 의식'을 비웃을 것이다. 반대로 미국에 우호적인 사람들은 미국이 진정 특별한 나라임을 주장할 것이다. 미국은 그 시작부터 유럽과 구별되는 '뭔가 특별한 숙명'을 타고났고, 그것이 민주주의나 종교적·인종적·사상적 자유와 관용을 자랑하며 오늘날까지 지속되고 있다고 볼 것이다.

각 주제별로 보아도 역사가의 개인적 편향이 역사 서술의 방향을 결정하는 경우가 허다하다. 가톨릭 역사가는 청교도를 중심으로 한 앵글로색슨-프로테스탄티즘 주도의 미국 초기사에 비판적이고, 흑인들의 경우 기존의 인종 관용주의 서술을 인정하지 않고, 사회주의에 젖어 있는 사람들은 미국 민주주의를 어떤 방식으로든 거부하고, 여성해방론자 역시 남성 중심적인 역사를 강조하며 미국 민주주의의 어두운 그늘을 지적할 것이다. 그밖에도 역사가의 사회적·경제적 성장 배경도 크게 작용한다. 이렇듯 역사가의 개인적 배경이 역사 서술의 결정적 모체가 될 경우가 많다.[2] 이런 예를 들자면 한정이 없다.

아마 역사가 개인의 성향이 가장 극명하게 드러나는 부분은 미국의 남북문제일 것이다. 남부의 지역정서를 갖고 있는 자들은 가장 적극적으로 남부를 변호하며 남부의 자긍심을 살리는 데 전력을 다하고 있다. 제3장에서 살펴보았듯이 남부의 지식인들에게 남북전쟁은 아득한 과거사가 아니다. 아직도 힘찬 생명력을 유지하고 있는 남부의 정신이 지식인들에 의해서 재현되고 부활하고 있다. 책이 출판된 곳만 보아도 대체로 저자의 논지를 어느 정도 간파할 수 있다. 예를 들면 루이지애나 주립대학출판사나 미시시피 주립대학출판사에서 출간된 역사서는 거의 예외 없이 남부 편향의 역사 서술로 점철되어 있다.

남부에서 링컨의 인기는 다른 지역에 비해 현저하게 떨어진다. 남부에 있는 대학에서 링컨에 관한 학술대회가 열리는 일은 극히 드물다. 링컨이 진정 '위대한 해방자Great Liberator'로 추앙받을 만한지는 진보 사관이 들어서면서 논란의 대상이 된 지 오래다. 그러나 링컨이 미국의 가장 위대한 대통령 가운데 한 사람으로서 그 역사적 위치를 차지한다는 것을 의심하는 미국인들은 많지 않을 것이다. 그런데도 남부의 정서는 여전히 링컨에 대해 달리 생각하고 있는 것이다.

여기에서 "과연 역사의 객관성을 어떻게 보아야 할 것인가"를 설명하려는 것이 아니다. 다만 미국의 특별 의식은 여느 역사적 주제처럼 어느 특정한 잣대로 저울질하기에 어려움이 많다는 것을 강조하려는 것이며, 역사적 사실의 진위 여부를 떠나서 역사가들의 개인적 배경이 얼마나 크게 작용하는가를 먼저 설명하고자 함이다. 역사 서술의 편향성에 대해서 비판하려는 의도는 아니라는 말이다. 어차피 역사는 보는 사람의 시각에 따라 변할 수밖에 없기 때문이다. 어느 역사가가 지적한 대로 "연구자가 그 주제에 연관된 어떤 감정적 접목이나 어떤 선택된 관련성이 없다면 그 결과는 형식적이며 피상적일 것이 되고 말 것"이다.[31]

역사 서술의 객관성 문제를 언급한 또 다른 이유가 있다. 나는 감히 그 어느 주제에 대해서도 전문가라고 할 수 없다. 세부 주제에 대해서 내로라하는 전문가들 사이에서도 역사가들의 개인적 배경에 따라 역사 서술에 차이가 있다면 어느 한 역사적 주제에 대한 진실을 속시원하게 판단하는 일은 애초에 불가능한 것이다. 어차피 역사의 진정한 객관성과 진실을 찾기가 불가능하다면 그동안 내가 생각하고 연구하고 판단했던 나의 지적 축적물을 바탕으로 이 주제를 놓고 한 번 정리할 필요가 있다고 판단하게 되었다. 그래서 과감하게 '미국은 과연 특별한 나라인가'라는 거대 주제를 놓고 씨름하게 된 것이다.

자기 나라가 특별하지 않다고 생각하는 국민이 어디 있겠는가? 국민들은 나름대로 자기 나라에 대한 자부심을 갖고 있다. 그렇기에 미국의 특별함을 좀더 객관적으로 평가하기 위해서는 세계 여러 나라, 특히 미국과 견줄 수 있는 이른바 '선진국'들과 비교해야만 할 것이다. 다행히 최근 몇몇 논문들에서 이와 같은 비교 연구가 이루어지고 있다.[4]

그러나 비교 연구에도 한계는 있다. 우선 연구자가 비교 대상 국가인 두 나라에 동등한 전문 지식을 갖고 있어야 할 것이다. 또한 모든 비교가 그렇듯이 그것은 상대적일 수밖에 없다. 나라마다 그 생성 과정, 지리적 환경, 민족적 구성, 그 모든 것이 다르기 때문이다. 예를 들어 미국과 오스트레일리아를 비교한다고 하자. 두 나라 다 광활한 프런티어와 이민의 나라다. 그러나 두 나라의 인종, 민족, 종교적 구성이나 프런티어에는 상당한 차이가 있다.

한 예를 더 들어보자. 근래에 독일과 미국 남부를 비교하는 논문이 발표되었다.[5] 독일과 미국 남부, 둘 다 전쟁에서 패배한 상처를 갖고 있다. 그 상처는 그 나라의 역사에 깊은 상흔을 남기며 오늘날까지 국가의 정체성에 이런저런 모습으로 작용하고 있다. 집단 죄의식이라든지 역사적 짐이라든지 왜곡된 우월 의식 등이 두 나라에 공통적으로 남아 있기 때문에 분명 비교 연구를 할 만하다. 그러나 미국 남부의 경우에는 노예와 흑인문제가 여전히 무거운 하중으로 미국인의 양심을 짓누르고 있다. 독일이 갖고 있는 세계 민주주의에 대한 죄의식과는 다른 차원의 것이다. 집단 죄의식의 문제 또한 마찬가지다. 독일의 경우, 이러한 집단 죄의식이 어느 정도 남아 있든지 간에 미국 남부의 경우는 집단 죄의식보다는 일종의 집단 합리화가 더욱 강하게 나타나고 있지 않은가.

토크빌과 페인이 정의한 미국만의 특별함

토크빌이 시도한 미국과 프랑스의 비교에도 한계가 있다. 봉건제도에서 전제 왕권, 그리고 계몽주의에서 프랑스 혁명으로 이어지는 유럽의 축차적 과정을 미국은 겪지 않았다. 이런 측면에서 볼 때 유럽의 역사적 흐름에서 비켜난 이례적인 미국의 초기 역사를 유럽의 역사와 비교한다는 것은 분명 한계가 있다. 토크빌의 개인적 배경 역시 《미국의 민주주의》의 주요한 자양분임을 제2장에서 지적했다. 프랑스의 민주주의 진척에 대한 실망과 허탈감이 너무 심하게 작용했기에 미국에 상대적 우호감이 표출되었던 것이다.

그럼에도 토크빌이 평가했던 미국을 이 책에서 포함시킨 이유가 있다. 미국의 독특함 혹은 특별함에 대한 시작점을 토크빌이 제공했기 때문이다. 적어도 유럽 문명의 흐름에 대비된, 미국 민주주의와 기타 문화 전반에 대한 평가에서 지금까지 토크빌만한 사람은 없었다.

토크빌이 그 당시 미국 민주주의의 어두운 면들, 예를 들면 흑인 노예라든지 인디언 문제 등에 심도 있는 배려를 하지 못한 것은 아쉽다. 그러나 이것은 역사를 현대적 관점에서 조명했을 경우의 이야기다. 그 당시 역사를 있는 그대로 판단할 경우에는 토크빌에 대한 이러저러한 비판이 무의미하기도 하다. 당대의 미국 및 유럽의 지식인들은 흑인문제와 같은 주제보다는 그들의 가장 큰 관심사, 즉 민주주의 만들기에 집착해 있었기 때문이다.

토크빌의 '미국 민주주의론'을 포함시킨 데는 또 다른 이유가 있다. 그것은 토크빌의 《미국의 민주주의》가 미국 초기 민주주의를 요약하고 있기 때문이다. 존 윈트롭에서 토머스 페인에 이르기까지, 미국이 품었던 선교사적인 자부심과 독립 후의 자잘한 굴곡, 불협화음 등을 경험한 후 잭슨 민주주의를 꽃피우기까지 미국의 정치사와 지성사를 집약시킨 사람은 바로 토크빌이라고 할 수 있다.

영국에서 지칠 대로 지친 청교도들을 이끌고 1630년 새로운 희망을 품고 아메리카로 향했던 윈트롭이 매사추세츠에 도착하기 직전에 "언덕 위의 도성"을 건설하자고 호소했던 그 연설은 미국 식민지 건설에 보이지 않는 정신적 모토가 되었다. 토크빌은 미국 민주주의 모태로 그들의 청교도 타운을 설명했다. 가장 영국적이면서, 가장 유럽적이고, 동시에 가장 미국적인 제도를 만들어낸 그 비결을 추적하기 위해서였다. 그래서 그들의 정치적 제도, 사회적 현상, 그리고 심성적 배경을 설명한 것이다. 토크빌이 윈트롭의 연설이 반영하는 선교사적 마음가짐에 대해서는 언급하지 않았지만 제도보다도 마음가짐이 얼마나 중요하게 작용했는지는 간파했을 것이다. 그렇기 때문에 제도와 정신의 끈끈한 유대가 세월의 흐름 속에서 어떤 식으로 유지되고 변색되었는가를 보고자 했다. 동시대 유럽의 현상에 미국을 대비시키면서 말이다.

페인의 경우도 마찬가지다. 토크빌은 페인의 정치 사상을 다루지는 않았지만 독립전쟁을 겪으면서 페인의 사상이 얼마나 미국인들 의식에 깊게 뿌리 박혀 있는가를 느꼈을 것이다. 윈트롭이 청교도들에게 종교적 차원의 자부심을 불러일으켰다면 페인은 미국독립의 당위성을 주장하면서 미국의 제도와 민주주의에 대한 자부심을 고취시켰다. 윈트롭은 아메리카 신대륙에 대한 종교적 열망은 강했지만 그렇다고 모국 영국과의 결별을 원하지는 않았다. 정치적으로는 여전히 영국의 지배가 필요하다고 생각했기 때문이었다. 그러나 페인은 영국과의, 좀더 광의적인 범위에서 유럽의 구세계와의 단절을 요구했다. 구세계와 격리된 상황에서 미국의 민주주의가, 유럽에서는 불가능한 이상적이고 특별한 민주주의가 뿌리내릴 수 있다고 판단했다.

그렇기 때문에 미국의 특별함을 이야기할 때 독립전쟁은 빼놓을 수 없는 주제다. 독립전쟁 이전에 미국인들은 '유럽화Europeanization'되어 있었다. 아직은 영국 출신이 대다수였기에 식민지인들의 모국 영국에 대한 자부심은 대단했다. 그들은 영국식 제도를 그대로 답습했고, 영국식 의복을 입었고, 그들의 언어에는 여전히 영국식 악센트가 남아 있었다. 식민지에서 성공한 자들은 더더욱 영국의 귀족을 흉내내고자 했다. 식민지에서 미국인이라 함은 일종의 '개조된 영국인

토머스 페인
영국에서 미국으로 건너온 그는 《상식》을
통해 독립은 성공할 것이며 결단코 성공해
야 한다는 메시지로 미국인들에게 자신감
을 주었다.

modified Englishman'이었다.[6]

독립 후 상황은 급속히 변해갔다. 이제 '유럽화'에서 '탈유럽화'가
주된 목표가 되었다. 이러한 변화에 결정적인 역할을 했던 사람이 페
인이었다. 1776년 미국은 영국과의 결별을 선언한다. 영국에서 갓 건
너온 페인은 《상식Common Sense》이라는 저서를 통해서 미국인들에게
자신감을 주었다. 《상식》의 요지는 독립은 성공할 것이며 결단코 성
공해야 한다는 것이다. 무엇보다도 미국의 역사적 사명을 미국인들에
게 고취시켰다. 유럽의 구세계는 사회, 정치 모든 분야에서 썩을 대로
썩어서 더 이상 희망이 없기에 새로운 민주주의는 미국을 위주로 구
축되어야 한다고 역설했다. 영국인이었던 그가 아직 모든 제도나 체
제가 설익은 미국에서 이러한 민주주의 전통이 새롭게 시작되어야

한다고 주장한 것은 특이한 일이었다.

과연 페인이 얼마나 미국을 알고 있었을까? 자신의 정치적 야망이 영국에서는 받아들여지지 않자 미국이라는 새로운 땅에서 그의 정치적 야망을 불태우려 했던 것일까? 분명 미국은 페인에게 어떤 강한 매력을 주고 있었다. 그의 《상식》은 초판이 발간된 해에 무려 150만 권이나 팔렸다. 그 당시 기준으로는 놀랄 만한 수치였다. 독립전쟁 중에 전쟁을 주도하던 지도자들이나 일반 평민 등 온 국민이 가장 많이 읽은 책이었고, 분명 미국인으로 하여금 자신 있게 독립전쟁의 길로 가게 했던 결정적인 이념적 안내서였다. 《상식》은 식민지시대로부터 13개의 식민지라는 나라 아닌 나라로 서로 떨어져 있었던 미국인들을 통일적 이념으로 뭉치게 했던 응고제의 역할을 했던 것이다. 그리고 그것을 가능하게 했던 것은 미국의 특별함, 즉 유럽에 비해 미국은 뭔가 다르며 달라야 한다는 것을 강력하고 논리적인 필치로 미국인들에게 깊이 각인시킨 페인의 능력이었다.

특히 페인의 메시지는 아직도 완전한 독립에 대한 불안감을 떨치지 못하고 있던 식민지 지도자들에게 호소력이 있었다. 1774년, 제1차 대륙회의가 있을 때까지만 해도 대다수의 사람들은 독립에 대한 확신이 없었다. 그들은 세계 질서를 주도하고 있던 모국 영국을 떠나 안정된 독립국가를 세울 수 있을지 확신하지 못했다. 당시에 미국 경제는 무역에 의존하고 있었기 때문에 독립한다면 영국 없이, 영국의 시장과 영국 해군의 도움 없이 유럽 국가와 경쟁해 살아남아야 했는데 과연 그럴 수 있을지 불안했던 것이다.

페인은 이러한 분위기를 간파하고 《상식》의 상당 부분에서 그러한 불안감을 해소시키면서 독립의 필요성을 역설했다. 누구의 요청에 따른 것이 아니라 페인은 나름대로 독립의 필요성을 설파한 것이지만 이것은 그가 "마치 독립전쟁을 불사하겠다는 과격파 지도자들에 의해서 일반 대중에게 그들을 대신해서 그들의 계획을 세워줄 것을 요청 받은 것"과 같은 결과가 되었다.[7]

그 부분의 내용을 요약하면 이렇다. 어린아이는 모유만 먹고 살수는 없다. 때가 되면 딱딱한 음식도 먹어야 한다. 그리고 결국은 부모의 곁을 떠나 독립을 해야 한다. 미국은 모국의 도움 없이도 상업을 예전과 같이 발달시킬 수 있고, 오히려 이전보다 더욱 융성하게 발달시킬 수 있다. 완전한 독립을 하지 않고 그저 모국과의 관계 정상화만 추구한다면 이러한 발달은 잘해야 현 위치의 수준을 벗어나지 못하게 될 것이다. 또한 완전한 독립이 아닌 타협으로 갈 때는 유럽의 다른 나라들이 미국을 도우려고 하지 않을 것이다. 오직 완전한 독립을 추구할 때 유럽의 다른 국가들이 미국을 도우려고 할 것이다.

유럽 국가들은 원칙적으로 미국이 독립된 중립국으로 탄생하는 것이 그들 전체의 이익이라고 생각한다. 미국의 목적은 상업이며 이러한 목적이 결국 미국이 다른 나라들과 '평화'와 '우애'를 나눌 수 있게 할 것이다. 왜냐하면 미국이 '자유로운 항구'가 되는 것이 그들 국익에 도움이 되기 때문이다. 또한 영국과 다른 유럽 국가들은 서로 뒤얽혀 있기에 항상 전쟁의 위험이 도사리고 있는 상황에서 미국이 영국과의 관계를 유지한다면 미국도 이러한 유럽의 갈등에 관여할 수밖에 없으며, 결국 미국의 상행위는 위협받게 된다. 특히 이 부분은 향후 미국 외교의 기본적인 원칙을 제공해주기 때문에 그대로 인용해보고자 한다.

> 영국에 종속되거나 의지하는 것은 유럽의 전쟁이나 다툼에 미국을 직접적으로 관련되게 만든다. 우리는 그들 나라들과의 우정을 추구할 수 있고 그들에 대한 특별한 분노나 불평이 없는데도 이러한 관련 때문에 그들과 사이가 나쁘게 될 수밖에 없다. 유럽이 우리 무역 시장이기에 우리는 유럽의 그 어느 나라와도 어떠한 관계를 맺어서는 안 된다. 유럽 국가들의 세력다툼에서 떨어져 있는 것이 미국에 참다운 이익이다.[8]

페인의 《상식》은 독립전쟁 시기뿐 아니라 그 이후에도 미합중국 건설의 이념적 토대를 제공했다. 유럽이라는 구습에서 벗어나서 전혀 새로운 민주주의의 전통을, 그리고 가장 참신한 국가를 만들어야 한다는 사상은 미국 '건국의 아버지들Founding Fathers'에게 그대로 전달되었다. 1787년 여름 제헌의회가 열렸던 필라델피아의 독립관에서도, 초대 대통령의 취임사와 고별사에서도, 공화국 초기의 양대 라이벌이었던 해밀턴과 제퍼슨의 정책 대결에서도, 제3대 대통령 제퍼슨의 취임사에서도, 그리고 제5대 대통령 먼로가 그 유명한 '먼로 독트린'을 발표했을 때에도 페인의 《상식》을 인용했다. 직접 인용하지 않았다 하더라도 《상식》의 기본적인 메시지, 즉 이제 타락할 대로 타락했으며 희망이 없는 구세계의 틀에서 벗어나 미국은 새로운 세계, 가장 이상적인 민주주의 국가를 건설해야 한다는 페인의 그 주술적인 메시지는 반복되었다.

여기서 한 가지 예를 들어보겠다. 1796년 워싱턴 대통령이 퇴임하면서 했던 고별사 가운데 한 대목이다. 위에서 인용한 페인의 글과 비교해보자.

외세의 간교한 책략에 대해서 자유로운 국민들은 늘 깨어서 끊임없이 경계해야 한다. 역사와 경험이 일깨워주었듯이 외세가 공화국 정부에 대한 가장 해로운 적들 중 하나이기 때문이다. 그러나 그러한 경계심도 유익한 것이 되자면 공평무사해야 한다. 만일 그렇지 않다면, 그것은 외세를 방비하는 수단이 되기는커녕 오히려 외세를 불러들이는 수단이 된다. 어느 한 외국에 대해 과도한 편애와 다른 외국에 대한 지나친 혐오를 갖게 되면 한편에서는 오직 위험성만을 보게 되며, 다른 한편에서는 외세의 술책을 은폐하거나 심지어는 후원할 수 있는 구실도 만들게 된다.[9]

1831년 토크빌의 미국 방문과 《미국의 민주주의》는 이전의 페인과 《상식》에 견줄 만하다. 두 사람 다 유럽인으로서 초기 미국의 민주주의를 이해하는 데 지대한 공헌을 했다. 페인이 미국의 특별함이란 씨를 뿌리기 위해서 미국에 왔다면, 토크빌은 그 씨가 어떻게 싹이 돋고 있는가를 확인하기 위해서 미국을 방문했다고 할 수 있다. 토크빌의 눈에 비친 미국은 페인의 그 씨앗이 사회 전체에 만개하고 있었다. 토크빌이 미국의 사회 현상과 제도적 특별함에 대해서 경탄을 금하지 못했고 그것에 대해서 꼼꼼히 분석을 했지만 사실 그가 관심을 두었던 것은 이러한 외관보다는 그것을 축조하게 만들었던 내적인 힘, 즉 시민들의 마음가짐이었다. 그래서 그의 글 곳곳에서는 이러한 내적인 힘과 심성이 그려지고 있다.

토크빌이 그랬듯이 19세기 미국을 방문했던 외국 관찰자들을 놀라게 한 것은 미국인들이 느끼고 있던 그들의 특별함에 대한 자부심이 지속적이고도 강력했다는 것이다. 토크빌이 방문했던 당시 미국의 상황은 그렇게 평온하지만은 않다. "보통 사람들의 상징"으로서 등장한 잭슨 대통령이 말해주듯이 미국은 유럽과 같은 귀족적 성향이 강한 지배 세력과 그렇지 못한 하위 계층 간의 불신과 갈등이 표출되고 있던 시기였다. 물론 유럽과 같은 계급 투쟁의 성격은 아니지만 그래도 보통 사람들의 정치적·경제적 역량이 급속도로 신장되고 있었다. 또한 노예문제를 놓고 남과 북의 불편한 관계가 이제 막 전면에 드러나고 있던 때이기도 했다. 그밖에 산업화에 따른 도시로의 인구 유입, 이민의 증가로 도시 문화는 변환기를 맞게 되었다. 한편 서부 진출도 활발하게 진행되고 있었기에 사회 전반에 걸쳐 어수선한 분위기가 팽배해 있었다. 그런데도 사회를 지탱하고 있던 힘은 그들의 나라가 특별하다는 미국인들의 자부심과 미래에 대한 희망이었다.

1851년 프레드릭 엥겔스Friedrich Engels조차도 미국의 특별함을 인정했다. "특별한 미국의 조건들"을 지적하면서 그는 미국인들이 그들의 제도에 만족하고 있기 때문에 미국은 유럽 사회주의자들이 주창하는 혁명의 대상에서 저만큼 비켜나 있다고 했다. 사실 1848년 이후 미국으로 건너간 대부분의 마르크스 추종자들이 사회주의를 버리고 미국의 자본주의에 동화됐던 것은 미국의 특별함에 대해 많은 것을 시사해주고 있다.[10]

유럽사에서 19세기는 부르주아와 프롤레타리아의 계급투쟁 시기라고 말할 수 있다. 산업혁명의 과정에서 나타난 필연적인 현상인지도 모른다. 그러나 미국에는 그것이 적용되지 않는다. 사실 워너 좀바르트Werner Sombart가 1906년 "왜 미국에는 사회주의가 없는가?"라는 질문을 던진 후 그 주제는 논쟁의 대상이 되어 왔다. 여기에서는 그 질문에 자세히 대답할 의도는 없다. 다만 제1장에서 설명했던 미국의 그 광활한 서부, 열린 기회, 계급의식의 결여, 제4장에서 지적했던 인종, 민족의 다양성 등이 복합적으로 작용하지 않았겠는가?

미국은 계급의식이 결여되었으며 인종·민족의 다양성이 긍정적으로 받아들여졌던 열린 사회였는가? 19세기 미국의 현실이 역사적 사실인가 아니면 미국인들이 만들어낸 일종의 '신화'인가? 이 문제들 역시 역사가들과 사회과학자들 사이에 논쟁거리가 되고 있다. 신화란 분명 사람이 만들어 낸다. 어쩌면 역사적 사실조차도 그것을 객관적으로 증명하기가 어려울지 모른다. 그렇다면 그 시대를 살았던 미국인들이 자신들이 처했던 상황을 어떻게 보느냐가 중요한 기준이 될 수 있을 것이다. 훗날 역사가들이 그 시대를 놓고 왈가왈부하는 것도 역사적 사실 규명을 위해서는 중요하지만 당대의 사람들이 어떻게

미국을 상징하는 자유의 여신상
미국을 가장 미국답게 만들었던 놀라운 힘
은 자유로운 특별 의식으로 발전해 미국을
움직이는, 보이지 않는 정신적 힘이 되었다.

생각했는가가 그 시대를 움직였던 역동성을 이해하는 데 가장 중요
하다고 할 수 있다.

여기에 미국을 움직였던 힘, 미국을 가장 미국답게 만들었던 그 놀
라운 힘이 여전히 존재했다. "미국은 뭔가 특별하다"는 의식이, 윈트롭
부터 페인을 거쳐서 토크빌에 의해 증명된 그 특별 의식이 미국을 움
직이는, 보이지 않는 정신적 힘이 되었다는 점이다. 그것이 서부라는
광활한 기회의 보고寶庫와 폭발적인 산업혁명에 맞닥뜨리면서 그 원
기 왕성한 기운을 발산했던 것이다. 이러한 정신적인 힘이 왜 미국에
서는 사회주의가 꽃을 피우지 못했고 사회주의 혁명이 발생하지 않
았는가에 대한 질문에서 우선 지적되어야 하는 것이다.

물론 19세기 미국인들이 역사적 사실로는 상황이 그렇지 않았는

데도, 즉 사회주의 혁명이 불가피한 상황인데도, 그들이 만들어 놓은 특별 의식이라는 일종의 '신화'에 집착해서 시대를 직조했다는 이야기는 아니다. 미국의 19세기가 유럽과 비교해서 분명 차이가 있었고 여러 가지 지리적·사회적·경제적 조건 등에서 독특했다는 것은 학자들이 대체로 인정하고 있다. 데이비드 포터David Potter가 지적했듯이 "유럽은 계급투쟁을 생각하지 않고는 사회의 다양한 계층 간의 관계를 변화시킬 수 없다고 생각한 반면, 미국은 어느 한 계급을 희생자로 취급한다든지, 혹은 궁극적인 의미에서, 다른 계급의 적대자로 취급하지 않고도 이러한 관계를 변화시켰고 또한 변화시킬 수 있다고 생각했다." 또한 대다수 미국인들은 "부자의 부를 빨아내자Soak the Rich"라는 구호를 역겨워하는 대신 "내게도 기회를 달라Deal me in"와 같은 구호가 훨씬 "자발적이고 즐겁게 미국인들의 입에서 터져 나왔다."[11]

여기서 미국의 평등주의와 개인주의의 독특한 조화가 나타난다. 자유와 평등은 근대성의 로고와 같은 단어다. 근대에 들면서 서양인들은 이것을 얻고 지키기 위해서 부단한 투쟁을 했고 그 대가를 지불해야 했다. 그러나 이 두 개념은 언뜻 보면 다정한 오누이 같은 것이나 실질적으로는 서로 이질적인 것이다. 이 두 개념은 민주주의 사회에서 가장 조화하기 어려운 것이다. 어떤 민주주의 사회에서도 평등과 개인주의가 완벽한 조화를 이룬 적이 없었다. 개인주의는 자유를 위한 절대적 요소이지만 평등의 절대적 요소는 아니다. 오히려 자유와 평등은 상반되는 것이다. 특히 경제적 평등을 이루기 위해서는 개

인의 자유가 희생될 필요가 있기 때문에 자유와 평등을 조화시키는
것은 어려운 일이다.

토크빌이 지적했듯이 미국인으로서의 장점은 누구나 평등하게 태
어나서 평등한 조건에서 경쟁하는 것이다. 하지만 유럽은 그렇지 못
했다. 불평등하게 태어나서 평등을 구현해야 했다. 그렇기에 유럽 자
유주의 운동은 평등을 얻기 위한 투쟁사와 같다. 18세기 대부분의
나라에서 평등을 극단적인 사상으로 간주하고 있을 때 미국은 정부
의 기본 원리로서 "모든 사람은 평등하게 태어났다"고 선언했다. 바로
이 점이, 그리고 그 평등이 현실적으로 실행되고 있던 점이 토크빌을
매료시켰던 것이다.

그래서 앤드류 카네기Andrew Carnegie, 존 록펠러John Rockefeller, 존
모건John Morgan 등 19세기 말의 대자본가들은 일반인들에게 대체로
존경의 대상이었지, 사회의 평등을 가로막는 악당으로, 그래서 척결
되어야 할 대상이 아니었다. 미국인들은 서로 다른 재능과 성격, 기
술을 가진 사람들이 공평하게 경쟁해서 생긴 결과로 부와 지식의 차
이를 생각했다. 대부분의 미국인들은 사회적·경제적 평등을 보장하
기 위해 정부의 관여가 어느 정도는 필요하지만 개인 발전의 일차적
인 책임은 개인 자신에게 있다고 믿었다.[12] 이것은 19세기나 20세기
에도 변함없는 미국인의 사고방식이었다. 물론 20세기 들어와서 혁신
주의, 뉴딜, 그리고 1960년대 사회복지제도를 통해서 정부 개입이 대
폭 늘어나기는 했지만, 미국인의 의식 저변에 깔려 있는 이러한 개인
주의적 보수성은 쉽게 없어지지 않았다. 그렇기 때문에 사회보장제도

나 사회주의적 제도에서 미국이 선진 유럽 국가들의 수준에 못 미치는 것이다.

그렇다고 해서 미국의 경제적 평등이 다른 선진 유럽 국가들이나 일본에 비해서 떨어지는 것은 아니다. 평등의 정도를 국제적으로 비교하는 것은 매우 어려운 일이다. 각 나라마다 그에 영향을 미치는 정치적·사회적·경제적·문화적 환경들이 서로 다르기 때문이다. 예를 들면 인종적으로 동질성과 응집력이 강한 일본, 독일과 다문화주의 사회의 극단적인 표본인 미국을 외형적으로 드러낸 것이나 단순한 자료에 근거해서 저울질한다는 것은 무모한 일이다.

미국이 경제적 평등 면에서는 민주주의 노정에서 겪어야 할 홍역을 비교적 수월하게 겪었던 것이 사실이다. 그러나 정치적 평등에서는 그렇지 못했다. 여기서 유럽과 비교해서 특이한 현상은 유럽의 경우 개인이나 계층의 신분적·정치적 평등을 구현하기 위해서 투쟁의 역사를 겪었다면 미국의 경우 지역적 평등문제로 갈등을 겪었다는 점이다. 그래서 미국의 남북대결은 미국사에서 독특한 영역을 차지한다.

★ 미국의 골칫덩어리,
남부를 재조명하다

　　미국의 남부를 어떻게 볼 것인가? 이 문제는 언뜻 보면 미국사의 어느 시점이나 어느 지역을 다루는 것처럼 보일 수 있으나 미국사 전체를 조망하는 데 빠질 수 없는 주제다. 어느 나라의 역사에서도 지역주의나 대결은 있게 마련이다. 그것이 극단으로 치달을 때 내전이라는 참혹한 역사적 상흔으로 남게 된다. 그리고 그것은 크든 작든 그 나라의 역사를 축조하는 데 주요한 토대가 된다. 미국의 남부가 특히 그렇다.

　　미국의 남부는 모든 나라의 역사에서 드러날 수 있는 공통적인 역사적 유산을 담고 있는 동시에 미국의 특별함을 정리하는 데 한 번은 짚어보아야 할 큰 주제다. 더군다나 20세기 후반에 들어서면서 남부가 정치·사회·문화 등에서 미국의 주요 변수로 등장한 데다 지식인들 사이에도 남부의 의미를 재조명하려는 움직임이 강하게 부활하고 있어서 미국 문명의 과거와 미래를 조망하는 데 남부의 문제는 그 역사적 의의가 더욱 크게 부각되고 있다.

미국의 남부라 하면 일단 미국인들 의식에서 '문제' 혹은 '골칫덩어리'로 인식될 수 있다. 남부는 우선 남북전쟁의 일차적인 책임이 있는 지역으로 여겨지고 있으며 전쟁이 끝난 후에도 여전히 미국 사회의 해결할 수 없는 난제이기 때문이다. 남부가 근대의 기준으로 볼 때 노예제도라고 하는, 있어서는 안 될 제도를 유지했고, 전쟁 후에 노예해방 이후에도 흑인들의 민권을 억누르는 인종주의의 온상으로 남아 있었기에 남부라 하면 가장 비근대적이며 비미국적인 것의 표상이었다. 무엇보다도 남북전쟁에서 남부가 패배함으로써 모든 역사가 그렇듯이 미국에서도 승자인 북부가 역사 해설의 주도권을 잡았다.

그 역사의 요지는 항상 이렇다―남부는 노예제도를 움켜쥐고 그것을 포기하지 않았으며 비이성적인 논리를 들이대며 노예제도를 옹호하려고 했다. 자유와 평등이라는 미국의 건국이념에 대한 중대한 도전이 아닐 수 없었다. 그 건국이념을 지켜나가면서 미국의 특별 의식을 재정립하려는 북부는 전쟁이라는 극단적인 방법을 동원해서 남부와 한판 승부를 벌이지 않을 수 없었다. 전쟁으로 남부를 굴복시켰고 그것을 지탱하고 있던 노예제도, 미국의 특별 의식에 먹칠을 했던 그 장애물을 단번에 제거했다. 그리고 폐허된 남부를 재건시켰다. 남부를 다시 복속시키는 정치적 재건임과 동시에 미국의 독립 정신을 복원시켜 미국이 다시 한 번 자유주의적 합중국으로 거듭나게 하는 이념적 재건이었다―대충 이러한 가닥으로 미국의 남북문제와 남북전쟁이 정리되었다. 분명 승자인 북부의 견해가 지배적인 역사 서술이다.

그러나 패배한 남부의 입장은 달랐다. 북부 주도의 역사 서술을 순순히 인정할 수 없었다. 그들이 전쟁에서 진 것은 이념적인 혹은 도덕적인 약점 때문이 아니라 순전히 군사적인 열세 때문이라고 생각했다. 남부야말로 가장 미국적인 전통을 지켜 나갔던 지역이라고 믿었다. 그들 역시 남북전쟁은 그들의 미국적인 전통을 지키기 위한 부가피한 전쟁이라고 믿었다. 즉 자유와 평등이라는 건국이념을 지켜야 한다는 것이다. 여기서 자유와 평등이라는 것은 도덕적인 것이 아니라 헌법에서 명시된 정치적인 자유와 평등을 의미한 것이었다. 즉 연방정부의 독재적 횡포로부터 그들의 주권state rights을 지키기 위한, 다시 말해 미국의 민주주의를 지키기 위한 것이었다.

비록 전쟁에서 졌지만 남부는 그들의 전통을, 그리고 그들이 자부심을 갖고 지켜 왔던 그들의 정신을 지키고 되살리기 위해서 끈기 있게 노력했다. 그것은 일종의 명예 회복의 문제이기도 했지만 20세기 후반에 들어서면서 미국 문명의 주도권을 그들이 다시 쥐어야 한다는 신념의 문제이기도 했다. 그리고 정치·사회·문화의 다양한 영역에서 일종의 '도덕 재무장' 혹은 '미국 재무장' 운동을 적극적으로 추진하게 되었다.

남과 북의 지역 정서는 미국 건국에서부터 지금까지 근본적으로 크게 달라진 것이 없었다. 이것이 제3장의 근저에 깔린 기본적인 개념이었다. 여기에서 북부와 남부, 그 둘 가운데 누가 옳고 그른가를 판단하려는 것은 아니다. 사실 미국 역사의 주도권은 북부와 자유주의자들이 잡고 있었다. 그들은 남부가 문젯덩어리라고 생각했다. 역사가 헨리 캐메저Henry Cammager가 지적했듯이 미국 역사 전반부에서 '독특한distinctive' 지역이었던 뉴잉글랜드는 한 번도 '문제가 있는 problematic' 뉴잉글랜드로 조명받은 적이 없다. 그의 말에 좀더 귀를 기울여보자.

19세기 중반까지 뉴잉글랜드는 역사 서술을 독점했다. 뉴잉글랜드는 그 지역의 전통들에 대한 자부심을 품고 미국의 전통을 창출하는 데 필요한 그들의 역할과 그것을 보존하기 위한 그들의 책임을 느끼고 있었던 그런 사회였다. 그곳에서 번영은 유한계급을 만들어냈고 하버드 대학은 지적 중심부를 제공했으며 해상무역의 전통은 수평선을 확장시켰고, 상대적으로 동질적인 사회는 문화적 안정을 가져다주었다. 그리고 노예제도는 변증적이거나 방어적인 사고의 유형을 촉진시키지 못했다. 청교도들의 배움에 대한 존중은 학문을 촉진시켰고 (중략) 재능 있는 학자들을 역사와 법률을 연구하게 만들었다.[13]

그렇다. 대체로 미국 역사학자들은 뉴잉글랜드나 북부를 '문제 지역'으로 취급하지 않았다. 반면에 남부는 유독 미국의 문제로 부각시켰다. 남부는 북부와 같이 전통에 대한 자부심이 강했고 초기 청교도 사회처럼 동질적인 문화 속에서 사회적 안정을 누리고 있었는데도 말이다. 그 이유는 뭘까? 남북전쟁에서 누가 승리했는가? 그 결과에 따라 누가 역사 서술의 주도권을 잡게 되었는가? 역사의 피할 수 없는 현실문제 때문인지 모른다.

남과 북의 문제에 대한 객관적인 평가를 내리기란 쉽지 않다. 누가 이 문제를 평가하는가에 따라 대답이 달라질 수 있기 때문이다. 좀더 노골적인 표현을 쓰자면, 역사가가 '북부 편'이냐 혹은 '남부 편'이냐에 따라 차이가 생긴다는 말이다. 앞서 캐퍼저가 지적했듯이 미국 역사의 주도권은 북부 혹은 북부 성향의 지식인들이 잡고 있었다. 그래서 남부는 전근대적이고 비미국적인 곳으로 낙인 찍혔고, 남북전쟁이라는 극단적인 방법으로라도 문제의 남부는 해체되어서 북부가 주도하는 미국 문명에 재편입되어야 했다는 당위론이 지배적이었다.

그러나 문제는 남부 측이 이러한 역사 서술에 승복할 수 없다는 데 있다. 남부는 남부 나름대로 미국의 전통을 수호하려고 했던 가장 미국적인 지역이었다. 제퍼슨의 진정한 후예로서 미국의 민주주의와 미국적인 특별함을 고수하고자 했다. 그러나 북부는 연방헌법의 합의사항, 즉 연방이란 주권을 인정하는 기본에 바탕을 두고 존재한다는 기존의 약속을 깨고 말았다. 그래서 남부는 그들의 정체성을 유지하기 위해서 연방으로부터 이탈할 수밖에 없었다.

여기에서 "어느 쪽이 더 미국의 특별함에, 미국의 정체성에 근접해 있었는가"라는 문제를 놓고 남과 북의 시각차가 드러났다. 그것에 대한 기준점이 노예제도였다. 북부와 남부의 차이점은 여러 가지로 명백했다. 물론 양 지역이 식민지 시대를 포함해서 미국 역사의 시작에

드레드 스콧
노예제도에 대한 남부 측 변론의 핵심은 노예는 미국 시민이 아니라는 것에 있다. 1857년 드레드 스콧 재판은 이 문제를 가장 집약적으로 설명하는 사건이었다.

서부터 어떤 독특한 성격으로 양분되었는가는 논쟁의 대상이 될 수 있을 것이다. 그러나 연방헌법의 제정 시기와 해밀턴과 제퍼슨의 대결로 압축될 수 있는 연방 초기 시기부터 양 지역의 분할 구도는 현실로 드러났다. 그리고 그 갈등의 가장 주요 변수로 작용했던 것은 노예제도였다.

노예문제는 미국의 특별 의식과 정체성을 논하는 데 가장 중요한 과제 가운데 하나다. 물론 남북전쟁의 기원을 놓고 여러 가지 해석이 있을 수 있다. 보는 사람의 시각에 따라 남과 북의 정치적인 차이점이나 경제적 차별성을 강조할 수 있을 것이다. 그 외에도 문화적·이념적 문제 또한 중요할 것이다. 그러나 남북 분단의 가장 근본적인 문제는 노예제도였다.

노예제도는 분명 남부의 정체성을 규정하는 데 가장 중요한 요소였다. 일차적으로 남부의 문제인 것도 사실이다. 그러나 노예제도를 놓고 남과 북이 벌였던 여러 정치적·경제적·이념적 혹은 문화적 쟁론은 미국 정체성에 대한 총체적인 문제였기에 노예제도는 궁극적으로 "미국의 문제"일 것이다.[14] 노예제도를 놓고 벌인 남과 북의 도덕적인 논쟁이나 경제적인 효용성의 논쟁은 여기에서 설명하지는 않겠지만 그럼에도 그 정치적 혹은 이념적인 논쟁은 아무리 강조해도 부족할 것이다.

노예제도에 대한 남부 측 변론의 핵심은 노예는 미국 시민이 아니라는 것에 있다. 1857년 드레드 스콧 재판이 이 문제를 가장 집약적으로 설명해주고 있다. 이 재판의 내용은 흑인은 미국 시민이 아니기 때문에 연방대법원에 제소를 할 수 없다는 것이다. 노예는 그 시작부터 미합중국의 구성원이 아니라는 판결이었다. 자유·평등·재산권에 대한 권리 등 계몽주의 사상의 꽃이었다는 미국의 독립선언서는 백인을 위한, 즉 미국 시민만을 위한 것이라는 것을 남부인들에게 확인시켜준 판결이었다. 노예란 '재산'의 일부분이었고, 연방헌법은 그 재산은 어떻게든 보호해야 한다는 그들의 주장을 인정한 것이다.

그렇다면 미국의 독립 정신과 연방 합중국의 정치적 합의에 대한 약속을 깨려고 하는 것은 북부 세력권에 있었던 연방정부라는 것이 남부 측의 주장이었다. 다시 말하면 미국의 정체성과 미국의 특별 의식에서 어긋났던 곳이 북부라는 것이다. 만약 대부분의 남부인들이 이러한 사고의 틀 속에 안주하고 있었다면[15] 남북전쟁은 남부가 노예제도를 지키기 위한 수동적인 방어 전쟁이 아니라 미국의 정체성과 특별 의식을 지키고 복원하려는 능동적인 전쟁인 셈이다. 남북전쟁의 패배라는 수모를 겪고도 남부의 정신이 사라지지 않고 왜 부활하고 있는가에 대한 의문에 해답을 주는 일면이기도 하다.

북부는 노예제도를 미국의 자유주의적 계몽 정신에 정면으로 위배되는 것으로 보았다. 미국의 독립선언서나 헌법의 기본 정신은 이러한 계몽 정신을 집약시킨 것이었다. 아직 서구 유럽에서 뚜렷하게 정착되지 못한 그 정신을 미국에서는 헌법으로 명문화시켰고, 세계 민주주의를 한 단계 높였다고 생각했다. 이것이 바로 미국을 미국답게 만드는, 특별 의식의 근거였다. 그런데 남부의 노예제도가 그러한 자부심에 걸림돌이 되었다.

그러나 미국의 특별 의식에는 이중성이 나타났다. 흑인 노예 말고도 아메리카 원주민들이 여전히 피해자로 남아 있었다. 잭슨 행정부는 인디언들을 보호한다는 명목으로 그들을 사회에서 격리시켰다. 그 과정에서 수많은 인디언들이 고향에서 쫓겨났고 목숨을 잃었다. 백인들 사이에서도 문제가 있었다. 아일랜드인과 같은 가톨릭 이민자들은 앵글로색슨-프로테스탄트의 '토착주의'에 시달려야 했다. 이러한 모순은 인종 차별뿐 아니라 여성에 대한 차별에서도 나타났다. 여성은 선거권을 부여받지 못하고, 정치·경제 영역에서 배척당했다. 심지어 노예해방론자들 가운데에서도 흑인들은 미국 사회에서 적응하기 힘들기 때문에 아프리카로 보내야 한다고 믿는 자들이 많았다. 제퍼슨이 흑인들도 인간으로서 "양도할 수 없는 자유"를 누릴 수는 있지만, 그들의 인종적인 열등함 때문에 백인 사회에 적응할 수 없다고 했듯이 대다수 미국인들은 흑인들에 대한 뿌리 깊은 인종적 편견을 갖고 있었다.

이렇듯 북부의 자유주의적 계몽주의의 이중성을 보더라도 노예제도는 그 이중성의 일부분일 수 있다. 그렇다면 노예제도는 인디언이나 가톨릭 이민자들에 대한 미국의 반계몽적인 행태 가운데 단지 일부분일 뿐인데, 연방정부가 유독 남부의 노예제도 공격에 집중했던 것은 그들이 남부를 제물로 삼아 그들의 정치적 야심을 챙긴 것으로밖에 볼 수 없다고 생각할 수도 있다.

그러나 남부의 입장을 변호하기에는 결정적인 약점이 있다. 제퍼슨이나 매디슨 등 내로라하는 남부의 지도자들은 서구 문명의 도도한 흐름이었던 계몽주의를 신봉하는 자들이었다. 미국 초기 민주주의를 축조하는데 남부인들도 주요한 일조를 했다. 그러나 노예제도가 정착되면서, 그것이 경제적인 이유에서든 정치적인 이유에서든, 그 제도는 계몽주의의 역사적 흐름을 거부했다. 그것은 남부의 독특함과 연관된다. 그 결과 노예제도는 남과 북의 피할 수 없는 대결로 몰아넣는 요인으로 작용을 했던 것이다.

역사적 흐름, 결과론적인 판단이기는 하지만 서구권에서 폭발적인 힘으로 분출되고 있었던 자유주의적 계몽주의의 역사적 흐름에 북부는 재빨리 적응했지만 남부는 그렇지 못해 남부의 특별 의식은 치명적인 상처를 안게 되었다.

남부의 주장들—북부는 초기 연방의 계약을 깨고 주권을 침해했다. 노예는 엄연한 그들의 자산이기에 헌법에서 보장을 받아야 한다. 드레드 스콧 판결에서 볼 수 있듯이 흑인은 이미 미국 시민이 아니다. 노예제도는 남부의 질서를 깨뜨리는 것이 아니라 오히려 사회를 안정시키는 역할을 했던 긍정적인 제도였다—이 논리적인 타당성을 갖고 있을 수도 있다. 그러나 독립선언서나 헌법이 제정되었던 시기는 역사의 숨 가쁜 흐름 속의 어느 한순간에 불과했고 그것은 세월이 지나면서 새로운 흐름과 조화되어야 했다. 헌법제정 때에 노예문제를 놓고 건국의 아버지들은 타협을 했다. 그것은 독립 후 국내외적으로 위급한 상황을 타개하기 위해서 빠른 시일에 헌법을 완성해야 한다는 시대적 압박의 결과였다.

그러나 합중국은 점차 안정되고 정착하기 시작했다. 그리고 서구의 자유주의적 계몽주의 사상의 조류와 궤를 같이하는 사회개혁운동이 전개되었다. 상공업 중심의 산업은 부흥기를 맞았다. 미국 경제가 빠르게 성장한 결과 이민 유입이 가속화되었다. 토착주의자들과 새로운 이민자 사이에 갈등이 표면화되기도 했지만 그것이 사회 전체를 뒤흔들 정도의 문제로 부각되지는 않았다. 정치·경제·문화적으로 확장되어가는 과정에서 발생할 수 있는 현상이었다. 이렇듯 미국 사회는 도전과 응전을 거듭하면서 변화하고 있었다.

그러나 남부는 이러한 역사적 흐름을 거부했다. 남부가 자기들의 전통을 고집하면서 그것을 합리화시킨다 하더라도 이 역사적 흐름에 대해서, 그리고 그것을 거부했을 때의 결과에 대해서 심각하게 고려하지 않았던 것이다.

오히려 그들의 독특함이 가장 미국적인 것을 지키는 미국 문명의 방파제로 여기는, 뒤틀린 시대관과 가치관에 사로 잡혀서 헤어나오지 못했다. 그래서 루이스 하츠Louis Hartz가 남북전쟁 이전의 남부를 "보수반동적인 계몽주의reactionary Enlightenment"에 휩싸인 사회라고 지적했던 것은 적절한 판단으로 볼 수 있다.[16]

미국이란 나라는 만들어지고 있는 과정에 있었다. 미국의 문화는 유동적이었다. 북부는 이러한 유동적 문화 흐름에 대체로 순응했고 변화했다. 청교도 사회도 변해가고 있었고, 사회는 다원화되고 있었다. 그러나 남부는 그러한 흐름을 거부하고 홀로서기를 시도했다. 남북전쟁 직전의 남부는 독립전쟁 직후의 남부와 다르지 않았다. 남부에서 미국의 정체성은 다른 지역처럼 만들어져 가는 과정이 아니라 이미 만들어져 있었고, 남부는 그것을 지키기 위해 집착했다. 이것이 남부의 비극이었고 미국의 비극이었다.

서부에서 탄생한
미국 영웅의 신화

　　남부가 미국 문명을 정체화하려고 했다면 서부는 그 반대였다. 사실 남부와 반대되는 개념은 북부가 아니라 서부라고 할 수 있다. 변화를 거부하며 가장 미국적인 그 무언가를 고집하며 그것을 붙잡으려고 발버둥쳤던 곳이 남부라면, 변화에 순응하며 그 가운데서 미국적인 것을 만들어가려고 몸부림쳤던 곳이 서부였다. 비옥한 토지, 온화한 날씨, 그 속에서 자연과 조화를 이루며 일출과 일몰의 평온함에 젖어 있던 남부. 거센 바람과 척박한 토지, 덜커덩거리는 역마차에 몸을 싣고 뿌연 연기를 뒤로한 채 미래를 향해 질주하며 자연에 대항하고 그 속에서 생의 새로운 가능성에 도전하는 새로운 사람들로 뒤덮여 있는 서부. 이렇게 상반되기만 한 두 지역은 일견 미국의 아이러니처럼 보이지만 그것은 가장 미국적인 현상의 연장이었던 것이다.

매사추세츠의 플리머스, 체사피크만의 제임스타운, 사우스캐롤라이나의 찰스턴에 발을 디디기 시작했던 초기 영국인들 모두가 일종의 프런티어인들이었다. 미지의 땅 아메리카에서 그들의 운명이 어떻게 전개될지는 아무도 몰랐다. 고착된 문명의 틀에 그들을 집어넣었던 자들이 아니라 새로운 틀을 만들려고 했던 자들이었다. 그 틀을 만들고 정착한 자들은 남았고, 그렇지 못한 자들은 또 다른 시도를 해야 했다. 그것은 미국이 거쳐야 할 숙명이었다.

제1장 서두에서 미국의 서부란 두 가지 개념이 중첩된 것이라고 했다. 즉 지리적이고 외형적 개념인 서부와 그곳으로 진출하려는 정신적 개념의 프런티어가 그것이다. 이것은 실로 미국을 미국답게 한 가장 독특한 특징 중 하나다. 유럽의 경우처럼 대부분의 국가에서는 국경이란 정체적인 의미로 사용된다. 다른 경계로 진출하는 관문의 개념이 아니라 차지한 곳을 지키려는 보루다. 혹은 국가 경계선의 끄트머리다. 그러나 미국에서는 그 끄트머리가 경계의 마지막 한계선이라기보다는 새로 시작하는 출발선이었던 것이다.

초기 식민지시대부터 정착했던 자들은 서부를 마지막 한계선으로 보았고, 그렇지 못한 프런티어인들은 출발선으로 보았다. 그래서 정착한 동부인들과 그 선을 박차고 나가려는 프런티어인들과의 갈등은 미국 초기 역사에서 중요한 내용이다. 1676년 베이컨의 난, 1763년 국왕 포고령, 1787년 북서부영지법 등이 그러했다.

1846년 멕시코와의 전쟁을 마지막으로 미국은 지금의 영토를 갖게 되었다. 초기 영국인들이 아메리카 동부 해안에 발을 디딘 이후

약 2세기 반 만에 서부 해안까지 이른 것이다. 근대 세계사에서 이렇게 빠른 속도로 국가가 팽창했던 유례가 있을까? 서부, 그것은 분명 미국을 가장 미국답게 만들었던 곳place이며 정신spirit이었다.

그 신화의 주체 역시 독특하다. 아메리카 대륙에 진출했던 다른 국가들과는 달리 지금의 미국을 만들었던 실질적인 주역은 민간인들이었다. 정부 관료나 선교사들은 어디까지나 조연배우이거나 엑스트라였을 뿐이었다. 민간인 주역, 그들을 사로잡아서 그들이 미지의 프런티어를 향해 어기차게 진출하게 했던 특별한 이념이란 없었다. 특별한 국가관이나 종교관 등 그런 고상한 것들은 존재하지 않았다. 그들에게 미국인이라는 자긍심을 일깨워주었던 창조 신화도 없었다. 우리나라의 단군이라든가 로마의 로물루스Romulus와 레무스Remus 같은 신화적 존재는 없었다. 오직 생존과 부의 창출, 이것이 거의 전부였다.

물론 미국 연방이 어느 정도 정착하면서 '명백한 운명Manifest Destiny'과 같이 미국판 '백인들의 짐Whiteman's Burden'이라는 개념이 등장하기는 했지만 그것은 동부의 정치인, 지식인들의 화려한 구호였고 후대 역사가들의 그럴싸한 수사에 불과했다. 마른 먼지 속에서 소떼를 몰고 가는 카우보이, 메말라 갈라진 땅에서 식물의 뿌리가 제대로 뻗어가기를 초조하게 지켜보는 평원의 농부들, 시에라 계곡의 찬물에 발을 담그고 번쩍이는 사금을 찾기에 혈안이 되어 있는 채금자들에게는 그 어떤 이데올로기도 의미가 없었다. 그들 자신이 단군이었고, 로물루스와 레무스였고, 하나의 국가였던 것이다.

미국의 문명은 만들어 가고 있는 것이며 서부 역시 마찬가지였다.

미국의 서부는 미국 전체 문명의 궤적과 그 행로를 같이했다.

　그래서 프레드릭 터너가 1890년을 기점으로 "프런티어가 종결되었다"고 선언한 점은 의미심장하다. 1890년 기준점을 축으로 그 이전의 서부는 전통적인 미국, 그러니까 개인과 민간인 위주의 미국 문명을 대표했고, 그 이후의 서부는 정부 주도형의 새로운 미국의 문명을 대표했다. 물론 터너는 서부 개척이 마무리된 시점을 기준으로 이러한 구분을 했지만 미국사 전체를 되돌아볼 때 그 구분은 분명 설득력이 있다. 훗날 미국 문명사의 대가였던 헨리 캐메저도 이 점을 확인했다. 그는 1890년대를 미국 민주주의의 '분수령watershed'이라 했다. 그가 밝힌 근거는 이렇다.

　한편에는 주된 경제 분야였던 농업에 기반을 둔 미국인이 있는데, 그들은 국내문제에 관심이 있었고, 17세기와 18세기로부터 물려받은 정치·경제·도덕적 원리들에 적어도 사상적으로는 융합된 자로서, 대체로 자신감과 자제력이 있으며, 자신에 의지하며, 그의 독특한 운명과 성품을 이해하고 있었다. 다른 한편에는 근대 미국인이 있는데 그들은 대개 도시와 산업에 기반을 두었다. 세계 경제와 정치에 어쩔 수 없이 몰입되어 있고, 그동안 구세계 사람이나 갖는 독특한 것으로 생각했던 문제들에 고심하며, 인구·사회제도·경제와 기술 등에 걸쳐 심각한 변화를 경험했으며, 전통적인 기구와 통상적인 사고방식을 이제 새롭고, 어떤 면에서는 이질적인 상황에 순응시키려고 했다.[17]

터너가 1893년 그의 유명한 '프런티어 이론'을 발표했던 곳은 시카고였는데, 그 시기뿐 아니라 장소도 의미심장했다. 당시 시카고는 세계 콜럼비아 박람회World's Columbian Exposition를 유치하고 있었다. 콜럼버스 신대륙 발견 400주기 기념박람회였다. 콜럼버스가 아메리카를 발견할 당시, 아니 미국 식민지가 개척되었을 당시만 해도 시카고는 지도상에 존재하지 않는 흙덩어리였다. 그런 개척지가 이제 미국을 대표하는 굴지의 경제, 정치, 문화중심지로 터를 굳혔다. 시카고는 뉴욕과 같은 전통적인 동부 중심지와 신흥 서부 도시로 발전해 가고 있던 샌프란시스코를 연결시키는 심장부로 자리를 잡았다. 미국 산업혁명의 기수이며 핏줄이었던 철도는 시카고의 유니온 역Union Station을 거쳐야만 했다. 동부와 서부, 과거와 미래, 전통적 미국과 새로운 미국의 연결점이었다. 바로 거기에서 터너가 '프런티어 이론'을 발표했던 것이다.

물론 1890년대를 끝으로 전통적인 의미의 서부가 종결되었지만 새로운 서부가 단숨에 생성되지는 않았다. 이른바 '신서부New West'는 뉴딜과 제2차 세계대전을 겪으면서 등장했다. 그런 점에서 20세기 초 미국의 서부는 과거에서 현재로 변형되고 새로 거듭나는 과도기였다. 이곳에서는 과거와 현재의 모습이 중첩되어서 드러났다. 그 숫자는 현저히 줄어들었지만 곳곳에서 카우보이들이 존재했고 척박한 땅에서 농사에 운명을 건 농부도 있었다. 백인들과 인디언들의 갈등은 이전의 처절한 전투로 재현되지 않았지만 땅의 소유권 분쟁이나 기타 경제적 이권 대립으로 여전히 반목과 불신이 팽배했다.

그러나 무법천지 시대와는 달리 말쑥한 보안관이 카우보이를 지켜보고 있었고, 농부들은 새로운 기계화 농법을 도입하고 있었으며, 한때 유명무실하다 못해 백인들의 시녀 노릇을 했던 연방정부의 인디언국은 더 철저히 백인들의 횡포로부터 인디언들을 보호하고 있었다. 한때 경제적 야욕에 불타 있던 광산업자들이나 철도업자들에 의해서 황폐해졌던 자연은 연방정부의 보호 아래 요세미티, 옐로스톤 등과 같은 세계적인 국립공원으로 지정되어 그 천혜의 아름다움을 간직할 수 있게 되었다.

미국의 서부는 서서히 그 옛 모습을 잃어가고 있었다. 제2차 세계대전 이후 서부는 새로운 모습으로 나타났다. 전쟁 후 미국이 세계 질서를 주도하며 새로 거듭났듯이 서부도 그 변화의 운명과 함께했던 것이다. 사회·경제·정치·문화 전반에 대한 급격한 변화 속에서 한때 서부는 많은 미국인들의 의식에서 멀어지는 듯했다. 국내외적으로 냉전은 미국 현대 문명의 대표적 이슈로 떠올랐고, 경제는 세계 속 미국의 위상에 걸맞게 숨 가쁜 열기를 뿜어내고 있었으며, 민권운동, 베트남 반전운동, 여성해방운동 등은 새로운 사회·문화운동의 축을 이루게 되었다. 그 와중에서 서부의 모습은 미국 문명의 언저리에서 겉도는 것처럼 보였다. 서부에 대한 역사가들의 관심도 눈에 띄게 줄어들었다.

그렇지만 미국의 서부, 19세기 내내 미국 문명의 선구자 역할을 했던 서부가 쉽게 잊힐 리 없었다. 1960년대의 사회적 격변기가 마무리되면서 미국인들은 다시금 서부를 주목했다. 전쟁 이후 미국 사회는

백인들의 횡포를 풍자한 삽화
20세기 초 미국의 서부는 과거에서 현재로 변형되고 새로 거듭나는 과도기였다. 처절한 전투는 없었지만 서부 땅의 소유권 분쟁과 경제적 이권 대립으로 반목과 불신이 팽배했다.

THE WHITE (?) MAN'S BURDEN.

급변하고 있었지만 항상 그랬듯이 그 변화를 주도했던 곳이 서부라는 것을 깨닫기 시작했던 것이다.

캘리포니아를 중심으로 서부 해안의 주들은 새로운 미국 문명의 단면일 뿐만 아니라 첨단으로 등장했다. 항공 산업 및 기타 군수 산업, 제조업, 서비스 산업의 메카가 되었다. 최첨단 기술 산업도 캘리포니아에 집중되었다. 19세기 중반 캘리포니아의 금광 발견이 19세기 후반부 미국을 견인했다면, 20세기 중·후반 캘리포니아의 최첨단 산업이 미국을 이끌었다. 19세기 후반 캘리포니아의 중국인 문제가 미국 인종과 이민문제의 단면도를 제공했듯이 20세기 후반에도 캘리포니아는 미국의 인종, 이민뿐 아니라 다문화주의에 대한 총체적인 조감도를 보여주고 있었다. 캘리포니아의 문제는 곧 미국의 문제였다.

이제 서부는 하나의 발전 혹은 개발 도상의 유동적 개념이 아니라 당당히 하나의 정착된 지역으로서 미국 문명의 가장자리가 아닌 중심부다. 서부의 문제가 미국의 문제이고 서부의 미래가 미국의 미래인 이상, 역사가들도 더 이상 서부를 도외시할 수 없었다.

그래서 서부에 대한 대대적인 재해석 바람이 일기 시작했다. 이것은 1960년대 진보 물결의 결과물일 수 있다. 반전운동, 민권운동, 여성해방운동 등의 여파로 미국 역사는 풍성한 수정주의 혹은 진보주의가 범람했는데 서부 역사에 대한 재해석도 이러한 연장선상에서 이루어졌다. 그러나 동시에 20세기 말 미국 문명의 최첨단을 반영하는 서부의 발전은 역사가들이 서부의 뿌리와 현재에 대해 면밀히 재조명하게 한 것이다.

터너의 고전적인 역사 해설은 순식간에 비판의 표적이 되었다. 백인 개척사 중심의 터너 이론은 현대적 의미의 서부에 비추어볼 때 만족스럽지 못했다. 터너의 서술에서 인디언들은 무시되었고 멕시코인들은 빠져 있었다. 그것은 아시아계 역시 마찬가지였다. 20세기 서부가 미국 다문화주의의 표상이라면 터너 식의 역사 서술에는 분명 허술한 점이 많았다. 그래서 역사가들은 이들 소수민족에 대해 재조명하기 시작했다. 어느 멕시칸계 역사학자가 지적했듯이 상황에 의해서 지연되기는 했지만 "미국 사회에서 그들의 [멕시코인들의] 중요성을 증명하기 위해서" 재조명해야 할 필요가 있었다.[18]

이것은 아시아계 학자들에게도 마찬가지였다. 그들의 눈에 아시아계 미국인들은 결코 미국 문명의 변두리에 있지 않았다. 19세기 중엽

중국인 이민으로부터 시작된 아시아계 미국인들이 미국 문명에서 차지하는 부분은 결코 무시할 수 없는 것이었다. 물론 이것이 아시아계 미국인들을 미국 문명사의 주체로서 우뚝 치켜 세우자는 것은 아니다. 다만 "미국의 서부와 미국 전체에서 여러 다양한 그룹들이 서로 나누었던 기억들"을 인정하자는 것이다. 그렇기 때문에 미국의 신서부사는 결코 새로운 것이라고 할 수 없다. 왜냐하면 미국의 서부에는 지배적인 중심 그룹이 없었기 때문이다. 서부는 항상 다문화주의와 다인종주의의 산실이었기 때문이었다. 바로 그 사실을 다시 한 번 상기하는 데 그 의미가 있을 뿐이다.[19]

이제 터너를 비롯한 이른바 '구서부사가'들은 '신서부사가'들에 의해서 일방적으로 공격받았다. 다문화주의가 확대되면서 나타나는 자연스러운 현상이라고 볼 수 있다. 멕시코계나 아시아계뿐 아니라 여성학자들의 비판도 만만치 않다. 미국 서부사는 그동안 남성 위주의 역사였기에 그 반격은 의미가 있다. 거친 서부 황야의 영웅들은 남성 카우보이나 남성 채굴자들 혹은 남성 모험가들이었다. 소설과 영화에서, 그리고 역사 서술에서 이것은 비판 없이 재현되었다. 이것을 여성학자들이 반박하고 나선 것이다. 프런티어의 현실에서 여성의 역할이란 남성 못지않게 중요했고, 여성의 도움 없이 지금의 서부는 있을 수 없다는 것이다.[20]

여기에서 짚고 넘어가야 할 부분이 있다. 과연 미국 서부사에서 뚜렷한 지배 그룹이 없었는가? 이러한 이른바 '신서부사가'들의 견해는 현대 서부에 비추어볼 때 분명 설득력이 있다. 제1장 후반부에서 지적했듯이 이제 백인이 절대 다수를 차지하지 못하는 지역이 늘어나고 있다. 이러한 현상은 갈수록 확대될 것이다. 제4장에서도 이것을 재차 강조했다. 특히 서부와 남부에서 히스패닉계 미국인들의 숫자는 폭발적으로 증가하고 있으며 이것은 미국의 정치 구도 및 문화 전체에 중대한 변수로 떠오르고 있다. 21세기 미국의 가장 큰 담론은 이들 히스패닉계 미국인들일 것이다.

그러나 이것은 어디까지나 현대적 현상이다. 이러한 현대적 현상이 서부 역사 해석에도 그대로 반영된 것이다. 그 추세에 따라 터너의 이론이 집단적으로 비판을 받고 있다. 어쩔 수 없는 일인지도 모른다. 역사는 현재와 과거의 끊임없는 교감에서 그 의미를 찾는다고 할 때 비판은 피할 수 없는 것이리라. 그러나 과거가 현재의 틀 속에서 매몰되거나 왜곡되어서는 곤란하다. 터너의 서부는 분명 19세기 말까지의 서부였다. 터너의 이론은 백인 중심적인 것이었고 여성, 흑인 및 기타 소수민족들이 배제된 절름발이 역사였다. 그렇다고 이들 소수민족들이 서부 개척사의 주도 그룹이었다는 식의 현대적 조명은 문제가 있다. 제1장 후반부에서 지적했던 부분을 다시 강조해보자.

> 터너는 서부를 총체적인 개념으로 정리해서 지역주의가 전체 미국 문화를 형성하는 데 어떠한 영향을 미쳤는가를 이해하고자 했다. 즉 일개의 지역이나 부분을 미국 전체, 그리고 좀더 나아가서 세계 역사에 어떠한 관계를 맺고 공헌했는가를 알고자 했던 것이다. 만약 다문화주의자들이 어떤 특정 민족의 역사와 특정

지역의 역사, 그 자체에 대한 자부심과 의미를 부여해서 미국 문화 전반에 대한 흐름에서 뛰쳐나와 그 독창성, 개별성만 강조한다면 이것은 터너의 의도를 근본적으로 왜곡하는 것이 아닐 수 없다.

터너에 대한 일방적인 비판보다는 터너가 채우지 못했던 틈바구니를 메우는 작업이 서부사에서 무엇보다도 필요하다. 다양성, 그것은 미국 문화의 핵심이다. 특히 터너 이후의 미국, 그러니까 20세기 미국에서 이 다양성은 확실히 미국의 상징이 되었다. 물론 이러한 다양성에 대한 집착이 "미국에선 지배적인 그룹이 없었다"라고까지 비약되기에는 아직 문제점이 있지만 그래도 세계 어느 나라도, 아니 세계 역사의 어디에도 그 예를 찾기 어려울 정도로 다양성의 꽃을 피우고 있었다. 그래서 그동안 서부사에서 주목받지 못했던 그룹들을 다시 한번 면밀히 살펴보고 과연 그들이 서부라는, 아니 미국 전체의 모자이크 만들기에 어떤 공헌을 했는가를 살펴보아야 할 것이다.

미국 역사 전체에서도 마찬가지이지만 개인주의는 서부 개척사의 가장 중요한 유산 가운데 하나다. 개인주의 말고도 터너는 서부의 유산으로 낙천주의, 애국심, 민주주의 등을 지적했다. 그런데 과연 서부의 다양한 지역에서, 그리고 서부에 진출했던 모든 민족이나 인종이 공통적으로 그런 유산을 남겼을까?

어쨌든 한 가지 확실한 것은 개인주의다. 서로 다른 인종, 민족, 종교, 경제적 배경을 가진 자들을 서부로 나아가게 했던 공통적인 유인 요소는 성공이었다. 물론 경제적 성공이 가장 주요한 동기이었지만, 여하간 다양한 개개인이 성공을 거머쥐기 위해서 서부로 간 것이다. 맹목적인 물질주의, 한탕주의, 인종주의 등 부정적인 요소들이 있었음에도 불구하고 목표를 위해서 온갖 어려움과 시련을 극복하며 살아 남아야 했다. 서부는 젖과 꿀이 흐르는 땅이 아니라 그렇게 만들어야 하는 곳이었다. 성공에 대한 강한 개인적 의지는 미국 역사의 시작부터 미국인들의 피에 면면히 흐르고 있었으며, 서부에서는 더욱 그러했다.

결과적으로 의지를 가진 자들이 살아남았고 번성했다. 유타의 몰몬교도와 중국인들이 그러했다. 두 그룹 모두 이방인이었다. 그들이 받았던 고통과 핍박은 인디언을 제외하고 서부 개척사에서 가장 큰 것이었다. 한쪽은 종교적 이단으로, 다른 한쪽은 인종적 이종異種으로 몰려서 갖은 핍박을 받았다. 그러나 몰몬교도와 중국인들은 견뎌냈고 이제 누구도 노골적으로 그들의 위치를 흔들 수 없게 되었다. 그들이 서부 개척에 빠질 수 없는 주요한 부분을 담당했다는 것이 역사적으로도 재조명되고 있다.

사실 중국인만큼 경제적 성공을 위해서 모든 것을 희생하고 감내했던 그룹이 있었는가? 그런 점에서 그들이야말로 가장 미국적인 사람들이 아니었을까? 몰몬교도 역시 마찬가지다. 같은 백인이면서 종교적 신념에 따라 적어도 반세기 이상 다른 백인들, 그러니까 프로테스탄트들로부터 온갖 핍박을 받아야 했다. 그러나 그들 역시 가장 미국적인 자들이라고 할 수 있다. 가장 대표적인 신서부사가인 패트리셔 리메릭의 말을 빌리면 "진보에 대한 신념, 가족에 대한 헌신, 물질적 번영에 대한 심사숙고 등 이러한 모든 특성들에 있어서 몰몬교도는 확실히 미국인이었다."[21]

또한 서부의 다양성을 확인하는 과정이 인종이나 민족문제에만 한정되는 것은 아니다. 서부는 광활하다. 그것이 포괄하는 것은 지역적인 다양성도 나타내고 있다. 남서부와 북서부는 날씨나 자연 환경에서도 차이가 많다. 남서부는 주로 옛날 스페인, 멕시코의 영토로서 히스패닉 전통이 상당 부분 지속되고 있다. 히스패닉계 인구도 급증하고 있다. 북쪽은 아직 인구 밀도는 낮으나 천혜의 자연을 그대로 간직하며 아직도 옛 서부의 정취를 담고 있다. 농토도 아직 비옥한 데가 많아서 아이다호주는 세계 최고의 감자 생산지로 남아 있다.[22] 서해안 지역 간에도 차이가 많다. 시애틀을 중심으로 한 워싱턴 주와 로스앤젤레스가 있는 캘리포니아주는 정치·경제·문화 전반에서 차이가 많고 캘리포니아 내에서도 샌프란시스코와 그 북쪽 지역, 로스앤젤레스와 그 남쪽 지역은 차이가 있다. 그래서 캘리포니아 주민들 상당수는 캘리포니아가 남과 북 두 개의 주로 분리되기를 원하기도 한다. 이렇듯 미국의 서부는 다양하다. 어느 동일한 잣대에 의해서 가늠하기는 무리가 있다.

마지막으로 미국인의 의식 속에 남아 있는 서부의 이미지 문제를 생각해보자. 이것은 서부가 미국 역사에 미쳤던 정치적·경제적 영향보다 훨씬 더 중요한 것인지 모른다. 모든 역사가 그렇듯이 역사의 유형 유산보다는 무형 유산이 그 국민들의 의식에 훨씬 더 깊숙이 남아 있다. 그 영향력은 어떤 객관적인 수치로도 저울질하기가 힘들다. 그런 점에서 서부의 이미지를 평가하는 것은 어려운 일이다.

서부 최고의 메트로폴리탄이라 할 수 있는 로스앤젤레스에는 할리우드가 버티고 있으며 그곳에 있는 영화라는 매체를 통해서 미국의 서부를 찬란하게 재현하고 있다. 고독하고 야성적인 남성상을 물씬 풍기는 황야의 카우보이들, 덜커덩거리는 마차에 몸을 싣고 인디언과 멕시칸의 위협을 무릅쓰고 험준한 서부의 사막을 질주하는 서부인들, 법과 질서 그리고 정의를 위해 몸을 던지는 보안관들 등 이런 모습들은 스크린에 의해서 수없이 반복 재현되었으며 그 가운데 미국인들은 이들 서부의 영웅들에 대한 숭배와 환상에 젖어 있다.

짧은 역사 속에서 급속히 성장한 미국은 이런 영웅들을 애타고 찾고 있었다. 영화가 보편화되기 전에도 시, 소설 기타 문학 작품 등을 통해 이 영웅들은 미국인들과 함께 있었다. 미국 역사가 서부 개척의 역사라면 조지 워싱턴에서부터 미국의 지도자들은 이들 영웅 계보에 포함된다. 인디언 전사와 1812년 영국과의 전쟁 때 뉴올리언스에서 영국군을 대파했던 앤드류 잭슨도 마찬가지다. 잭슨은 이런 전력으로 대통령이 된 것이다. 윌리엄 해리슨 대통령 또한 그랬다. 1811년 지금의 오하이오 내 인디언들을 제압했던 영웅적 이미지로 그는 백악관에 들어갈 수 있었던 것이다.

서부는 역사 속에서 수많은 영웅들을 배출했다. 좀더 정확히 표현하자면, 미국인들이 그런 영웅을 만들어냈다. 그러면서 그들을 영웅들과 일체화하려고 했다. 정의감, 인내, 희생, 봉사, 인간미와 같은 영

1920년대 로스앤젤레스의 할리우드
고독하고 야성적인 카우보이 영화가 성행하면서 미국인들은 서부 영웅들에 대한 숭배와 환상에 젖었다. 영화 흥행에 따라 할리우드는 서부 최고의 메트로폴리탄이 되었다.

웅들의 일반적인 성품들은 후대 서부인들이나 서부의 회상에 젖어 있는 미국인들을 매혹시켰다. 그러나 서부 역사가 재조명되면서 이러한 영웅 신화는 하나둘 그 허구가 벗겨지게 되었다. 역사 속 영웅들의 이면이 드러나게 된 것이다. 모든 카우보이가 영화 속 카우보이는 아니었다. 돈에 눈먼 비열한 서부인들도 나타났다. 악당과 결탁하며 주민들을 공포로 몰아갔던 보안관도 있었다. 인디언들에게 잔혹 행위를 하거나 다른 소수민족들에게 인종 차별을 하는 위선도 드러났다. 반면에 그동안 백인들의 서부 진출을 가로막았던 인간 아닌 인간으로 취급했던 인디언들도 재조명되고 있다. 그들의 아름다운 인간미와 정의감, 그리고 인디언의 우주관이 가진 아름다움을 소재로 한 영화들도 나오고 있다.

그렇다면 이렇듯 영웅 신화의 실체가 드러나면서 서부의 신화는 내팽개쳐졌는가? 그렇지 않다. 미국인들은 여전히 그들 영웅을 흠모하며 그들의 이미지를 삶의 모델로 삼았다. 카우보이 모자를 쓰고 텍사스 카우보이의 이미지를 모방하고자 했던 린든 존슨은 대통령에 당선됐다. 로널드 레이건, 조지 부시 부자 모두 마찬가지다.

그렇다면 영웅 신화가 사실이 아닌데, 아니 좀더 정확히 말하면 어둡고 부정적 요소가 많은데도 그들 영웅의 환상에 젖어 있는 미국인들은 경멸받아야 하는가? 어느 나라든 역사 속에 영웅과 신화가 존재한다. 그것은 그 나라의 국민을 하나로 묶어주며 애국적인 시민으로 성장하는 데 적지 않은 공헌을 한다. 예를 들어, 링컨은 미국의 영웅으로 추앙받고 있다. 하지만 링컨은 어떤 면에서 신화화된 영웅이다. 적어도 남부인들에게 링컨은 한동안 증오의 대상이었다. 만약 링컨의 부정적인 부분만을 부각해서 링컨을 그저 그런 대통령으로만 기억한다면 미국의 역사는 얼마나 초라할까.

지역감정에도 불구하고, 미국인들은 링컨을 기억했고 그리워했으며, "링컨에 대한 갖가지 기억들은 후대의 역사 수레바퀴에 붙고 또 붙어서 거대한 영웅적 화석으로 재탄생되었다."[23] 서부의 신화도 마찬가지다. 만약 서부사가 못된 카우보이나 보안관, 그리고 불량한 주민들의 간지奸智로 점철되었다고 한다면 미국의 역사는 얼마나 초라할 것인가? 어느 나라에서도 그것은 마찬가지일 것이다. 영웅들의 부정적인 면만을 부각시킨다면 그 나라의 역사는 초라해질 것이다.

어차피 영웅이나 신화는 상당 부분 후대 역사에서 만들어진다. 미국의 경우도 마찬가지다. 다만 미국 역사가 근대 시기, 그러니까 인간의 이성에 의해서 전적으로 비현실적이거나 얼토당토 않는 신화는 받아들여지지 않았던 시기에 생성되었다는 점을 고려한다면, 또한 미국 서부가 세계 역사에 유래가 없는 독특성을 지닌 채 미국을 미국답게 했던 주요한 기폭제였다는 점을 고려한다면, 이러한 영웅 신화와 그것을 흠모하는 미국인들을 비판할 수만은 없다. 카우보이 모자의 찬란한 이미지에 숨겨 있는 그들 역사의 어두운 구석을 함께 인식하면서 미국인들이 그 영웅적 이미지의 긍정적인 면을 잘 전수해서 역사의 동력으로 사용하기를 기대할 뿐이다.

★ 그래도 미국은 여전히 희망을 꿈꾼다

　　미국 다문화주의 논쟁 역시 마찬가지다. 서로 다른 인종·민족·종교의 다양함으로 주조되어 있는 미국 문명, 그것이 과연 미국 역사에서 긍정적인 역할을 했는가, 부정적인 역할을 했는가? 그리고 향후 미국 문명사에 어떻게 작용할 것인가? 이러한 문제들에 초점이 맞추어질 수밖에 없다.

　　미국의 서부, 민주주의, 지역 정서 등 이 모두가 미국을 미국답게 만들었던 주요한 주제다. 또한 이러한 미국의 주제 혹은 문제들이 다른 여러 나라들에 어떠한 모습으로든지 교훈을 줄 것이다. 그런데 인류 역사의 흐름에서 볼 때 미국의 다문화주의만큼 세계사적 의의를 크게 담고 있는 것도 드물다. 우리 인간은 인종이 달라서, 민족이 달라서, 종교가 달라서 그 얼마나 뼈아픈 아픔과 회한을 경험했는가? 그 지긋지긋하고 피폐한 과거사의 연결 고리는 역사의 현장에서 어김없이 재현되곤 한다. 아마 이것은 인류가 멸망하기 전까지 결코 해결하지 못할 문제일지도 모른다. "네가 나와 같지 않다"고 해서 상대방을 따돌리고 멸시하고 심한 경우 해를 가하는 우리 인간의 어두운 면을 거의 모든 국가의 역사에서 볼 수 있는 것이다. 멀리 가지 않고 20세기, 그나마 인간의 진보가 상당히 이루어졌다는 현대만 봐도 얼마나 가슴 아픈 역사적 사실로 가득 차 있는가? 히틀러의 인종 말살 정책, 구유고연방의 현실, 아프리카와 남미의 인종 청소 등은 적절한 예일 것이다.

이런 점에서 처음부터 철저한 다인종·민족·종교로 시작했던 미국은 역사의 시험대였다. 그것이 역사에서 이례적인 성공이었나, 아니면 실패였나? 그것에 대해 대답하기는 어렵다. 미국사를 보는 시각에 따라 차이가 있을 수밖에 없기 때문이다. 인디언이나 흑인들의 입장을 생각한다면 분명 부정적인 대답이 나올 것이다. 백인들 간의 갈등을 염두에 둔다면 대답은 분명히 긍정적일 것이다. 그러나 한 가지 확실한 것은 미국의 다문화주의는 역사의 흐름과 함께 분명 성숙하게 진보하고 있다는 것이다.

어느 나라든지 그 민족의 동질성을 강조하지 않는 나라는 없다. 다문화국가들도 그 다양성 중에서 그래도 그 민족이 공유하는 동질성을 찾으려 하고, 그것을 통해서 국가 위기 때에 국력을 결집해서 그것을 극복하는 원동력으로 삼고자 한다. 미국도 예외는 아니었다. 그래서 20세기 초에 도가니 주의가 등장했던 것이다. 물밀듯이 몰려 온 이민자들로 인해서 사상 초유의 다인종국가로 거듭나려고 했던 시기, 미국은 이것에 대한 불안이나 반대보다는 그 현실을 인정하고 서로 다른 문화가 함께 용광로 안에서 녹아서 가장 미국적인 어떤 동질감을 찾고자 도가니주의를 내세웠다.

그러나 20세기 후반에 이르면서 동질감보다는 차이점이 강조되고 있다. 진정한 의미의 다원주의·다문화주의가 꽃을 피우게 된 셈이다. 어떤 면에서는 이런 차이점 혹은 개별성을 너무 강조한 나머지 모든 민족, 인종들이 각자의 독특함이란 이름 아래 국가적 이익보다는 소수 집단의 이익에 연연하게 되는 부작용이 생기기도 한다. 소수민족이나 집단의 개별성을 부인하거나 그것에 대한 의문을 제기하면 '정치적 올바름political correctness'에 위배되는 것으로 비판의 대상이 되곤 한다. 정치·사회·문화·학계 전반에서 이러한 분위기는 갈수록 팽배해지고 있다.

다문화주의, 그동안 인류 역사에서 긍정적인 것보다는 부정적인 결과를 낳았던 그 역사적 과제에 대한 진정한 시험이 이제 시작된 것이다. 토크빌이 지적했듯이 "유사 이래 처음으로, 지금까지는 알려지지 않았던, 혹은 실현 불가능한 것으로 간주되던 이론들이" 이제 미국에서 새로운 시험대에 올려진 것이다.[24] 물론 여기서 토크빌의 관심사는 미국에서 어떻게 새로운 민주주의가 정착하는가에 있었지만 미국 민주주의의 독특함에서 다문화주의를 빼놓을 수는 없기에 그 다문화주의의 운명은 궁극적으로 미국 민주주의의 운명과 궤를 같이 하는 것이다.

미국사 초기에는 다문화주의에 대한 도전이 없었다. 물론 식민지 정착부터 다문화사회가 겪는 어려움은 분명 있었다. 유럽의 정치·종교적 갈등이 미국에서 없어지기란 쉬운 일이 아니었다. 그렇지만 미국의 광활한 대지, 특히 서부의 존재, 그리고 경제적 열망은 이러한 갈등을 어느 정도 잠재울 수 있었다.

또한 초기 미국의 과제는 주로 정치적인 문제였다. 연방파와 공화파의 갈등, 남과 북이라는 지역적 구도에 따른 갈등, 잭슨과 반잭슨 세력 간의 갈등이 그것이었다. 물론 1830년대 이후 아일랜드 이민자들의 증가로 토착주의자들이 준동하기도 했다. 그러나 이러한 인종과 종교에 따른 갈등은 그 시대의 가장 큰 물줄기였던 남북 대결의 흐름에 견줄 바 못 되었다. 1854년 공화당을 중심으로 북부 주들이 연합하게 되면서 토착주의자들의 정치력이 급격히 하락했던 것이 그 점을 잘 나타낸다.

19세기 말 이민의 급격한 증가, 그것도 유럽의 남동부 지역 출신 가톨릭교도들이 미국으로 이주하자 토박이들은 긴장했고, 활발한 이민 규제 운동을 부활시켰지만 실패했다. 다만 중국인들만이 유일한 이민 금지의 법적인 희생양이 되었다. 다문화주의에 따른 일종의 문화전쟁의 양상은 일어나지 못했다. 19세기 말의 폭발적인 미국 산업의 팽창이 시대의 조류였고 문화적 갈등은 그 조류를 꺾기엔 역부족이었다.

20세기에 넘어서면서 미국에는 혁신주의의 분위기에 편승해 새로운 이민자들에 대한 우호적인 기류가 나타났다. 이른바 '도가니 문화'라는 인종 융화정책이 나온 것이다. 인종이나 문화가 다른 각양각색의 미국인들이 그들의 다양한 요소들을 용광로에 녹여서 가장 독특한 미국의 문화를 창출해보자는 의도였다. 물론 그러한 운동을 주도했던 자들은 진보적 성향의 앵글로색슨-프로테스탄트계로서 용광로에서 용해되어야 할 문화는 새로운 이민자들의 것이지 기존의 앵글로계 미국인은 아니었다. 새 이민자들이 그들의 다양성을 포기하고 미국의 도가니에 적극적으로 들어와서 함께 용해된 후 새로운 미국인, 그러니까 앵글로색슨-프로테스탄트 성향의 새 미국인으로 다시 태어나기를 유도했던 것이다. 현대의 관점에서 볼 때, 그것은 분명 편파적인 문화융화정책이었다. 그러나 제4장에서 지적했듯이, 도가니 이론으로 상징되는 문화융화주의는 그 주체가 누구였든지 간에 분명 진일보한 것이었다. 19세기 말에 팽배한 반이민 정서에 견주어볼 때 말이다.

제1차 세계대전은 일견 이러한 진일보한 역사적 흐름에 일격을 가한 듯했다. 전쟁의 히스테리는 독일계 미국인들에 대한 문화적 공격으로 연결되었고 전쟁 이후 미국 역사상 그 유래를 찾기 힘든 보수 인종주의를 부활시켰다. 곳곳에서 인종 폭동이 발발했고 그 일차적인 피해자는 흑인들이었다. 뿐만 아니라 비미국적인 것을 색출해서 도려내야 한다는 극단주의가 등장하면서 적색 공포가 확산되었다. KKK가 부활했고 토착주의도 다시 나타났다. 이전보다 훨씬 강렬한 기운으로 말이다. 1921년과 1924년 두 차례에 걸쳐 이민규제법이 의회에서 통과되어 지극히 민족적·인종적 편견에 따른 차별적 이민 할당 제도가 나타났다.

그러나 1920년대의 극렬한 보수주의의 준동은 그리 오래가지 못했다. 특히 이민 규제와 다문화주의에 대한 반발은 1920년대를 고비로 서서히 그 고개를 숙이게 되었다. 여기에서 제2차 세계대전 중 일본인 강제 격리는 예외적이지만 그래도 1920년대와 같은 그런 보수 반동주의는 재현되지 않았다. 아일랜드계와 같은 가톨릭교도들에 대한 혐오감은 이제 역사의 기억에서 점차 사라지게 되었다. 아일랜드계 가톨릭교도였던 존 케네디의 대통령 당선은 그것을 상징적으로 보여주었다. 유대인에 대한 거부감 역시 없어지기 시작했다. 수세기 동안 유럽에서 당했던 유대인의 고통을 생각해볼 때 이례적인 현상이었다.

제4장에서 유대인에 대해 간단히 언급했는데 여기서 유대인에 대한 미국인의 태도 변화를 좀더 부각시켜 살펴보자. 사회과학자 세이무어 립셋Seymour Lipset은 유대계 미국인들은 가장 '예외적인 나라'인 미국에서 가장 '독특한 민족'이라고 했다.[25] 여기서 유대인들이 미국에서 가장 독특한 민족이라는 것은 유대인의 역사 행로에서 예외적인 현상이라는 의미를 담고 있을 뿐만 아니라 좀더 나아가 세계사의 다문화주의 궤적에서 이례적인 현상이라는 것이다.

유대인들은 미국에 이민 온 수많은 민족 중에서 가장 성공한 민족이다. 미국의 사회 곳곳에서 자리잡은 유대인의 지도적 위치는 확고하다. 정치·경제·법률·의학 및 거의 모든 분야에서 유대인은 두드러진 활동을 하고 있다. 심지어 현대 미국 문화의 상징인 할리우드의 영화 산업에서도 마찬가지다. 1965년에서 1982년까지 가장 흥행을 누렸던 영화들 가운데 과반수가 유대인 감독, 작가, 제작자들이 만든 것이다.[26] 수세기 동안 유럽에서 반유대주의가 자행한 폭압을 생각할 때, 그리고 프랑스나 독일에서 여전히 존속하고 있는 반유태주의에 비추어볼 때 분명 이례적인 현상이다. 토크빌이 환생해서 20세기 미국을 방문했다면 그의《미국의 민주주의》상당 부분을 미국의 유대인으로 채웠을 것이다.

제2차 세계대전을 기점으로 유럽계 이민자들 간의 오랜 갈등은 마무리되었다고 볼 수 있다. 즉 백인들 간에는 민족적·종교적 구분이 사라졌으며, 이제 아일랜드계, 유대계, 이탈리아계-미국인이라는 어떤 민족적 전제에 근거한 미국인의 정의는 더 이상 의미가 없다. 모두 백인으로 통용되어도 무리가 없다는 것이다.

문제는 여전히 남아 있는 피부 색깔에 따른 인종적 구분이다. 흑인, 히스패닉, 아시아계 미국인들은 다문화주의의 성공과 실패를 가늠하는 주요 변수로 남아 있다. 다문화주의는 이제 크게는 백인들과 소수민족들과의 갈등이고 작게는 이들 소수민족들 사이의 갈등이다. 이것을 해결하는 것이 향후 미국 다문화주의의 주요한 과제다.

소수 민족들 가운데 아시아계는 20세기 후반에 눈에 띄게 부상하고 있다. 특히 높은 교육열과 경제적 자립도에 따라 아시아계는 제2의 유대인의 신화를 만들어가고 있다. 19세기 후반 중국인들이 받았던 편견과 제2차 세계대전 중 일본인들이 받았던 수모 등을 고려할 때 아시아계의 위치는 분명 높아지고 있다. 거기다가 아시아-태평양 경제권의 상승으로 말미암아 이제 미국에서 아시아계에 대한 차별은 점차 수그러들고 있다.

    아직 미국의 주류 정치에서는 아시아계가 큰 역할을 하지 못하고
있다. 그러나 아시아인 특유의 근면성, 성실성, 보수적 가족관 등은
미국의 청교도적 전통관과 크게 어긋나지 않는 것으로서 미국 주류
사회에서 인정을 받고 있다. 그리고 이민에 성공한 아시아계 미국인
들은 대채로 공화당 성향을 갖고 있다. 향후 백인 주류와 아시아계의
관계는 시간이 갈수록 좋아지지 나빠질 가능성은 희박하다. 다만 바
로 이러한 추세 때문에 아시아계와 다른 소수민족과의 갈등이 증폭
될 확률이 높다. 그런 점에서 로스앤젤레스LA에서 있었던 일련의 인
종 폭동은 시사하는 바가 크다.

    1965년 8월 11일, LA의 와츠Watts 지역에서 흑인 폭동이 발생했다.
역사적인 민권법이 의회에서 통과된 지 1주일도 지나기 전에 터진 폭
동이었다. 사망자 34명, 부상자 1,034명, 체포자 4,000명이 발생했고,
수천만 달러의 재산 피해를 남겼다. 폭동 지역은 마치 전쟁터의 폐허
와 같았다. 언뜻 보면 흑백 간의 갈등이지만 사실 흑인과 유대인의 갈
등이 직접적인 원인이었다. 흑인 밀집 지역에서 상권을 잡고 있던 유
대인에 대한 흑인들의 반발이 폭발한 것이다.

    와츠 흑인 폭동은 소수민족 사이의 갈등을 가장 잘 드러낸 상징적
인 사건이었다. 그 이후 유대인들은 흑인 슬럼가를 떠났다. LA뿐 아
니라 뉴욕이나 시카고 등 대도시에서도 그랬다. 시카고를 예로 든다
면, 시카고 흑인가의 상당 부분은 한때 "주 타운Jew Town"이라고 불렸
다. 유대인들이 살던 곳이란 뜻이다. 돈이 되는 곳은 어디든지 헤집고
들어가서 '한 밑천' 잡으려는 유대인들에 대한 흑인들의 좋지 않은 감

정은 갈수록 증폭되었기에 유대인들은 서서히 그곳에서 철수했다. 또한 그 시점은 미국에서 반유대인 정서가 상당히 수그러들었고, 유대인들이 백인 주류에 자연스럽게 흡수되고 있었던 때였다.

그리고 1992년 우리에게는 여전히 기억이 생생한 LA폭동이 일어났다. 와츠 폭동과 거의 유사한 형태의 폭동이었다. 다만 이번에는 유대인 대신 한국인이 개입되었다. LA폭동을 놓고 그것이 근본적으로는 흑백 간의 문제이니, 미국의 경제적 위기와 맞물려서 발발한 폭동이니, 흑인 슬럼가의 내재적 문제에 그 원인이 있느니 등 그 폭동을 설명하는 여러 이론들이 제시되었다. 그러나 가장 중요한 사실은 한국인이라는 경제적 신분 상승을 꿈꾸는 소수민족과 그것에 대한 흑인들의 반발 심리가 폭동의 일차적인 요인이란 점이다. 따라서 LA폭동은 소수민족들 사이의 갈등이 가장 광포하게 표출된 사건이었다.

LA에서 발생했던 일련의 인종 폭동은 미국 다문화주의의 미래에 스산한 그림자를 드리우고 있다. 소수민족 사이의 갈등은 언제든지 비슷한 형태로 폭발할 수 있다는 것을 보여준 셈이다. 아시아계와 흑인, 아시아계와 히스패닉계, 히스패닉계와 흑인, 심지어 아시아계, 히스패닉계 사이에서도 인종적 편견, 반목과 질시는 엄연한 현실이다.

히스패닉계는 1990년대부터 가장 주목을 받고 있는 소수민족이다. 폭발적인 이민자 수의 증가가 그 원인이었다. 거기다가 불법 이민의 온상지가 남미 지역이었기에 미국의 보수 세력을 자극하기에 충분했

이민자 개혁법 시위에 참가한 히스패닉 가족
현재 미국에서 중요한 위치에 있는 히스패닉계
이민자들은 주요 논란의 대상이 될 수 있다. 하
지만 앞으로 정권 교체에 큰 영향을 미칠 만큼
그들의 비중은 더욱 높아질 것이다.

다. 그래서 낙태, 동성연애, 공립학교에서 기도와 같은 사회적 이슈와
함께 이민문제는 신보수주의자들에게 중요한 문제였다. 특히 보수성
향이 강한 남부와 멕시코를 국경으로 하는 서부 주들에서 이민문제
는 가장 주요한 이슈로 부각되었다. 대체로 교육 수준이 낮고 빈민층
인 히스패닉계는 얼마 가지 않아서 미국의 남부를 히스패닉화할 것
이라는 우려를 낳았다. 일종의 미국판 '퀘벡화'를 걱정한 것이다. 하루
에도 수백 명씩 불법으로 국경을 넘어서 들어오는 이들과 급속하게
증가하는 히스패닉계의 인구를 고려해볼 때 미국 주류 세력의 입장
에서는 타당한 우려라고 볼 수 있다.

　분명 21세기는 히스패닉계가 미국의 여러 인종들 중에서 가장 주
요한 논란의 대상이 될 것이다. 여러 통계 자료가 보여주듯 21세기 중

반에 이르면 이들 히스패닉계는 백인들과 함께 미국의 주도적 인종이 될 것이다. 미국은 백인과 히스패닉계로 양분될 것이고 흑인을 포함한 다른 인종들이 '기타' 소수민족으로 남을 것이다. 그렇다면 향후 히스패닉-백인 대결은 그동안의 흑백 대결을 이어받아서 그 처절한 과거사의 반복으로 이어갈 것인가?

나는 그렇지 않다고 본다. 우선 히스패닉계의 폭발적인 인구 증가를 생각해야 한다. 로버트 위브Robert Wiebe가 지적했듯이 미국 민주주의는 선거라는 '결정적인 절차crucial procedures'를 거치면서 성장한다.[27] 미국의 공화당이건 민주당이건 이들 히스패닉계의 인구수를 무시할 수 없다. 2000년 대선에서 잘 부각되지 않았지만 주요한 부분이 바로 이 점이었다. 선거 기간에 그 어느 당도 히스패닉계에 대해서 비아냥거리지 않았다. 인종 편견이 심한 남부에서도 그랬다. 1996년 대선만 해도 불법 이민과 같은 이슈를 통해 미국 백인 보수 세력의 호감을 사려 했던 것과는 사뭇 대조적이다. 2004년 선거에선 부시 대통령은 더욱 적극적으로 히스패닉계에 다가가는 캠페인을 펼쳐서 히스패닉계의 무려 44퍼센트를 득표했고, 재선에 성공했다. 반면에 2012년 선거에서 공화당의 롬니 후보는 이전의 공화당 전략을 무시하고 불법 이민문제 등을 부각시키며 히스패닉계를 자극했다. 그는 히스패닉 유권자의 27퍼센트만을 획득했고, 선거에서 고배를 마셨다. 물론 2016년 선거에서는 트럼프가 강력한 불법 이민 억제 정책을 표방했지만, 당선되었다.

과연 트럼프의 이러한 정책이 향후 대통령 선거에서도 계속될지,

그리고 그것이 선거 결과에 어떠한 영향을 미칠지는 더 지켜봐야 한다. 하지만 최근의 미국 대통령 선거에서 히스패닉계의 투표 성향이 당락에 절대적인 영향을 미치는 것은 아니다. 노골적인 불법 이민 억제 정책에도 불구하고 트럼프는 이전의 롬니 후보보다 더 많은 28퍼센트의 히스패닉계의 지지를 얻었다. 앞에서 지적했듯이, 다양한 민족으로 구성된 히스패닉계와 이에 맞물린 서로 다른 이해관계와 그들의 사회·경제적 적응여부에 따라 히스패닉계의 정치적 성향은 다양하게 나타나기 때문이다.

그밖에도 앞 장에서 지적했듯이 히스패닉계와 백인과의 결혼률이 높아지고 있는 것을 들 수 있다. 2018년 통계에 따르면 히스패닉계의 42퍼센트가 백인과 결혼했다.

그 비히스패니계의 대다수는 물론 백인이다. 앞으로 이런 추세는 계속 늘어날 것이다. 또한 유대계나 아시아계보다는 더디지만 그들의 교육 수준 향상과 경제적 자립도의 상승은 히스패닉-백인 관계가 대결과 갈등으로만 치닫지 않으리라는 증거가 될 수 있다.

결국 문제는 흑인이다. 미국 역사에서 소수민족들은 어려운 고비를 넘긴 후 미국 사회에 적응했다. 아일랜드인들이 그랬고, 유대인이 그랬고, 아시아인들과 히스패닉들이 그렇게 하고 있는 중이다. 그러나 흑인들은 여전히 돌파구를 찾지 못하고 있다. 물론 19세기나 20세기 전반부에 비교할 때 오늘날 흑인들의 정치력은 급신장했다. 그러나 여전히 그들은 사회의 밑바닥에 있다. 도시 빈민가의 주류이며 사회보장제도의 가장 큰 대상자들인 것이다. 낮은 교육 수준, 결손 가정의 증가, 거기에다 여전히 검은 피부에 대한 사회의 편견은 이들 흑인들을 빈민가의 수렁에다 묶어 두는 족쇄가 되고 있다.

앞 장에서 흑인들을 미국의 '시한폭탄'이라고 극단적으로 표현했다. 물론 그 폭탄이 조만간 터질 것이라고 보지는 않는다. 그러나 그들에 대한 인종 편견·차별이 계속되고 경제 공황과 같은 국가적 위기 상황이 발생한다면 그것은 폭발할 수도 있다.

미국 건국의 아버지들이 노예제도에 심각한 고민을 하지 않았기 때문에, 후손들은 훗날 톡톡히 시련을 겪었다. 대다수는 노예제도에 대해 부정적이었는데도 빠른 시일에 독립된 연방국가를 세워야 한다는 강박감 때문에 이른바 '대타협'을 낳았던 것이다.

1960년대 민권운동의 결과로 흑인들의 처우에 큰 변화가 일어나기 시작했다. 흑인들의 정치력이 급신장했으며, 이후 줄곧 흑인들에 대한 사회보장제도가 강화되었다. 물론 레이건-부시 집권기에 신보수주의 자들이 이러한 사회보장제도의 효율성에 의문을 제기하기는 했다. 그렇지만 흑인들도 이제 당당한 미국 시민으로서 법적으로, 정치적으로, 경제적으로 도움을 받아야 한다는 기본적인 생각에는 변함이 없다. 그런데 20세기 후반에 들어오면서 흑인문제에 대한 논의는 왠지 그 힘을 잃어 가는 것 같다. "그동안 미국 정부는 흑인들에 대해서 할 만큼 했지 않았는가?" 하는 의식이 점차 팽배해지고 있다. 흑인 주도의 '정치적 올바름' 운동은 그 선을 넘어서 극단으로 치닫고 있다고 우려하는 사람들이 많아지고 있다.

예를 들면, 그동안 역사교과서는 백인·유럽 위주의 편협한 사고의 산물이기에 흑인을 비롯한 소수민족에 대한 재조명이 필요하다는 일종의 '교과서 다시 쓰기' 운동이 확산되었다. 그러나 "흑인들은 천사요, 백인들은 모두 마녀"라는 식의 서술이라든지, "플라톤이나 나폴레옹, 워싱턴이나 제퍼슨 따위는 역사에서 별로 중요하지 않다"는 식은 형평성 잃은 서술이라는 주장이 제기되고 있다. 무엇보다도 흑인에 대한 논의는 "또 그 이야기인가?"라는 식상함으로 받아들여지고 있는 일반적인 정서가 문제다. 흑인들이 빈곤과 범죄, 게다가 전통적 가정의 급속한 해체 등의 악순환에서 헤어나지 못하고 있고, 좀더 적극적이고 현실적인 해결책을 강구하지도 못하고 있는 것이 문제를 더 어렵게 만들고 있다.

21세기 중반쯤에 미국은 다시금 흑백으로 양분될 가능성이 높다. 여기서 흑인이란 지금의 흑인을 가리키는 것이고, 백인이란 전통적인 백인에다 소수민족, 특히 아시아계와 히스패닉계를 합친 개념이다. 위에서 거듭 예시했지만 아시아계나 히스패닉계가 흑인들보다는 백인들 편에 설 확률이 훨씬 높기 때문이다. 그들은 '백인화'될 것이다. 결코 '흑인화'를 선택하지 않을 것이다. 그리고 이 과정에서 소수민족 사이의 만만치 않은 갈등이 드러날 것이다. 흑인과 소수민족들 사이의 마찰은 이미 언급했다. 그러나 아시아계와 히스패니계의 갈등과 같은 소수민족 내에서의 갈등 또한 폭력적으로 나타나지 않으리라고 볼 수는 없다.

미국 다문화주의의 핵심은 서로 유사점보다는 차이점의 아름다움을 부각시키는 것이다. 그러나 그 차이점이 각각 자기 집단의 이해를 지키기 위한 도구로 전락할 가능성도 충분히 있다. 앞서 교과서를 언급했지만, 다문화주의의 영향으로 인해 대학마다 학생들이 자기 민족 중심의 울타리를 벗어나 다른 소수민족의 역사와 전통을 다양하게 섭렵할 수 있도록 커리큘럼을 짜고 있다. 예를 들면, 아프리카 역사, 라틴아메리카 문화사, 아시아 문화사 등이다. 많은 학교에서 이러한 과목은 졸업을 위한 필수 과목이다.

그러나 본래의 의도와는 달리 흑인들은 아프리카 역사만, 히스패닉은 라틴아메리카 문화사만, 아시아계는 아시아 문화사만 수강하고 있다. 그동안 백인·유럽 위주의 교과 과정에서 탈피해서 다문화주의에 걸맞은 시도를 한 것은 긍정적이다. 하지만 각각의 소수민족들이 서로를 알고 이해하려는 방향으로 가지 않고 자기 민족의 역사와 전통에 대한 자긍심만 키워 가는 식이 된다면 다문화주의는 위험한 방향으로 가고 말 것이다.

아무튼 지금으로 봐서는 미국의 다문화주의가 퀘벡화라든가 발칸화로 비화될 가능성은 희박하다. 미국의 가장 큰 장점은 위기가 닥칠 때마다 어느 정도 선에서 타협을 한다는 것이다. 또한 미국의 다문화주의는 세계 역사에서 가장 최근에 등장했다. 즉 미국인들은 다인종·다민족·다종교 사회가 얼마나 위험한 불씨들을 안고 있는 것인가를 잘 알고 있다. 그리고 그런 역사적 예가 먼 과거사에만 있는 것이 아니라 20세기에도 풍부하게 있기 때문이다. 제1, 2차 세계대전 사이에 독일계 소수민족으로 인해 고통을 당했던 체코와 폴란드, 제2차 세계대전 후 사이프러스에서의 민족적 갈등, 1940~50년대 수십만 명의 무고한 민간인의 생명을 앗아갔던 콜럼비아의 좌·우익의 극한 대결, 여전히 그 불씨가 꺼지지 않고 남아 있는 발칸 반도, 아프리카의 인종 청소 전쟁. 이 모든 역사적 현실은 미국인들에게 다문화주의가 내재하고 있는 위험천만한 요소들에 대해 경계를 늦추지 않도록 할 것이다.

이제 대단원의 막을 내려야겠다. 과연 미국은 특별한 나라인가? 서두에서 밝혔듯이 이 질문에 대한 정연한 대답을 하기란 쉽지 않다. 미국이 특별하다고 판단할 수 있는 가장 적절한 사람은 미국인이 아니면서 미국과 비교 대상 국가의 역사와 문화에 대해 동일한 식견을 가지고 있어야 할 것이다. 역사를 보는 사람의 객관성과 형평성을 고려해서 말이다.

그러나 역사의 객관성, 그것이 가능한 일인가? 제3장에서 보았듯이 미국의 남과 북을 보는 문제만 해도 역사가들의 출신 배경에 따라 뚜렷한 시각차가 있게 마련이다. 여러 소수민족의 이해관계가 얽혀 있는 다문화주의 문제에서는 더더욱 그럴 것이다. 하물며 어느 역사가가 자기 나라가 아닌 다른 나라를 평가하면서 어느 "객관적인 평가에 근거"한다고 자신 있게 말할 수 있겠는가?

미국의 '특별함'에 가장 일차적인 판단의 주체는 바로 미국인들이다. 어차피 한 나라의 역사를 축조해가는 주체는 그 국가의 구성원인 것이다. 미국인들이 "미국은 특별하다"고 판단하는 것은 타국인이 보는 미국에 대한 평가보다 더 중요한 부분이다. 타국인들이 미국을 독특한 나라로 보는 것과 미국인들이 미국을 특별한 나라로 보는 것은

'독특함'과 '특별함'이란 단어의 어감 이상으로 시사하는 바가 크다.

이 특별 의식은 본향을 떠나 유리流離할 수밖에 없는 사람들을 '미국인'으로 응집하게 만들었다. 그래서 미국 정부의 문장紋章에 나타난 대로 '여럿으로 구성된 하나'라는 독특한 국가를 만들기 시작했다. 그 과정에서 앵글로색슨-프로테스탄트의 이른바 '주류' 토착주의자들과 '비주류' 이민자들 사이의 갈등은 피할 수 없었다. 20세기 초 "도가니 대 다원주의"의 갈등을 거친 후에 20세기 후반에 들어서면서 적극적인 다문화주의 시대가 열리게 되었다. 몇몇 예외적인 경우는 있었지만 미국은 다원주의를 받아들였다. 세계 역사의 어디에도 그 유례를 찾아보기 힘든 인종·민족·종교적 다원주의를 표방하는 국가가 된 것이다.

미국은 20세기 후반부터 기존의 백인, 흑인, 인디언의 범주를 벗어나 세계 여러 곳의 다양한 인종과 민족을 아우르는 초대형 다문화사회로 돌입하게 되었다. 21세기 중반에 가면 히스패닉계가 백인과 함께 미국의 새로운 주류로 등장할 만큼 미국의 얼굴색은 변할 것이다. 이는 초기 식민지시대와 견주어볼 때 분명 엄청난 변화다.

미국은 정적인 사회가 아니라 동적인 사회다. 미국은 만들어지고 있는 과정이지 이미 완성된 나라가 아닌 것이다. 미국이 특별했다면 지금까지는 이 동적인 전통을 끊임없는 도전 속에서도 지켜왔다는 것을 뜻한다. 미국의 프런티어 정신, 민주주의, 지역 정서, 다문화주의 등 이 모든 영역을 토대로, 미국은 동적이며 만들어가는 나라임을 믿는 미국인들이 미국은 정적이며 완성된 나라라고 믿고 그것을 지키려는 세력보다 우세했다. 미국인들이 바로 그 전통을 미국의 특별함으로 믿고 그 전통을 계속 유지했던 게 미국을 가장 미국답게 만들었으며, 미국을 특별한 나라로 만들었던 것이다.

제1장
서부에서 시작된 개척의 힘 : 프런티어

1) Walter Webb, *The Great Frontier*(Lincoln: University of Nebraska Press, 1980 [1951]), p. 2.

2) Robert Athearn, *The Mythic West in Twentieth Century America*(Lawrence, Kansas: University of Kansans Press, 1986), p. 176.

3) Richard Brown, *South Carolina Regulators*(Cambridge, Mass.: Oxford University Press, 1963), p. 135.

4) 최웅·김봉중, 《미국의 역사》, 소나무, 1997, 94~95쪽. 조지 워싱턴을 비롯한 연방 주의자들의 북서부 영토에 대한 관심을 다룬 다음의 논문 참조. Andrew Cayton, "'Separate Interests' and the Nation-State: The Washington Administration and the Origins of Regionalism in the Trans-Appalachian West," *The Journal of American History 79*(June 1992), pp. 39~67.

5) 미국사연구회 편역, 《미국 역사의 기본 사료》, 소나무, 1992, 57쪽.

6) Dumas Malone, *Jefferson the President: First Term, 1801-1805*(Boston: Little, Brown and Company, 1970), p. 284.

7) 김봉중, 《무엇이 대통령을 만드는가》, 위즈덤하우스, 2012, 206쪽.

8) 미국사연구회 편역, 《미국 역사의 기본 사료》, 76쪽.

9) Robert Hine, *The American West*(Boston: Little, Brown and Company, 1973), p. 70.

10) James Ronda, "Dreams and Discoveries: Exploring the American West, 1760-1815," *The William and Mary Quarterly*, Third Series, Vol. 46, No. 1(Jan., 1989), p. 149.

11) 김봉중, 《카우보이들의 외교사》, 푸른역사, 2006, 44쪽.

12) Patricia Limerick, *The Legacy of Conquest*(New York: W. W. Norton, 1987); 패트 리샤 리메릭, 김봉중 옮김, 《정복의 유산》, 전남대학교출판부, 1998, 44쪽.

13) 김남현, 〈초기 중국인 사회조직체 연구—6大 中華會館을 중심으로〉, 《미국사연구

6)》, 1997, 11월호, 57쪽.

14) 예를 들면, Mary Coolidge, *Chinese Immigration*(New York: Henry Holt, 1909). 최근에 앤드류 교리(Andrew Gyory)는 반중국인 인종주의나 백인 노동자들의 반중국인 운동보다는 그것을 이용해서 선거에서 이득을 보려는 정치인들에게 초점을 맞췄다. 그는 이들 정치인들이 정치적 목적에서 반중국인 정서를 확대해 이용했다고 주장했다. Andrew Gyory, *Closing the Gate: Race, Politics, and the Chinese Exclusion Act*(Chapel Hill: The University of North Carolina Press, 1998).

15) 대표적인 주장은 Stuart Miller, *The Unwelcome Immigrant: The American Image of the Chinese, 1785-1882*(Berkeley, CA: University of California Press, 1969).

16) Robert Hine, *The American West: An Interpretive History*(Boston: Little, Brown and Company, 973), p. 121.

17) Blake Allmendinger, *The Cowboy: Representations of Labor in an American Work Culture*(New York: Oxford, 1992).

18) 최근 터너에게 가장 거센 반론을 제기하는 대표적인 서부사학자는 패트리샤 리메릭이다. Patricia Limerick, *The Legacy of Conquest: The Unbroken Past of the American West*(New York: W. W. Norton, 1987); 김봉중 옮김,《정복의 유산》, 전남대학교출판사, 1998. 그밖에 터너의 이론에 대한 최근의 비판을 소개하면 다음과 같다. Patricia Limerick, "Turnerians All: the Dream of a Helpful History in an Intelligible World," *American Historical Review 100*(June 1995), pp. 697~716; Michael Steiner, "From Frontier to Region: Frederick Jackson Turner and the New Western History," *Pacific Historical Review 64*(November 1995), pp. 479~501; Wilbur Jacobs, *On Turner's Trail: 100 Years of Writing Western History*(Lawrence: University Press of Kansas, 1994). 터너의 이론을 비롯해서 서부사의 담론에 공헌을 한 서부사가들의 이론을 정리한 책 중에 가장 추천할 만한 책은 Richard Etulain, ed., *Writing Western History: Essays on Major Western Historians*(Albuquerque: University of New Mexico Press, 1991).

19) William Cronon, George Miles, Jay Gitlin ed., *Under an Open Sky-Rethinking America's Western Past*(New York: W. W. Norton, 1992).

20) Frederick Turner, "Significance of History," in Ray Billington, ed., *Frontier and Section: Selected Essays of Frederick Jackson Turner*(Englewood Cliffs, NJ: Prentice-Hall, 1961), p. 17.

21) Michael Malone, Richard Etulain, *The American West: ATwentieth-Century History*(Lincoln: University of Nebraska Press, 1989), p. 5.

22) Gerald Nash, *The American West Transformed: The Impact of the Second World War*(Bloomington: Indiana University Press, 1985); Roger Lotchin, "The City and the Sword: San Francisco and the Rise of the Metropolitan-Military Complex, 1919-1941," *Journal of American History 65*(March 1979), pp. 996~1020.

23) 통계 자료는 *Atlantic Monthly*(August 1998)에서 참조함.

24) Robert Hine, John Mack Faragher, *The American West: A New Interpretive History*(New Haven: Yale University Press, 2000), p. 560.

제2장
시민의 정신을 지탱하는 자유와 평등의 힘 : 민주주의

1) 임효선, 〈한 자유주의 사상가의 정치사회학〉; 알렉시스 드 토크빌, 임효선·박지동 옮김, 《미국의 민주주의 I · II》, 한길사, 1997, 31쪽.

2) 토크빌은 자신이 '새로운 유형의 자유주의자'라고 밝혔다. 토크빌의 자유주의 사상과 그 배경은 다음의 논문을 참조. 방문숙, 〈토크빌 사상 연구─의정생활을 중심으로〉, 《서양사론 60》, 한국서양사학회, 1999, 49~73쪽.

3) Larry Siedentop, *Tocqueville*(New York: Oxford University Press, 1994), pp. 35~36.

4) 같은 책, p. 45.

5) 같은 책, p. 41.

6) 필자는 George Lawrence trans., J. P. Mayer ed., *Democracy in America*(1997)를 참조했다. 국내에는 《미국의 민주주의 I · II》로 번역되어 있어, 독자들을 위해 인용문은 이 번역본을 그대로 사용하고자 한다. 《미국의 민주주의 I》, 77쪽.

7) 《미국의 민주주의 I》, 79~80쪽.

8) 같은 책, 85쪽.

9) 같은 책, 89~95쪽.

10) 같은 책, 111쪽.

11) 자유주의자들조차도 사회를 벗어난 개인을 민주주의의 바람직한 형태로 보았다. 그러나 토크빌은 비사회(dis-society)를 민주주의의 한계로 보지 않았고 오히려 진정한 민주주의를 위한 자연스러운 과정이라고 보았다. 이 점에 대한 자세한 분석은 다음의 자료를 참조. Pierre Manent, John Waggones trans., *Tocqueville and the*

Nature of Democracy(London: Rowman&Littlefield Publishers, Inc., 1996). 특히 1
장과 7장을 참조할 것.

12) 《미국의 민주주의 I》, 396쪽.

13) Larry Siedentop, 앞의 책, p. 29.

14) 《미국의 민주주의 I》, 59쪽.

15) 《미국의 민주주의 II》, 625쪽.

16) Pierre Manent, 앞의 책, p. 21.

17) 《미국의 민주주의 II》, 626쪽.

18) 토크빌의 출신 배경이 포함된 토크빌에 관한 국내 논문은 다음을 참조. 방문숙, 〈토
크빌과《미국의 민주주의》〉,《미국사연구 12》, 한국미국사학회, 2000, 33~59쪽.

19) 토크빌 이전에 쓰인 미국 여행기나 기행문들은 대체로 이러한 냉소적 분위기가 팽배
했다. 주로 영국인들이 그들의 귀족적 우월의식을 앞세워 미국인들의 다듬어지지 않
는 매너와 경박함을 강조했다. Andre Jardin, *Tocqueville: A Biography*(New York:
Farrar Straus Giroux, 1988), pp. 102~103.

20) 《미국의 민주주의》와 함께 또 하나의 대작인《The Old Regime and the French
Revolution》에서도 토크빌은 프랑스 혁명에서 종교의 위치를 강조했다. Alexis de
Tocqueville, Stuart Gilbert trans., *The Old Regime and the French Revolution*(New
York: Doubleday, 1955), pp. 1~19.

21) John Murrin, "Religion and Politics in America from the First Settlements to
the Civil War," in John Wilson ed., *Forging the American Character*(New Jersey:
Prentice Hall, 1997, 2nd ed.), pp. 63~64.

22) James Smylie, "Protestant Clergy, the First Amendment, and Beginnings of a
Constitutional Debate, 1781-1791," in The religion of the Republic ed., Elwyn
Smith(Philadelpia, penn.: Fortress Press, 1971), pp. 116~153; Edwin Gaustad,
"Religious Tests, Constitutions, and a 'Christian Nation'," in Religion in a
Revolutionary Age ed., Ronald Hoffman, Peter Albert(Charlottesville, Va.:
University of Virginia Press, 1994), pp. 218~235.

23) Mark Noll, *One Nation Under God?*(New York: Harper & Row, 1988), pp. 74~89;
Charles Lerche, Jr., "Jefferson and the Election of 1800: A Case Study in the
Political Smear," *William and Mary Quarterly 5*(October 1948)pp. 467~491; Fred
Luebke, "The Origins of Thomas Jefferson's Anti-Clericalism," *Church History
32*(September 1963), pp. 344~356.

24) 《미국의 민주주의 II》, 711쪽.

25) 같은 곳.

26) 자유자들의 종교관에 대항한 토크빌의 사상은 Larry Siedentop, 앞의 책, pp. 49~50 을 참조.

27) 《미국의 민주주의 II》, 641쪽.

28) 같은 책, 714쪽.

29) Alexis de Tocqueville, *The Old Regime and the French Revolution*, S. Gilbert trans. (New York: Anchor Books, 1955), p. 176.

30) 《미국의 민주주의 II》, 384쪽.

31) 토크빌이 저명한 근대 정치 철학자들과 비교해서 전혀 손색이 없으며 특히 인간의 근본적인 문제에 대한 토크빌의 이해는 그들보다 결코 하위에 있지 않았다고 주장 한 학자는 피터 롤러(Peter Lawler)다. 그의 다음 논문을 참조할 것. "Tocqueville on Human Misery and Human Liberty", *Social Science Journal. Vol. 28, No. 2*, 1991, pp. 243~259.

32) 《미국의 민주주의 I》, 401쪽.

33) 같은 책, 179~180쪽.

34) 같은 책, 225쪽.

35) 《미국의 역사》, 235쪽.

36) 《미국의 민주주의 I》, 221쪽.

37) Joseph Epstein, *Alexis de Tocqueville: Democracy's Guide*(New York: HarperCollins, 2006), p. 204.

38) Robert Nisbet, "Many Tocquevilles," *American Scholar*, 46(1976-77), pp. 59~75.

39) 그중 가장 대표적인 것을 소개하면, Rogers Smith, "Beyond Tocqueville, Myrdal and Hartz: The multiple traditions in America," *American Political Science Review* 87 3(1993), pp. 549~566.

40) Alexis de Tocqueville, Roger Boesche ed. and trans.(with James Taupin), *Selected Letters on Politics and Society*, (Berkeley and Los Angeles: University of California Press, 1985), p. 44.

41) Benjamin Wright, "Of Democracy in America," *The American Political Science Review*, Vol. 40, p. 59.

제3장
분열과 연합을 반복하는 모순의 힘 : 지역 정서

1) John Keegan, *A History of Warfare*(New York: Alfred A. Knopf, 1994), p. 3에
서 재인용.

2) Peter Novick, *That Noble Dream: The "Objectivity Question" and the American
Historical Profession*(New York: Cambridge University Press, 1988), p. 11.

3) C. Vann Woodward, *American Counterpoint: Slavery and Racisim in the North-
South Dialogue*(Boston: Little, Brown and Company, 1971).

4) David Fisher, *Albion's Seed*(Oxford and New York: Oxford University Press,
1989), p. 6.

5) 이영효, 〈미국 '남부' 이미지의 허구와 실제〉, 《미국사연구 12》, 2000, 5쪽.

6) Larry Griffin, Don Doyle, *The South as an American Problem*(Athens: The
University of Georgia Press, 1995), pp. 94~95.

7) Richard Weaver, *The Southern Tradition at Bay: A History of Postbellum
Thought*(New Rochelle, N. Y.: Arlington House, 1968), p. 45. 기타 남부인
의 기질에 대한 저서는 Kenneth Greenberg, *Honor&Society: Lies, Duels,
Masks, Dressing as a Women, Gifts, Strangers, Humanitarianism, Death, Slave
Rebellion, the Proslavery Argument, Baseball, Hunting, and Gambling in the Old
South*(Princeton: Princeton University Press, 1996): Bertram Wyatt-Brown,
Southern Honor: Ethics and Behavior in the Old South(New York: Oxford
University Press, 1983).

8) Howard Floan, *The South in Northern Eyes 1831 to 1861*(New York: McGraw-
Hill Book, 1958), pp. 176~177에서 인용.

9) 《미국 역사의 기본 사료》, 90쪽.

10) http://www.historyplace.com/speeches/garrison.htm

11) Robert Young, *Senator James Murray Mason: Defender of the Old
South*(Knoxville: University of Tennessee Press, 1998), p. 47.

12) Daniel Howe, "The Evangelical Movement and Political Culture in the North
during the Second Party System," *The Journal of American History*(March 1991),
p. 1225.

13) 노예옹호론자들의 주장과 역사 서술에 대한 것은 다음의 책을 참조. Drew
Faust ed., *The Ideology of Slavery: Proslavery Thought in the Antebellum South,*

1830-1860(Baton Rouge: Louisiana State University Press, 1981).

14) Douglas Ambrose, *Henry Hughes and Proslavery Thought in the Old South*(Baton Rouge: Louisiana University Press, 1997), pp. 160~161.

15) Louis Hartz, *The Liberal Tradition in America: An Interpretation of American Political Thought Since the Revolution*(New York: A Harvest/HBJ Book, 1955), p. 147.

16) Michael Wayne, "An Old South Morality Play: Reconsidering the Social Underpinnings of the Proslavery Ideology," *The Journal of American History*, Vol. 77, pp. 838~839. 인용된 구절은 p. 838.

17) Howard Floan, 앞의 책, p. 68.

18) 《미국 역사의 기본 사료》, 115쪽.

19) James Oakes, *Slavery and Freedom: An Interpretation of the Old South*(New York: Alfred A. Knopf, 1990), p. 201. 역사학자 리처드 주제크(Richard Zuczek)는 재건 시기 사우스캐롤라이나의 경우를 들어서 이 점을 한층 강조했다. 그에 의하면 연방 의 재건 정책이 실패했다기보다는 이러한 남부의 보수성과 보수세력들에 의해서 "패 배"했다고 단정했다. Richard Zuczek, *State of Rebellion: Reconstruction in South Carolina*(Columbia: University of South Carolina Press, 1996), p. 210.

20) Richard Weaver, *The Southern Tradition at Bay*(New Rochell, New York: Arlington House, 1968), p. 116.

21) 사실 1920년대 말부터 존 랜슨(John Ranson), 앨런 테이트(Allen Tate), 데이비드 데이비드슨(David Davidson)을 중심으로 한 남부의 일부 지식인들은 남부의 농경 문화전통에 대한 재해석 바람을 일으키고 있었다. 여기에 대한 가장 최근의 저서는 Mark Malvas, *The Unregenerate South*(Baton Rouge: Louisiana State University Press, 1997).

22) 20세기의 남부가 그 이전의 남부의 연속이었는지 아니면 상당히 변화된 남부였는 지는 한때 역사가들의 관심이 되기도 했다. 1941년 윌버 캐시(Wilbur Cash)는 문화 적·심리적으로 남부는 변하지 않았다고 주장했다. Wilbur Cash, *The Mind of the South*(New York: Vintage, 1991). 반면 1951년 반 우드워드(C. Vann Woodward) 는 남부의 연속성보다는 변화를 강조했다. C. Vann Woodward, *The Origins of the New South, 1877-1913*(Baton Rouge: Louisiana State University Press, 1951). 여 기에 대한 최근의 학설은 다음의 저서에서 잘 정리되어 있다. Howard Rabinowitz, *The First New South, 1865-1920*(New York: Harlan Davidson, 1992).

23) 제2차 세계대전이 남부에 미친 다양한 영향력에 대한 최근의 자료는, Neil R.

McMeillen ed., *Remaking Dixie: The Impact of World War II on the American South*(Jackson: University of Mississippi Press, 1997).

24) 1950년 남부의 평균 기업 세금은 다른 지역보다 무려 85퍼센트나 높았다. 그러나 1978년에는 다른 지역보다 13퍼센트나 낮았다. Gavin Wright, *Old South, New South: Revolutions in the the Southern Economy Since the Civil War*(New York: Basic Books, 1986), p. 259.

25) James Cobb, *The Selling of The South: The Southern Crusade for Industrial Development, 1936-1980*(Baton Rouge: Louisiana State University Press, 1982; second edition Chicago: University of Illinois Press, 1993).

26) Karsten Huelsemann, "Greenfields in the Heart of Dixie: How the American Auto Industry Discovered the South," Paper presented to the Conference on the "Second Wave of Southern Industrialization," *Georgia Institute of Technology, School of History, Hechnology, and Society*(June 1998); http://www.hts.gatech.edu/cssi/2ndwave/huelsemann.html

27) William Willimon, "On Being a Christian and a Southerner at the Same Time," in Marion Aldridge, Kevin Lewis ed., *The Changing Shape of Protestantism in the South*(Macon, Georgia: Mercer University Press, 1996), p. 31.

28) George Tindall, *The Emergence of the New South, 1913-1945. A History of the South, Volume X*, Wendell Stephenson, Merton Coulter ed.(Baton Rouge: Louisiana State University Press, 1967), p. 605.

29) Larry Griffin, Don Doyle ed., *South as an American Problem*, pp. 8~9.

제4장
전 세계 모든 인종을 아우르는 포용의 힘 : 다문화주의

1) 미국 다문화주의 담론에 대한 요약은 다음 자료를 참조. Edward Griffin, "The Melting Pot, Vegetable Soup, and the Martini Cocktail: Competing Explanations of U.S. Cultural Pluralism," *Midwest Quarterly 39*, no. 2(winter 1998), pp. 133~152.

2) John Butler, *Becoming America: The Revolution Before 1776*(Boston: Harvard University Press, 2000).

3) John Higham, *Strangers in the Land*(New York: Rutgers University Press, 1990), pp. 3~4.

4) 각 시기 국가별 이민자 수의 비교는 다음 자료를 참조. Leonard Dinnerstein and David Reimers, *Ethnic Americans: A History of Immigration and Assimilatio*n(New York: Harper&Row, 1975), p. 11.

5) David Bennett, The Party of Fear(Chapel Hill: University of North Carolina Press, 1988), pp. 56~57.

6) 같은 책, p. 61.

7) Dale Knobel, *America for the Americans: The Nativist Movement in the United States*(New York: Twayne, 1984), pp. 67~72.

8) 같은 책, p. 85.

9) Ellis Cose, *A Nation of Strangers*(New York: William Morrow, 1992), p. 37.

10) Dinnerstein and Reimers, *Ethnic Americans*, pp. 36~37.

11) http://www.theatlantic.com/unbound/flashbks/immigr/rip.htm

12) Leonard Dinnerstein, Roger Nichols, and David Reimers, *Natives and Strangers: A Multicultural History of American*s(Oxford: Oxford University Press, 1996), p. 238.

13) http://www.mtholyoke.edu/acad/intrel/protected/strong.htm

14) 같은 곳.

15) http://theatlantic.com/unbound/flashbks/immigr/rip.htm

16) 《미국의 역사》, 241쪽.

17) Horace Kallen, *Culture and Democracy in the United States*(New York: Arno, 1924, 1970[재판]).

18) Bennett, *The Party of Fear*, p. 199.

19) 황혜성, 〈가려진 목소리: 할렘르네상스의 흑인여성작가들〉, 《미국사연구 11》, 2000, 5월, 93쪽.

20) S. J. Kunitz, "The Social Philosophy of John Collier," *Ethnohistory* 18(1971), p. 213.

21) 김봉중, 〈제2차 세계대전 중 일본인 강제격리로 본 미국인의 반일본인 감정, 1882-1942〉, 《미국사연구 6》, 1997, 11월, 137~160쪽.

22) U.S. Bureau of the Census, "Statistical Abstract of the United States," 2000; http://census. gov

23) Leo Chavez, "Immigration Reform and Nativism," Juan Perea, ed., *Immigrants Out!*(New York: New York University Press, 1997), pp. 62~63.

24) Richard Herrnstein and Charles Murray, *The Bell Curve: Intelligence and Class*

Structure in American Life (New York: Free Press, 1994).

25) Peter Brimelow, *Alien Nation: Common Sense about America's Immigration Disaster* (New York: Random House, 1995).

26) 가장 영향력이 있는 대표적인 학자와 저술을 몇 가지 들면 다음과 같다. David Miller, *On Nationality* (New York: 1995); Michael Lind, *The Next American Nation* (New York: Free Press, 1995); Yael Tamir, *Liberal Nationalism* (Princeton: Princeton University Press, 1993); Michael Ignatieff, *Blood and Belonging: Journeys into the New Nationalism* (New York: 1994).

27) 여기에 대해서 가장 강력한 비판을 제기하고 나선 사람은 데이비드 홀링거(David Hollinger)다. David Hollinger, *Postethnic America: Beyond Multiculturalism* (New York: BasicBooks, 1995).

28) David Hollinger, "National Solidarity at the End of the Twentieth Century: Reflections on the United States and Liberal Nationalism," *The Journal of American History* (September 1997), pp. 566~567. https://www.creditdonkey.com/interracial-marriage-statistics.html

29) Michael Lind, 앞의 책, p. 216.

제5장
무엇이 미국을 미국답게 만드는가

1) 1990년대에 들어서면서 다양한 각도에서 미국의 특별 의식에 대한 논쟁이 활기를 띠었다. 그 대표적인 연구를 요약하면 다음과 같다. Ian Tyrell, "American Exceptionalism in an Age of International History," *American Historical Review* 96(1991), pp. 1031~1055; Michael Gerr, "The Price of International History," 같은 책, pp. 1056~1070; Byron Shaffer ed., *Is America Different?* (New York: Oxford University Press, 1991); Michael Kammen, "The Problem of American Exceptionalism: A Reconsideration," *American Quarterly* 45(1993), pp. 1~43. 국내 학자의 논문으로는 김진웅, 〈'미국인'의 의미와 성격〉, 《미국사연구 5》, 1997, 5월, 163~201쪽.

2) 미국 역사에서 역사가의 개인적 배경이 그 역사 서술에서 얼마나 중요하게 작용했는가를 가장 잘 설명해주고 있는 글은 Michael Kammen, *In the Past Lane: Historical Perspectives on American Culture* (Oxford: Oxford University Press, 1997). 특히 첫

장 "Personal Identiy and the Historian´s Vocation," pp. 3~71에서 이 문제를 심도 있게 다루고 있다.

3) Michael Kammen, *In the Past Lane*, p. 3 에서 재인용.

4) 위의 미주 1) 참조.

5) K. Michael Prince, "Coming to Terms with History: An Essay on Germany and the American South," *Virginia Quarterly Review*, pp. 67~76.

6) Benjamin Schwarz, "Exporting the Myth of a Liberal America," *World Policy Journal*, p. 3.

7) Felix Gilbert, *To the Farewell Address: Ideas of Early American Foreign Policy*(Princeton: Princeton University Press, 1961), p. 40.

8) http://www.columbia.edu/acis/bartleby/paine/3.html.

9) 《미국 역사의 기본 사료》, 65쪽.

10) Michael Kammen, *In the Past Lane*, p. 175.

11) David Potter, *People of Plenty*(Chicago: University of Chicago Press, 1954), pp. 118~119.

12) Herbert McClosky, John Zaller, *The American Ethos: Public Attitudes toward Capitalism and Democracy*(Cambridge: Harvard University Press, 1984), pp. 80~82.

13) Henry Steele Commager, *The American Mind: An Interpretation of American Thought and Character since the 1880's*(New York: Bentam Books, 1970 [1950]), p. 290.

14) James Oakes, "Slavery as an American Problem," Larry Griffin and Don Doyle ed., *The South as an American Problem*(Athens: The University of Georgia Press, 1995), pp. 83~100.

15) 실제로 남부인들은 남부가 아닌 북부야말로 미국 문명의 흐름에서 예외적인 곳 이라고 생각하고 있었다는 것을 지적하는 학자도 있었다. James McPherson, "Antebellum Southern Exceptionalism: A New Look at an Old Question," *Civil War History 29*(Sept. 1983), pp. 230~244; James McPherson, *Battle Cry of Freedom: The Civil War Era*(New York: Oxford University Press, 1988).

16) Louis Hartz, *The Liberal Tradition in America*(New York: Harcourt, Brace, Jovanovich, 1955), p. 176.

17) Henry Commager, *The American Mind*(New York: Bantam Books, 1950), p. 42.

18) David Gutierrez, "Significance to Whom?": Mexican Americans and the History of the American West," in Clyde Milner II, ed., *A New Significance: Re-envisioning the History of the American West* (New York: Oxford University Press, 1996), p. 68.

19) Gail Nomura, "Significant Lives: Asia and Asian Americans in the U.S. West," 같은 책, p. 154.

20) 가장 대표적인 연구를 지적하면, Sandra Myres, *Western Women and the Frontier Experience, 1800-1915* (Albuquerque: University of New Mexico Press, 1982); Glenda Riley, *The Female Frontier: A Comparative View of Women on the Prairie and the Plains* (Lawrence: University of Kansas Press, 1988).

21) 《정복의 유산》, 327쪽.

22) 하워드 라마(Howard Lamar)는 이런 지역 간의 차이를 가장 잘 설명해주고 있다. Howard Lamar, *The Far Southwest, 1846-1912: A Territorial History* (New Haven: Yale University Press, 1966); Howar Lamar, *Dakota Territory, 1861-1889: A Study of Frontier Politics* (New Haven: Yale University Press, 1956).

23) 《무엇이 대통령을 만드는가》, 62쪽.

24) 《미국의 민주주의 I》, 85쪽.

25) Seymour Lipset, *American Exceptionalism: A Double-Edged Sword* (New York: W. W. Norton, 1996), 특히 제5장 "A Unique People in an Exceptional Country", pp. 151~175 참조.

26) 같은 책, p. 152.

27) Robert Wiebe, *Self-Rule: A Cultural History of American Democracy* (Chicago: University of Chicago Press, 1995), p. 8.

미국을 움직이는 네 가지 힘

초판 1쇄 발행 2013년 10월 4일
개정판 1쇄 발행 2019년 3월 15일 **개정판 3쇄 발행** 2022년 4월 29일

지은이 김봉중
펴낸이 이승현

편집2 본부장 박태근
지적인 독자 팀장 송두나
편집 신민희
디자인 하은혜

펴낸곳 ㈜위즈덤하우스 **출판등록** 2000년 5월 23일 제13-1071호
주소 서울특별시 마포구 양화로 19 합정오피스빌딩 17층
전화 02) 2179-5600 **홈페이지** www.wisdomhouse.co.kr

ⓒ 김봉중, 2019

ISBN 979-11-89938-36-9 03940